| 全 球 化 智 库 丛 书 |

世界华商发展报告
（2018）

REPORT ON DEVELOPMENT OF
OVERSEAS CHINESE ENTREPRENEURS 2018

王辉耀　康荣平　主编

社会科学文献出版社
SOCIAL SCIENCES ACADEMIC PRESS (CHINA)

世界华商发展报告（2018）
编 委 会

主要编撰者简介

王辉耀　博士，教授，博士生导师，国务院参事，西南财经大学发展研究院院长，全球化智库（CCG）理事长，中国华侨历史学会副会长，中华海外联谊会常务理事，国务院侨办专家咨询委员会专家，中国国际人才专业委员会会长，中国人才研究会副会长，欧美同学会/中国留学人员联谊会副会长，商务部中国国际经济合作学会副会长，九三学社中央经济委员会副主任。担任过中央人才工作协调小组国际人才战略专题研究组组长，主持过国家多个部委课题研究。还担任北京市政府专家咨询委员会专家以及多家地方政府顾问，向中央和国家有关部委以及地方政府提交多项专题研究和政策性报告。此外，目前还担任联合国国际移民组织（IOM）国际顾问、德国劳动力研究所（IZA）研究员、国际猎头协会（AESC）顾问、国际大都会组织（Metropolis）执委、美国耶鲁大学亚洲发展顾问委员会理事和加拿大西安大略大学毅伟商学院亚洲董事会董事等。

留学欧美，获得加拿大温莎大学工商管理硕士学位，在加拿大西安大略大学和英国曼彻斯特大学攻读博士研究生，获得国际管理博士（PHD）学位，并在美国哈佛大学肯尼迪政府学院担任高级研究员和在布鲁金斯学会担任访问研究员。曾先后兼任北京大学、西南财经大学、中国政法大学、中国农业大学、西安交通大学、广东外语外贸大学、哈尔滨工业大学、首都经济贸易大学、中国人事科学研究院和加拿大西安大略大学等多所大学及研究机构的兼职教授或博士生导师。

在人才战略、海归与留学生、华侨华人华商、国际移民和企业国际化以及智库发展等领域有大量著作和学术研究，在国内外出版相关中英文著作50多部，包括《中国海归发展报告》《中国留学发展报告》《中国国际移民报告》《海外华侨华人专业人士报告》《中国区域人才竞争力报告》和《中国企业国际化报告》等蓝皮书系列，以及《国际人才竞争战略》《国际人才战略文集》《国家战略》《海归时代》《当代中国海归》《人才战争》《移民潮》《哈佛肯尼迪政府学院精英课》《海归百年创新中国》《那三届》《大国智库》《全球化 VS 逆全球化》《大转向：谁将推动新一波全球化》和《人才战争 2.0》等一批有影响力的著作。

康荣平　全球化智库（CCG）世界华商研究所所长。中国社会科学院世界经济与政治研究所世界华商研究中心原主任、理事长。曾任辽宁社会科学院科技发展研究所副所长，兼任辽宁省和沈阳市政府顾问，以及若干企业顾问。曾任首钢集团国际化经营研究所所长。担任过日本亚洲经济研究所客座研究员，日本国学院大学客座教授，韩国首尔大学客座教授。是第八届北京市政府专家顾问。曾担任《世界华商经济年鉴》常务副主编，在华商研究领域发表《华人跨国公司成长论》和《海外华人跨国公司成长新阶段》等专著，并发表论文数十篇。

全球化智库简介

　　全球化智库（Center for China and Globalization），简称 CCG，是中国领先的国际化社会智库。CCG 成立于 2008 年，总部位于北京，在国内外有十余个分支机构和海外代表处，目前有全职智库研究专业人员百余人。秉承"以全球视野，为中国建言；以中国智慧，为全球献策"宗旨，CCG 致力于全球化、全球治理、国际关系、人才国际化和企业国际化等领域的研究。CCG 是中央人才工作协调小组全国人才理论研究基地，中联部"一带一路"智库联盟理事单位，并被国家授予博士后科研工作站资质。

　　CCG 成立十年来，已发展为中国推动全球化的重要智库。在全球最具影响力的美国宾夕法尼亚大学《全球智库报告 2017》中，CCG 位列全球顶级智库百强榜 92 位，成为首个进入世界百强的中国社会智库，并在全球最佳社会智库榜单中被评为"中国社会智库第一"。同时，CCG 在国内多个权威智库排行榜也获高度认可，在南京大学与《光明日报》发布的《中国智库索引 CTTI2017 发展报告》中蝉联社会智库 Top10 榜首，并入选中国社会科学院《中国智库综合评价 AMI 研究报告（2017）》"核心智库榜单"。此外，CCG 还被权威的中国管理科学学会评选为"2016～2017 年度十大中国管理价值组织"。

全球化智库世界华商研究所简介

　　全球化智库世界华商研究所成立于2016年4月，是全球化智库（CCG）设立的专门华商研究机构，由著名华商研究专家、中国社会科学院世界经济与政治研究所世界华商研究中心原主任康荣平担任所长。世界经济的新形势、中国的经济转型和创新驱动发展，以及"一带一路"倡议的深入实施，为新时期世界华商的发展提出新的命题，CCG成立世界华商研究所，旨在全面深入地研究世界华商如何顺势而为，在创新中寻找动力，把握未来中国与全球发展的新机遇。

　　CCG世界华商研究所主要研究世界华商在中国与全球经济发展中的地位与作用、世界华商的特点及发展趋势、世界华商发展的机遇和挑战。同时注重研究如何发挥全球华侨华人整体的力量，开发利用好其巨大的关系网、信息网、合作网，使其成为中国发展、华裔富裕的强大动力和独特优势。

摘　要

"华商"是指具有中华民族血统、活跃在世界经济领域的商人群体，广义上包括海外华商（即世界各地从事商业活动的华侨华人）、中国港澳台商人和中国大陆商人。本书主要研究海外华商和中国港澳台华商。华商拥有中国文化的根，具有世界眼光，是融汇中西思想的国际人才，在全球经济和中国经济发展中发挥着重要作用。

为对世界范围内的华商进行整体的总结和分析，我们在《世界华商发展报告（2017）》的基础上，继续编写了《世界华商发展报告（2018）》。全书由总报告、评选篇、专题篇和案例篇构成。

总报告总结了华商群体发展的现状、特点、变化与趋势，重点研究了华商与中国经济的关系，以及华商在"一带一路"建设中的作用和机遇，并对新时期促进华商发展提出了建议。

在评选篇，我们根据一定指标，设计出一套华商评选体系，通过定量分析和定性分析，结合专家意见，最终评选出"世界最具影响力十大华商企业"和"世界最具影响力十大华商人物"，以推介有影响力的华商企业及华商人物，为华商发展提供具体经验借鉴。

专题篇对不同地域范围内的华商和华商的不同群体进行了分析，如分析了欧洲华人经济、印尼华商、俄罗斯华商、美国硅谷华商，研究了海外温商和海外粤商，此外还对海外华人家族企业这一独特主题进行了研究。

案例篇研究了典型华商企业，以反映华商的发展特点、经营模式和进行国际化发展的路径。这些典型华商企业包括海外华商企业、中国台湾华商企业和中国大陆企业，如海外华商企业正大集团、金光集团、快乐蜂集团，中国台湾华商企业富士康集团、旭荣集团，中国大陆企业福耀集团、怡海集团。

Abstract

"Chinese entrepreneurs" is a group of entrepreneurs who are of Chinese origin and active in the world economic field. In a broader sense, they include overseas Chinese entrepreneurs (namely overseas Chinese, who are engaged in business activities all over the world)、entrepreneurs from Hong Kong, Macao, Taiwan and mainland , China. This book mainly studies overseas Chinese entrepreneurs and entrepreneurs from Hong Kong, Macao and Taiwan. Rooted in Chinese culture and exposed to international environment, they are world-class talents capable of thinking from both Chinese and Western perspectives. They play an important role in the global economy and China's economic development.

In order to make a comprehensive summary and analysis of Chinese entrepreneurs in the world, after *the Report on Development of World Overseas Chinese Entrepreneurs* (2017), we have continued to compile the *Report on Development of World Overseas Chinese Entrepreneurs* (2018) . The whole book consists of the General Report, the Evaluation Reports, Special Issue Reports, and Case Studies.

The General Report summarizes the status, characteristics, change and trend of overseas Chinese entrepreneurs development, focusing on the relationship between Chinese Entrepreneurs and China's economy, and the role and opportunity of overseas Chinese Entrepreneurs in the the Belt and Road Initiative, and puts forward some suggestions on promoting the overseas Chinese Entrepreneurs in the new period.

In the Evaluation Reports, we developed a set of indicators and designed an evaluation system to rank "the world's most influential top 10 Chinese entreprises" and "the world's most influential top 10 Chinese entrepreneurs" based on quantitative analysis and qualitative analysis, combined with expert opinions, to introduce influential Chinese enterprises and Chinese entrepreneurs as a reference for the future study of Chinese entrepreneurs.

The Special Issue Reports analyzes Chinese entrepreneurs from different regions and from different groups, such as the Chinese entrepreneurs in Europe, Indonesia, Russia, the Silicon Valley, and overseas Chinese entrepreneurs from Wenzhou and Guangdong. In addition, we have also studied the unique theme of the overseas Chinese family enterprises.

The Case Studies analyzes several typical Chinese enterprises to reflect the development characteristics, the business mode and the path to international development of the Chinese enterprises. These typical Chinese enterprises include overseas Chinese enterprises like Chia Tai Group, Sinar Mas Group and Jollibee Group, Taiwan enterprises like Foxconn group, New wide group, and mainland enterprises like Fuyao Group, Yihai Group.

序　一

"华商"是一个独特的群体。他们移民海外历史悠久，几乎遍布世界各地，深刻影响着全球经济。可以说，华商的历史之久、范围之广、影响之深，是其他任何商人群体都无法比拟的。

从过去到现在，大量中国人移民海外，奠定了海外华商的基础。据研究，中国海外移民的历史最早可以追溯到殷商时期。从 10 世纪开始，随着海外交通的发达和贸易的兴隆，移民逐渐增多，在海外形成了相对固定的聚居区。16 世纪末，随着殖民主义东侵和中国民间海外贸易发展，广东、福建等地沿海居民大量向东南亚移徙，在当地进行生产和贸易，初步形成了早期海外华商网络。近代，中国人以国际劳工和贸易商面貌出现在国际移民舞台上，形成中国第一次大规模海外人口迁移。第二次世界大战后，随着经济全球化发展，中国出现了新一代海外移民，这次移民潮的主要形式是劳务输出、家庭团聚、留学、技术移民、投资移民，移入地以美国、加拿大、澳大利亚和西欧各国为主，迁入东南亚、南美的也为数不少，迁出地则从传统沿海侨乡及台港澳地区逐步扩大到全国各主要城市。近几十年来，华商发展速度加快，逐步开启了全球化的进程。

华商在世界上分布极其广泛，几乎遍布世界各地。所谓"有海水的地方就有华人，有华人的地方就有华商"。目前在海外的华侨华人数量达到 6000 多万人，他们中经商的比例极高。在海外，东南亚华商在当地经济中的地位举足轻重，涌现出很多资产实力雄厚的华商。北美的华商近几十年来在高科技产业中的成绩引人瞩目。有调查显示，硅谷创造的财富中，40% 有华侨华人的参与，每年出现的 5000 家初创企业中，约有 1/4 由华侨华人创办。欧洲、大洋洲、非洲的华商也在近二三十年迅速发展。在非洲，南非的华商最多，已经形成台商经营工业、港商经营房地产、内地华商经营商贸的格局。在中国港澳台地区，出现了一代又一代成功的华商，他们为当地经济以及中国内地经济的发展做出了巨大贡献。近年来世界范围内华商发展中，最为明显的是中国企业尤其是中国大陆企业的异军突起，在 2017 年《财富》世界 500 强上中国企业占据了 115 席，成为世界范围内华商主力。

目前，在全球经济新形势下，华商发展的外部环境既有挑战也有机遇。从挑战来看，经历了 2008~2009 年全球金融危机和经济严重衰退，当前世界经济正处于转型和调整当中，虽然经济复苏势头向好，但依然面临诸多不稳定不确定因素。同时，"逆全球化"倾向和贸易保护主义抬头。这些都给华商经营发展带来了阻碍，使得华商企业必须进行必要的转型升级。华商可以借助全球新一轮科技革命和产业变革的兴起，抓住信息技术、智能技术、生物技术、新材料技术、新能源技术发展的机会。同时，要改变已逐渐显现出不可持续的传统产业模式。

相较于挑战，机遇更为明显。如"一带一路"倡议、中国坚持全球化的理念，都为华商带来了历史性机遇。作为丝绸之路创始国之一，中国提出的"一带一路"概念，是全球化极重要的一部分。也只有当中国真正进入全球化之后，全球化才比较完整。华商集中的东亚和东南亚正好位于"一带一路"沿线。"一带一路"沿线拥有庞大的人口和经济体量，发展中国家众多，基础设施投资空间巨大。华商在"一带一路"沿线国家和地区也拥有广泛的人脉关系，一些华商在当地政治、经济领域发挥着关键作用，可以成为"一带一路"建设的独特力量。除此之外，我认为，从中国经济中寻找机遇，始终是实现华商全球化发展的主旋律。

未来，华商的发展还需依靠自身经营管理。华商的经营管理模式独具特色，形成了一种"华商文化"。他们以中华文化为核心，同时又融入了西方的现代企业管理方法。他们将中华文化与西方管理方法完美融合，取得了商业经营的巨大成功。未来还需重在践行商业文明，实现企业的可持续发展。经济全球化给华商习以为常的企业管理和组织模式提出了严峻挑战，华商必须经历从家族企业向现代公司转变的管理变革，这样才能实现企业的永续经营。作为中国香港华商，恒隆集团在发展过程中就始终坚持"只选好的，只做对的"的理念。我们深知，良好的企业管理和决策是公司持续发展并不断取得成功的关键，企业管理必须与时俱进，不断创新，以应对新的挑战和把握新的机会。

华商经济融入并深刻影响着世界经济。在新时期、新形势下，华商重要意义愈发凸显。华商要继续走向世界舞台，参与国际化，并作为华人代表与世界对话，让世界倾听并尊重华人的声音。对于华商来说，必须时刻紧贴最新的科技资讯，并具备超卓的管理技能。由于以上所述特点，世界华商在地域分布、产业转型、全球化发展等诸多方面还需要我们去做进一步深入探讨和研究。

本书为全球化智库连续推出的第二本《世界华商发展报告》，该报告对华商的研究，不仅梳理了其历史发展脉络，还根据全球环境的新变化做出了新的分析和判断。本报告还收录了华商研究领域专家学者们的真知灼见，兼具学术价值和可读性。

陈启宗

全球化智库联席主席

亚洲协会香港中心主席

香港恒隆集团董事长

序　二

"华商"是指具有中华民族血统的，活跃于世界各地的，从事经济活动的商人群体。在中国，作为改革开放后中国经济发展的重要力量之一，华商与中国经济互相推动，共生发展。无论是境外华商还是中国大陆华商，都在改革开放后得到了充分的发展机会。在发展的过程中，境外华商对中国的经济增长与转型、产业结构的升级与调整、民营经济的推动与促进、中国企业走出海外的投资与帮助等，都做出了重要的贡献。华商不仅成为改革开放后中国经济最活跃的因素之一，也是推动中国经济由计划走向市场转型之路不可或缺的力量。改革开放以来，政府出台了众多鼓励华商发展的政策，华商在这些政策的支持下迅速成长。如今，改革开放已经走到了第四十个年头，华商经济已经成长为中国国内重要的经济支柱，同时也加快了自身国际化的步伐，成为全球经济一股不可忽视的力量。

作为中国大陆华商的代表，我想说福耀的发展离不开中国经济改革与发展，离不开经济全球化的发展。我相信，福耀是华商进行国际化发展的典型代表，但华商的群体却包含着千千万万个像福耀这样的企业。他们乘着中国改革开放和全球化发展的东风，不断发展自身，为所在国经济、中国经济乃至世界经济做出了重要贡献，他们将中国传统优秀文化与先进的西方现代企业管理方法融为一体，在各个领域取得了卓越成就。

当然，发展的道路并不是一帆风顺的，如今的形势有了新的变化。一方面，自从第四次科技革命后，世界经济全球化的程度大大加深，整个世界市场连成一体，跨国公司已经成为全球市场的重要参与者，我们面临的竞争不再仅局限于国内，而是在全球的竞争格局中，因此，如何在世界范围合理配置资源，提高公司生产效率，成为当前华商面临的一个挑战。另一方面，

2008 年金融危机之后，全球经济陷入新一轮衰退，整个世界处于恢复与调整的过程中，一些国家的贸易保护主义抬头，正在兴起一股"逆全球化"思潮。许多大陆华商在经历过一轮资本积累后，正处于走向全球，汲取海外先进技术经验，改变在全球价值链低端的不利位置的历史时期。

在这里，我想结合自身的经历，谈谈在新的形势下福耀在全球布局投资的一些经验。第一，专注于产品质量和创新，赢得客户的青睐和支持。福耀对汽车玻璃的专注与创新，是我们赢得客户认可的重要原因，也是我们与客户合作的基础。第二，海外投资应该审时度势，把握投资时机。福耀从 20世纪 90 年代就开始走向海外，但是直到 2014 年才开始在美国进行大规模投资活动，开启福耀全球布局的新时期，其间历经 19 年。在这 19 年间，我们在国内的市场取得成功后，先将产品销往海外，等在海外拥有了稳定的客户后，才开始在美国投资设厂。第三，投资源自于市场需求。一方面，金融危机后，美国的汽车行业遭受重创，许多汽车玻璃供应商也纷纷破产重组，导致汽车玻璃供应不足；另一方面，福耀在海外的客户要求福耀就近设厂，以保证供应安全。正是国内市场的绝对优势和相对饱和与国外市场未充分开发，促成了福耀开始在全球投资布局。

海内外大量的成功华商，他们在适应所在国的发展环境、投资中国、进行国际化发展方面有诸多经验可以借鉴。对这些华商企业案例进行研究，将会得出富有价值的经验总结。

在当前的中国与全球经济新形势下，全球化智库推出《世界华商发展报告（2018）》，及时总结世界华商发展新动态，通过优秀华商企业案例，向广大华商朋友提供参考与借鉴。

曹德旺

福耀玻璃工业集团股份有限公司董事长

河仁慈善基金会创办人

目　录

Ⅰ　总报告

Ⅱ　评选篇

Ⅲ　专题篇

IV 案例篇

总 报 告

General Report

B.1
世界华商总体发展情况

王辉耀[*]

摘 要： 华商是世界上一支重要的经济力量，在发展过程中，逐步形成"在地域上大集中、广分散""行业高度集中，资本高度分散"等特点。在新时期，华商发展也呈现一些新趋势，如，谋求经济转型升级，并通过科技创新来发展高新技术产业；将跨境电商作为发展的新模式；与"走出去"的中国企业合作，成为向全球发展的新力量。华商与中国经济互为推动对方发展的重要因素。华商是中国吸引外资的重要来源，经济转型期的中国也为华商发展提供了新机遇。"一带一路"建设得到世界华商积极响应，是华商发展的历史性机遇，华商在其中也必将发挥重要作用。从"一带一

---

* 王辉耀，博士，全球化智库（CCG）主任，教授、博导。CCG 副研究员侯少丽对本报告亦有贡献。

路"作为新型全球化的国际合作共赢方案的角度来看，华商将助力中国参与书写国际规则、推动新型全球化进程。

关键词： 世界华商　中国　"一带一路"

一　华商发展现状与特点

（一）华商在地域分布上呈现"大集中、广分散"的特点，遍布世界各地，主要集中于东南亚、北美和欧洲地区

目前在海外的华侨华人数量达到 6000 多万人，与意大利、英国、法国等欧洲发达国家全国的人口数量相当。华侨华人遍布世界各地。其中，经商办企业的比例极高，形成了庞大的华商群体。亚洲尤其是东南亚地区是海外大型华商的聚集地，这主要与东南亚华商悠久的历史和深厚的耕耘有关。欧洲华商分布广泛，但整体实力相对较弱，大多从事餐饮业、皮革业、服装业和贸易业等传统产业，随着新移民的增加，华商从事的行业在不断扩展。美洲华商主要集中于美国和加拿大，最新数据显示，美国华人华侨人口总数已达 452 万[1]，加拿大华人华侨数量约 180 万[2]，除了从事传统行业外，在高科技产业上也有所发展。非洲华商在行业上高度集中，差别化多元化不明显，大部分从事资本和技术程度较低，利润率也较低的餐饮、贸易、轻工业等行业。

---

[1] 观察者网：《最新数据：美国华人总数达 452 万，经济状况处于亚裔中下水平》，2015 年 5 月 5 日，http：//www.guancha.cn/america/2015_05_05_318422.shtml。

[2] 中国商务部：《2017 年加拿大华人数量将达到 180 万人》，2017 年 2 月 23 日，http：//www.mofcom.gov.cn/aarticle/i/jyjl/l/200702/20070204394177.html。

1. 东南亚地区的华商实力最强，主要集中于新加坡、泰国、马来西亚、印度尼西亚和菲律宾五国

根据《亚洲周刊》2016 年全球华商 1000 强排行榜[①]，上榜的东南亚华商有 52 家，企业平均市值 81.8 亿美元，平均资产达 269.7 亿美元。从该 1000 强来看，除中国大陆、港澳台以外，入榜华商有 53 家，而上述东南亚五国就占有 52 家。新加坡华人占新加坡人口的绝大多数，有 290 万人，占人口总数的近四分之三。在马来西亚，华人是仅次于马来人的第二大族群，有 665 万人，占总人口的 21.0%。占优势的华人比例是华商产生和发展的基础，华商在当地经济中占有重要地位。

上榜东南亚华商基本从事传统行业，包括金融业、零售业、种植业、房地产业、制造业等。尤以金融业最为突出，如新加坡的华侨银行、大华银行，马来西亚的大众银行、丰隆银行，泰国的盘谷银行、开泰银行，印度尼西亚的中央亚细亚银行，菲律宾的首都银行等。东南亚华商在高科技领域的投资很少，这与东南亚华商长久以来的传统业务有关，同时也与他们所在的地域有关，在世界范围内，东南亚的科技创新能力较为薄弱。

2. 欧洲华商整体经济实力较弱，以餐饮业、皮革业、服装业和贸易业为四大传统产业

根据 2013 年国务院侨办联合外交部开展的侨情调研，欧洲约有华侨华人 255 万人，其中新侨 171 万人，占 67%，老侨 84 万人，占 33%。欧洲华侨华人呈全覆盖、大集中、小分散的特点。20 世纪 90 年代后，随着中国的国际化进程和欧盟的诞生，出现了中国人移民欧洲的移民潮，新移民规模迅速扩大。一般认为，70% 以上的海外华侨华人从事商业经营活动，而欧洲以新移民居多，所以华商的比例会更高。华商主要分布于英国、法国、意大利、西班牙、德国和荷兰，在瑞典、爱尔兰、丹麦、芬兰、比利时、奥地利、瑞士、葡萄牙、匈牙利、希腊等国也有一定规模的华商分布。

---

① 《亚洲周刊》以上市公司的市值为排名依据。其所涉及的华商仅为上市企业，既不包括没有上市的大型华商企业，也不包括数以十万计的中小型华商企业，因而不能反映华商整体，但具有一定的代表性。

欧洲华商以餐饮业、皮革业、服装业和贸易业为四大传统产业。据估算，全欧大小华人餐馆总数在5万家以上，尤以英国、法国、德国最多。零售、批发和进出口贸易也非常广泛。华人超市也像华人餐馆一样遍布欧洲各地。批发和进出口贸易在法国、意大利、西班牙等国的一些城市比较集中。例如，法国巴黎东北郊的欧贝维利耶市，聚集了近700家华商，是法国最大的华商批发中心，也是欧洲最大的中国商品批发中心之一。西班牙马德里拉瓦别斯区的华侨华人贸易批发区，有商品批发店和零售店3000多家。意大利罗马的唐人街，有150家华商在其中经营。还有匈牙利布达佩斯曾经的四虎市场，如今的唐人街市场、中国商城、欧洲广场等，都是著名的中国商品集散地和华商聚集地。服装加工业和皮革业集中在法国以及意大利的佛罗伦萨和普拉托。

随着新移民的不断加入，经营领域不断拓宽。欧洲部分华商进入金融业、房地产业、物流业、中介服务业、法律咨询业、旅游业、酒店业以及跨境电商等领域。一些拥有专业知识的华商涉足生物医药、电子信息等高科技产业。但是，从事高科技产业的华商所占比例还较少。欧洲华商整体经济实力相对较弱，跨国企业、上市公司等华商企业凤毛麟角（见表1）。

表 1　欧洲主要华商企业

企业名称	所在国家	经营者	经营业务
陈氏兄弟有限公司	法国	陈克光、陈克威	进出口贸易、批发、零售
巴黎士多有限公司	法国	郑辉	零售等
欧华集团	法国	黄学胜	贸易、商业地产
法国麦斯科汀集团	法国	刘若进	电子商务、零售
法国凯博国际集团	法国	吴成权、张杨、林鑫	餐饮业
嘉华进出口公司	法国	陈顺源	贸易、酒店、房地产
凯撒旅游集团	德国	陈茫	旅游业
德国开元集团	德国	周鸿图	旅游、商务、娱乐
德国飞马集团	德国	栾伟	进出口贸易
GIUPEL S. P. A. 集团公司	意大利	徐秋林	服装制造业
普拉托维多利亚服装公司	意大利	王增理	服装制造业
意大利新世界集团	意大利	姜际春	服装进出口贸易、批发、零售

企业名称	所在国家	经营者	经营业务
天鹰仓储物流有限公司、罗马天鹰集团房产有限公司、罗马商品批发有限公司	意大利	林美银	物流、房地产、金融、批发贸易
荣业行	英国	叶焕荣	进出口贸易、批发、零售
J. Brothers-Futura Management Ltd.、福清金融有限公司	英国	何家金	批发、零售、餐饮业金融
英国对冲基金 Capula I	英国	霍焱	金融
欧美嘉集团	英国	陈明亮	旅游、酒店、商务、金融、法律、教育和文化
三意(3E)集团	西班牙	王绍基	制造业
西班牙双丽集团	西班牙	戚丽玲、戚丽丹	酒店、餐饮、零售、房地产、移民服务、文化交流
西班牙西菲娜国际集团	西班牙	张甲林	服装
荷兰欧亚花卉集团	荷兰	杨斌	花卉生产
比利时通灵珠宝股份有限公司	比利时	沈东军	珠宝加工贸易
瑞士新奥尼维亚公司	瑞士	杨玉明	钟表制造与加工
葡萄牙"美莱福"俱乐部	葡萄牙	詹永巧	文化娱乐、高档餐饮和医疗健身
希腊万豪集团有限公司	希腊	徐伟春	旅游业、服装业、酒店业、贸易业
俄罗斯国际兄弟集团	俄罗斯	陈志刚	建筑设计、批发零售业、餐饮业、旅游业
斯洛伐克 ECC 集团公司	斯洛伐克	牟国量	
北欧集团	挪威	曹侃	房地产开发等
瑞典叶氏集团	瑞典	叶沛群	贸易、房地产、金融

3. 美洲华商较为分散，但主要集中于美国和加拿大

根据美国商务部 2012 年的调查数据，在美国有华商企业 52. 87 万家，占美国企业总数的 1.9%，占在美亚裔企业总数的 27.1%。2002～2012 年的十年间，美国华商企业数量增加了 24.27 万家，增幅达 84.8%。美国华商主要从事专业、科学和技术服务业，住宿和餐饮业，房地产和租赁业，零售业等产业。不同于东南亚地区的华商，美国华商企业总体规模较小。在美华

商企业中，有雇员的企业 13.90 万家，只占全部华商企业的 26.3%，大部分华商进行家庭经营，没有雇员。美国华商企业多集中于加利福尼亚州和纽约州，这两个州分别有华商企业 20.53 万家和 10.56 万家，占全部在美华商企业总数的 38.8% 和 20.0%。此外，在得克萨斯州、新泽西州和夏威夷州也有较多的华商。美国华商在科技创新领域拥有较大优势，伴随着美国高新技术产业的发展，华商企业在高新技术产业涌现，例如在美国的硅谷，由华人创办或任首席执行官的企业有 3000 多家，其中不乏一些科技精英（见表 2）。

加拿大华商在 20 世纪 80 年代以前，主要以餐饮业和零售业为主，此后逐步扩展到计算机、通信、金融、能源、房地产、旅游等领域。部分加拿大华商在高科技领域取得突出成就，比如从事 IT 业的何国源，创办富达科技公司的陈邓慧中和陈若虚。大部分华商从事的仍然是以餐饮业、零售业为主的传统产业。据媒体报道，仅在温哥华就有中餐馆 1100 家，在多伦多有中餐馆 800 多家。①

在美国和加拿大以外的美洲地区，也分布有大量的华商。在拉丁美洲，华侨华人总数有 120 余万人，他们在信息技术、农垦、养殖、餐饮、服装、零售、石油、化工、建材、房地产和金融等行业经营，也出现了一批知名的华商（见表 3）。

表 2 美国和加拿大华商高科技企业

企业名称	所在国家	经营者	经营业务
网讯（Webex）公司（2007 年 3 月,思科以 32 亿美元收购网讯）赛伯乐（中国）创业投资管理有限公司	美国	朱敏	互联网（在线会议服务）投资
雅虎（Yahoo!）	美国	杨致远	互联网

① 徐爱玲：《欧洲与美洲华商财富分布》，载《华侨华人研究报告（2014）》，社会科学文献出版社，2014。

续表

企业名称	所在国家	经营者	经营业务
金士顿科技公司（Kingston）	美国	孙大卫、杜纪川	信息技术（IT）
美国药品伙伴公司 阿博瑞斯生物科技（Abraxis BioScience）公司	美国	黄馨祥（又名陈颂雄）	医药
高民公司	美国	高民环	导航设备（GPS）制造
国际联合电脑公司（又称为冠群电脑公司）	美国	王嘉廉	软件
英伟达（NVIDIA）公司	美国	黄仁勋（又称黄建生）	显卡芯片和主板芯片组
神奇科技	美国	戴伟丽	存储、通信
ATI 公司	加拿大	何国源	电脑图像晶片生产
富达科技公司	加拿大	陈邓慧中、陈若虚	计算机
达茂能源股份有限公司	加拿大	林成贤	新能源与环保
CV Technologies 公司	加拿大	单婕	生物医药

表3 拉丁美洲知名华商企业

企业名称	所在国家	经营者\创办者	经营业务
—	秘鲁	戴宗汉、戴贺廷	农业、酒店
秘鲁铁路投资有限公司	秘鲁	王亚南	铁路
—	巴西	沈鹏冲、沈鹏云	养殖
巴西植物油公司 Petropar 集团	巴西	林训明	植物油加工、石化、农业、畜牧业、林业
巴西方大集团	巴西	张胜凯	医药
巴拿马中巴文化中心	巴拿马	陈奉天、陈中强（陈奉天之子）	文化
—	阿根廷	朱治华	珠宝首饰、房地产和进出口贸易
阿根廷廷生贸易进出口公司、阿根廷泰山机械进出口公司	阿根廷	袁建平（任布宜诺斯艾利斯市议员、阿根廷华人进出口商会名誉会长等职）	贸易

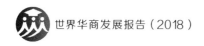
续表

企业名称	所在国家	经营者\创办者	经营业务
—	墨西哥	梁权暖 （任墨西哥下加州中国和平 统一促进会会长、蒂华 纳华侨协会副主席等职）	餐馆、进出口贸易、 电子行业等
Ley supermarket	墨西哥	李华文	零售、房地产
牙买加百佳食品公司	牙买加	叶重民	食品

资料来源：根据公开资料整理。"—"表示不能确定。

4. 非洲华商在行业上高度集中，资金却高度分散

华侨华人遍布非洲各个国家，华侨华人经济已成为非洲国家经济的重要组成部分。非洲华商数量众多，但大部分都是资金规模较小的华商，整体实力不强。如在南非，30 万华侨华人中有 10 万～20 万的华商从事批发零售业；在莱索托，8 个城市的几百家超市、商场几乎被 2000 多名福清籍华商所垄断[①]。这种零散的经营方式不利于华商品牌和竞争力的形成，不利于华商经济的转型升级和整体发展。

但是，随着新移民的快速增加，非洲华商实力在逐步增强。如尼日利亚、苏丹、安哥拉、坦桑尼亚、阿尔及利亚和毛里求斯等国的华侨华人规模超过 1 万，基本上以新移民为主。与老侨主要从事餐饮业、批发零售业不同，新移民的经营领域更为广泛，目前已拓展到旅游业、制造业、房地产业、医疗卫生业等行业。

批发零售业和餐饮业是在非华商的传统经营领域。华商依托中国商品优势，在非洲做中国商品进出口贸易和批发零售，经营范围集中在鞋帽、箱包、服装等日用消费品方面。随着经营的扩大，逐步向电脑通信设备、家用电器、办公设备、五金工具和生产资料等方面拓展。在非洲经营中餐业潜力巨大，某些地方如南非的中餐业已经非常发达，已经从最初的大大小小的中

---

① 原晶晶、庄国土：《非洲华商概况分析》，《侨务工作研究》2011 年第 2 期。

餐馆，开始步入品牌时代。

1963 年 4 月，中国政府向阿尔及利亚派出了第一支援外医疗队，此后中国医生就开始活跃在非洲，开办诊所，并兼做中成药生意。南非卫生机构的统计资料显示，目前在南非至少有 1000 名注册中医大夫。南非在 2001 年确立了中医药的合法地位后，中医药在当地得到了迅速发展，现在仅约翰内斯堡就有不下 50 家中医诊所。①

非洲国家工业基础薄弱，经济结构单一，制造业缺乏，华商抓住机遇，从贸易业转向实业，同时又避免了非洲国家为保护本国工业所采取的限制进口的关税和非关税措施。非洲华商的加工制造业涉及纺织、服装、鞋帽、建材等领域。

在传统行业经营的基础上，随着自身实力的增强，非洲国家投资环境的改善，以及中国对非洲投资的增长，华商开始进行房地产开发。例如，南非胡氏国际贸易集团董事长胡李明在约翰内斯堡建立了"中国温州商城"，这是继喀麦隆的"温州商城"之后华商在非洲大陆建立的第二座"温州商城"。之前，温州人已经在俄罗斯、德国、荷兰、美国、阿联酋等国家建起了"温州商城"。此外，还有南非的中国商贸城、中非商贸城、麒麟商城等一系列华商地产。

旅游业是非洲华商依托中国市场从事的又一产业。根据世界旅游组织（UNWTO）的数据，2016 年赴非中国游客数量达 1130 万人次，占出国游总人数的 10%。这一数字还在以每年 50% 的速度快速增长。由于签证条件的放宽和往来直飞航班的开通等原因，赴埃塞俄比亚、肯尼亚和南非的中国游客数都出现大幅增长。② 赴非旅游的火爆给在非华商带来了商机，纷纷开展针对中国市场的旅游服务业务。

---

① 新华网：《通讯：中医为非洲人健康作贡献》，http://news.163.com/07/1206/17/3V1VKKLP000120GU.html，2007。
② 国家旅游局：《非洲享中国旅游业"大蛋糕"赴非旅游人数快速增长》，http://www.cnta.gov.cn/xxfb/jdxwnew2/201703/t20170305_817679.shtml，2017 年 3 月 5 日。

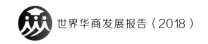

（二）华商经营呈"行业高度集中，资本高度分散"的态势，数量庞大的中小型华商企业集中于餐饮和批发零售领域

从世界范围内华商的经营行业来看，大量的中小型华商企业集中在餐饮、服装、批发零售和进出口贸易领域，仍然以劳动密集型产业为主，资本和技术程度较低，处于价值链的低端，高科技企业较少，普遍缺乏创新能力。华商经营呈现"行业高度集中，资本高度分散"的态势。在餐饮业上，充分体现出这一特征。据不完全统计，目前海外华人餐馆超过40万家，在欧洲更是遍布各地。多数华人餐馆为家庭作坊式经营，规模小，资本高度分散。①

同样，在零售业上也体现了这一特征。在各地涌现的华人商城成为华商近十多年发展的新特色，在欧洲尤其明显。在华人商城，集聚了众多华商，他们以中国产品为基础，以批发为主要经营方式。华人商城起始于20世纪90年代，从事商品进出口和零售的大小华商企业受规模效应的驱动，集中在一起形成一定的市场，当时比较著名的有匈牙利布达佩斯的四虎市场、葡萄牙里斯本的莫拉里商业中心、俄罗斯莫斯科切尔基佐夫斯基大市场等。受当时巨大的市场需求和丰厚利润吸引，华人商城高速发展，进入21世纪，已成遍地开花之势，如法国巴黎中国商城，意大利普拉托欧洲商城，瑞典的中国商贸城，匈牙利布达佩斯的欧洲广场、唐人街市场和温州商城等，不仅规模大，而且数量多，仅在德国就有20多家华人商城。

"行业高度集中，资本高度分散"的特征给华商经济带来一定的负面影响。首先，导致了华商间的恶性竞争。拥有小规模资金的大量华商集中在相同的行业上，竞争的激烈迫使华商通过降低价格和商品、服务的质量来维持经营，结果只能是损害了华商整体的声誉和利益，破坏华人社会的团结，还招致当地政府的管制。其次，随着本土商家大量涌入华商所从事的这些行

① 《人民日报》：《欧洲华人餐饮 转型各有招数》，http：//paper.people.com.cn/rmrbhwb/html/2015 – 12/11/content_ 1639968. htm。

业，他们也在挤压着华商的经营空间。华商在此方面所遭受的困境，正预示着其转型升级的来临。

（三）华商资产实力不断增强，海外大型华商企业大部分集中于东南亚五国，即新加坡、马来西亚、泰国、菲律宾和印度尼西亚

华商资产实力不断增强，2007～2017 年的十年间，入选福布斯富豪榜的海外华商增加了 1.6 倍，从 22 人增长到 58 人，绝大多数分布在东南亚和北美地区，主要是新加坡、马来西亚、泰国、菲律宾、印度尼西亚、美国和加拿大。2017 年上榜海外华商平均资产达到 29.02 亿美元，比十年前的 28.64 亿美元增长 1.3%。

经营大型企业的华商大部分位于东南亚地区，主要是新加坡、马来西亚、泰国、菲律宾和印度尼西亚五国。根据庄国土教授的研究，新加坡、马来西亚、泰国、菲律宾和印度尼西亚五国的华商资产约占东南亚华商资产总额的 95.0%[①]。香港《亚洲周刊》2016 年 "全球华商 1000 排行榜"[②] 中有 53 家海外华商，分布在新加坡、马来西亚、泰国、菲律宾、印度尼西亚和美国，其中东南亚五国有 52 家，美国有 1 家。与 2015 年入榜 56 家相比，海外华商在 2016 年减少了 3 家，主要是由于随着中国经济的发展，中国大陆企业的比较优势进一步增强，在 "全球华商 1000 排行榜" 中的占比进一步提升。

该 52 家华商大致能反映东南亚华商的经济实力、所从事的行业领域以及在世界市场中的地位，同时，包括美国华商在内的 53 家华商也在一定程度上代表了世界范围内大型华商企业的发展情况。通过对这些大型华商的经济指标进行分析，我们可以判断近年华商的经济发展状况。

[①] 庄国土：《东南亚华商软实力及其对中国与东南亚友好关系的贡献》，《华侨华人研究报告（2014）》，社会科学文献出版社，2015。

[②] "全球华商 1000 排行榜" 以 2016 年 8 月底全球华资上市企业的市值为标准评选，因而仅涉及上市企业。

分国家来看，马来西亚入榜华商数量最多，达到 15 家，新加坡、菲律宾、泰国、印度尼西亚和美国分别有 12、9、9、7 和 1 家。新加坡 12 个华商的资产总额达 6807.19 亿美元，平均资产 567.27 亿美元；马来西亚 15 个华商的资产总额 2896.72 亿美元，平均资产 193.11 亿美元；泰国、菲律宾、印度尼西亚和美国的入榜华商资产总额分别为 2490.96 亿美元、1043.17 亿美元、786.56 亿美元和 24.56 亿美元，平均资产分别为 276.77 亿美元、115.91 亿美元、112.37 亿美元和 24.56 亿美元。新加坡的华商规模最大，其次是泰国，美国华商规模相对较小。

海外华商企业规模与中国大陆和港澳台企业相比总体较小。上榜的中国大陆和港澳台华商企业的平均资产为 350.63 亿美元，海外华商企业平均资产 265.08 亿美元。但新加坡华商企业的平均资产达 567.27 亿美元，远高于中国大陆、港澳台企业及其他区域的华商企业。同样，在企业市值方面，海外华商企业的平均市值也低于中国大陆和港澳台企业，分别为 80.90 亿美元和 88.19 亿美元。市值在一定程度上反映了企业发展的前景（见图 1）。

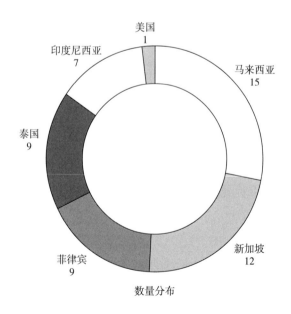

数量分布

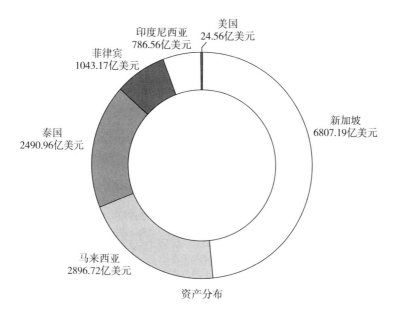

图 1 香港《亚洲周刊》"全球华商 1000 排行榜"中海外
华商数量和资产分布

近六成华商的纯利润保持增长，盈利水平较为乐观。该 53 家华商企业中有 31 家企业的纯利润实现增长，占比 58.5%，其中 22 家企业的纯利润增长率在 10% 以上，占比 41.5%，6 家企业纯利润增长率超过 50%，占比 11.3%。纯利润增长率较高的华商企业如马来西亚的房地产开发企业实达集团，纯利润增长率达到 136.9%；马来西亚的吉隆坡甲洞有限公司，纯利润增长了 83.0%；施至成先生创办的菲律宾鞋庄控股公司，在零售业、娱乐业、金融业、房地产业和制造业等领域开展经营，纯利润增长了 53.9%。

表 4 香港《亚洲周刊》"全球华商 1000 排行榜"中海外华商名单

名次	公司名称	总部所在地	市值（百万美元）
1	Bank Central Asia	印度尼西亚	27620.1
2	华侨银行有限公司	新　加　坡	26488.3
3	大华银行有限公司	新　加　坡	21447.4
4	大众银行有限公司	马 来 西 亚	18878.4

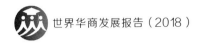
续表

名次	公司名称	总部所在地	市值（百万美元）
5	鞋庄控股	菲律宾	18550.6
6	Thai Beverage Public Company Limited	泰国	18371.0
7	SM Investments Corp.	菲律宾	17626.8
8	CP All Public Company Limited	泰国	16147.8
9	丰益国际	新加坡	14501.8
10	开泰银行	泰国	13649.1
11	巅峰控股（约格森米）	菲律宾	12022.8
12	盘谷银行有限公司	泰国	9343.0
13	盐仓集团	印度尼西亚	9316.6
14	环球罗宾娜公司	菲律宾	8869.8
15	Indofood CBP Sukses Makmur	印度尼西亚	8746.4
16	菲律宾长途电话公司	菲律宾	8489.7
17	大城银行大众有限公司	泰国	8177.8
18	Central Pattana Public Company Limited	泰国	7808.3
19	True Corporation Public Co. Ltd.	泰国	7804.9
20	卜蜂食品企业大众有限公司	泰国	7266.7
21	云顶有限公司	马来西亚	7171.7
22	大东方控股	新加坡	7134.6
23	IOI 集团	马来西亚	6862.7
24	丰隆银行	马来西亚	6606.0
25	云顶新加坡	新加坡	6504.6
26	云顶马来西亚	马来西亚	6202.5
27	吉隆坡甲洞有限公司	马来西亚	6200.5
28	首都银行	菲律宾	5714.3
29	城市发展有限公司	新加坡	5676.5
30	快乐蜂食品公司（巧利比）	菲律宾	5668.1
31	印多福食品有限公司	印度尼西亚	5231.9
32	Hap Seng Consolidated Berhad	马来西亚	4754.4
33	PPB 集团有限公司	马来西亚	4706.9
34	Metro Pacific Investments Corporation	菲律宾	4691.3
35	Charoen Pokphand Indonesia	印度尼西亚	4598.8
36	丰隆金融	马来西亚	4540.3
37	新加坡报业控股有限公司	新加坡	4437.1
38	杨忠礼机构有限公司	马来西亚	4335.9

续表

名次	公司名称	总部所在地	市值(百万美元)
39	Sinar Mas Multiartha	印度尼西亚	3878.1
40	中银航空租赁有限公司	新加坡	3585.7
41	耐世特汽车系统集团有限公司	美国	3414.6
42	Golden Agri-Resources Ltd.	印度尼西亚	3398.2
43	华业集团有限公司	新加坡	3292.7
44	美佳世界公司	菲律宾	3267.7
45	Frasers Centrepoint Limited	新加坡	3219.9
46	新达城房地产投资信托基金	新加坡	3120.1
47	怡保工程有限公司	马来西亚	3049.6
48	金务大公司	马来西亚	2914.7
49	杨忠礼电力公司	马来西亚	2839.9
50	联合工业有限公司	新加坡	2838.2
51	IOI地产集团	马来西亚	2744.8
52	泰达电子大众股份有限公司	泰国	2665.5
53	实达集团	马来西亚	2368.1

资料来源：香港《亚洲周刊》。

表5　2017年福布斯华人富豪榜中海外华商名单

排名	姓名	净资产(亿美元)	财富来源	居住地	国籍
1	郭鹤年/Robert Kuok	114	棕榈油,航运,房地产	中国香港	马来西亚
2	陈颂雄/Patrick Soon-Shiong	86	医药	美国	美国
3	郭令灿/Quek Leng Chan	68	银行,房地产	马来西亚	马来西亚
4	吴清亮/Goh Cheng Liang	65	涂料	新加坡	新加坡
5	黄嘉儿及家族/Carrie Perrodo & family	63	石油	英国	法国
6	吴奕辉/John Gokongwei Jr	58	多元化经营	菲律宾	菲律宾
7	孙大卫/David Sun	53	计算机硬件	美国	美国
8	杜纪川/John Tu	53	计算机硬件	美国	美国
9	郭氏家族/Kwee family	51	邦典置地公司	新加坡	新加坡
10	黄祖耀/Wee Cho Yaw	50	银行	新加坡	新加坡
11	郑鸿标/Teh Hong Piow	47	银行	马来西亚	马来西亚
12	李深静/Lee Shin Cheng	47	棕榈油,房地产	马来西亚	马来西亚

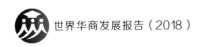

续表

排名	姓名	净资产（亿美元）	财富来源	居住地	国籍
13	侯业顺/Vanich Chaiyawan	39	保险,饮料	泰国	泰国
14	王恒/Roger Wang	37	零售	中国大陆	美国
15	郑少坚及家族/George Ty & family	35	银行	菲律宾	菲律宾
16	陈觉中及家族/Tony Tan Caktiong & family	34	快餐	菲律宾	菲律宾
17	谢正民/jaran chiaravanont	33	多元化经营	泰国	泰国
18	谢大民/Montri Jiaravanont	33	多元化经营	泰国	泰国
19	程正昌和蒋佩琪夫妇/Andrew& Peggy Cherng	31	餐馆	美国	美国
20	高民环及家族/Min Kao & family	29	导航设备	美国	美国
21	翁俊民/Tahir	28	多元化经营	印度尼西亚	印度尼西亚
22	黄仁勋/Jen Hsun Huang	27	半导体	美国	美国
23	郭令明/Leng Beng Kwek	27	房地产	新加坡	新加坡
24	吴聪满/Andrew Tan	25	多元化经营	菲律宾	菲律宾
25	郭孔丰/Khoon Hong Kuok	24	棕榈油	新加坡	新加坡
26	李智正/Krit Ratanarak	23	媒体,房地产	泰国	泰国
27	杨致远/Jerry Yang	23	雅虎	美国	美国
28	魏成辉/Sam Goi	21	冷冻食品	新加坡	新加坡
29	林荣福/Peter Lim	21	投资	新加坡	新加坡
30	傅志宽/Murdaya Poo	21	多元化经营	印度尼西亚	印度尼西亚
31	杨忠礼/Yeoh Tiong Lay	21	建筑,房地产	马来西亚	马来西亚
32	刘子君/Lau Cho Kun	21	棕榈油,房地产	马来西亚	马来西亚
33	张晓卿/Tiong Hiew King	20	木材,媒体	马来西亚	马来西亚
34	朱章元/Choo Chong Ngen	19	酒店	新加坡	新加坡
35	雷震瀛/Brandt Louie	19	药妆连锁店	加拿大	加拿大
36	李文正及家族/Mochtar Riady & family	19	多元化经营	印度尼西亚	印度尼西亚
37	彭云鹏/Prajogo Pangestu	18	石化产品	印度尼西亚	印度尼西亚
38	张允中/Chang Yun Chung	17	航运	新加坡	新加坡
39	林恩强/Oon Kuin Lim	17	石油交易	新加坡	新加坡
40	曾立强/Chen Lip Keong	16	赌场,不动产	马来西亚	马来西亚
41	徐清华及家族/Ciputra & family	16	房地产	印度尼西亚	印度尼西亚
42	谢吉（音）/Kiat Chiaravanont	15	食品	中国香港	泰国

续表

排名	姓名	净资产 （亿美元）	财富来源	居住地	国籍
43	吴笙福/Martua Sitorus	15	棕榈油	新加坡	印度尼西亚
44	陈江和/Sukanto Tanoto	15	多元化经营	新加坡	印度尼西亚
45	钟声坚/Zhong Sheng Jian	15	房地产	新加坡	新加坡
46	蔡启文/Ramon Ang	14	多元化经营	菲律宾	菲律宾
47	蔡天宝/Thian Poh Chua	14	房地产	新加坡	新加坡
48	黄创山/Keeree Kanjanapas	14	运输	泰国	泰国
49	郭桂和/Djoko Susanto	13	超市	印度尼西亚	印度尼西亚
50	朱国盛及家族/Husain Djojonegoro & family	12	消费品	印度尼西亚	印度尼西亚
51	黄鸿年/Oei Hong Leong	12	投资	新加坡	新加坡
52	陈锡森/Harjo Sutanto	12	消费品	印度尼西亚	印度尼西亚
53	许伟明/Koh Wee Meng	11	房地产，酒店	新加坡	新加坡
54	沈财福/Ron Sim	11	零售	新加坡	新加坡
55	陈明立/Hary Tanoesoedibjo	11	媒体	印度尼西亚	印度尼西亚
56	刘锦坤/Surin Upatkoon	10	电信，博彩，保险	马来西亚	泰国
57	张法俊/Fred Chang	10	在线零售	中国台湾	美国
58	林晓春/Desmond Lim Siew Choon	10	房地产	马来西亚	马来西亚

资料来源：福布斯中文网。

（四）华商祖籍地多为福建、浙江和广东，形成了具有世界影响力的海外闽商、海外浙商等商帮

海外华商多出自福建、浙江和广东等地，以祖籍地来源不同，形成了若干商帮，主要有海外闽商、海外浙商、海外粤商。海外闽商因其悠久的历史和雄厚的资本实力，被称为"海外第一大商帮"。东南亚闽商最能代表海外闽商的发展特色。而欧洲浙商是海外浙商的集中代表。这两大群体表现出鲜明的差异。东南亚闽商由于其自身的发展历史和住在国的环境因素，更能融入当地社会，主动参与到住在国的政治、经济、社会和文化事业中。相对来说，欧洲浙商由于与住在国在文化、意识方面的诸多差异，融入当地较为困难。欧洲浙商的资本主要是商业资本，投资领域相对单一，而东南亚闽商除

了商业资本外，还投向工业资本，甚至金融资本，经营结构更为多元，投资涉及多个行业领域。以下对海外闽商和海外浙商进行详细介绍。

1.海外闽商

海外闽商遍及亚洲、欧洲、美洲、非洲和大洋洲。据统计，在海外共有1580多万的闽籍华侨华人，分布在188个国家和地区，其中80%闽籍华侨华人集中在东南亚地区。早在明清时期，闽商就随着海上贸易的发展，移居东南亚地区。东南亚是海外闽商最早的创业基地，也是海外闽商资产最集中的地方，尤其是在印度尼西亚、菲律宾、马来西亚、新加坡。多元化发展是东南亚闽商的经营特征。海外闽商的发展，在很大程度上依赖于其庞大的商业网络。通过这个网络，闽商可以实现各自不同发展资源的优势共享。

闽商在东南亚当地富豪榜上占据众多席位。如菲律宾的闽商施至成、陈永栽、吴聪满、吴奕辉、陈觉中、郑少坚、吴天恩等。他们的产业覆盖银行业、食品及餐饮业、零售业、房地产业等领域。在马来西亚，闽籍华商有"亚洲糖王"郭鹤年，自1970年后，一直控制着马来西亚原糖市场的80%，世界糖市场的10%。李深静创立的IOI集团，以棕油、精细化工和房地产为三大支柱，成为马来西亚的"棕油大王"。在新加坡，华侨银行、大华银行从创办人到股东几乎都是闽商，华联银行是闽粤华资各占一半左右；享有"地产王""酒店王"誉称的黄廷方家族企业领衔闽商房地产；周颖南创办的"湘园酒楼"连锁店，已成为新加坡最大、东南亚闻名的餐饮品牌。在印度尼西亚，闽商的成就非常耀眼，在当地富豪排名榜中占有重要比例。林绍良创建的印多食品集团是印度尼西亚食品加工行业的翘楚；陈江和创办了金鹰集团；黄奕聪创办了金光集团。

在欧洲，英国的闽籍华人有近15万①，除了餐饮业、零售业外，装修业一直是他们从事的热门行业。意大利的闽商以三明、莆田籍居多，以经营餐饮业和纺织业为主。纺织业是意大利华商的一大特色，在意大利南部纺织

---

① 《福建新一代的英漂路：从打工到留学　见证艰辛打拼》，http://www.chinanews.com/hr/2013/03 - 24/4670549.shtml，2013年3月24日。

基地那波里省 TERZIGNO 市，当地从事纺织服装加工业的数万华商中，莆田人占近半数。[①] 西班牙是欧洲各国中连江籍闽商最多的国家。比较知名的闽商有创办新加坡大酒楼的蒋梦麟，从事餐饮、服装、百货等行业的蒋铜官等。此外，在欧洲其他国家，闽商的身影也活跃在餐饮、零售以及中医等领域。

在美洲，美国、加拿大、阿根廷、巴西和秘鲁等国是闽商最为活跃的国家。根据美籍华人陈清泉所述，在美国的福建人有 200 万左右，仅福州人就超过 100 万。[②] 其中，约 30 万福建人从事餐饮、贸易和实体企业，有 5 家闽商企业已经跻身华人在美企业前 10 名。[③] 如，陈清泉注册成立了餐馆品牌"No.1"，已拥有几十家连锁店；杨功德在密苏里州创办了新怡东大酒楼和美国好运置业公司；郑棋创办房地产公司美国华裕集团；郑金钟在纽约成立了闽建房地产公司；等等。在加拿大，闽籍华侨华人多聚居在哥伦比亚和安大略省，开办餐馆、超市和洗衣店，其中许多是福清人。

在非洲，由于南非的经济发达，商业繁荣，福建人大量涌入。据南非侨社大致统计，目前在南非的华侨华人有 20 万，其中福建人 10 万，而福建福清市人就达 7 万。当地闽商以服装鞋帽生产、食品加工、商业贸易为主，同时涉及房地产业。如南非著名华商李新铸，20 世纪 90 年代在南非开始经营超市，创办了远盛工贸公司、远东贸易公司、远盛鞋厂、恒隆塑料彩印厂等公司。还有投资酒店的叶北洋，创办南非亚洲城、南非东风商城、南非永兴电子行的吴少康，等等。

在大洋洲，早期闽商多从事餐饮、零售和其他服务业，20 世纪末的新移民则多以投资移民和技术移民的身份进入实业界。

2. 海外浙商

海外浙商的行业集中度较高，同质性竞争严重。但是另一方面，由于海

① 《维苏威火山下有万名莆商　意大利 TERZIGNO 市迎来莆田访问团》，《福建侨报》2015 年 9 月 9 日。

② 《南非现有闽籍华侨华人 10 万左右》，http://www.nanfei8.com/huarenzixun/huarenshijie/2015 - 01 - 27/13952.html，2015 年 1 月 27 日。

③ 《第五届世界闽商大会特刊》，《闽商报》2016 年 6 月 18 日，第 14 页。

外浙商从事的行业结构基本相同，往往易于在某一行业形成一定的优势地位。在欧洲，存在大量的以浙商为主建立的销售中国商品的大型市场，以及由海外浙商聚集经营的商业街。大量从事商贸服务业的浙商抱团经营，行业高度集中。当前海外浙商已经具有拓宽经营领域和升级产业结构的意识，但是在客观方面还受制于住在国的政策限制。

温商是浙商中一个独具特色的群体。根据浙江省 2014 年基本侨情调查，温州共有海外华侨华人 68.89 万人，分布在 131 个国家和地区，占全省总数的 34.1%，是浙江省海外华侨华人最多的城市，这些温州籍华侨华人基本以工商业经营者为主；以温州人为主的华侨华人社团有 400个、华文媒体 40 余家、华校 60 多家。进入 20 世纪，温州人进行了两次规模较大的海外移民，第一次是 1929 年，温州发生特大自然灾害，大批温州人移民海外；第二次是中国改革开放以后，温州人纷纷走出国门。众多的温州人在世界各地经商，形成了规模庞大的海外温商群体。二战前，海外温商所从事的主要经济活动是以拎卖摆摊为特征的小商贩生意，其经济水平极为低下。此后，温商逐步摒弃了拎卖摆摊的经营方式，向中餐、皮革、服装等领域发展。

海外温商的经济网络已经几乎遍及全球各地，形成了温商全球化网络的重要节点，为中国温州商人"走出去"提供了先发优势。近年来中国温州企业所进行的一系列海外收购，均有海外温商在作为收购方的国内温商和被收购方的海外资产间进行穿针引线的中介作用。

在温商全球网络的支撑下，温州境外中国商品城在世界遍地开花。温州企业先后在喀麦隆、俄罗斯、荷兰、阿联酋、美国、蒙古国、英国、智利、芬兰等国家建立了几十个境外商品城，共有 400 多家温州市企业进场经营。温商"走出去"建立多个海外园区，如俄罗斯乌苏里斯克经贸合作区、越南龙江工业园、乌兹别克斯坦鹏盛工业园、塞尔维亚商贸物流园、印尼青山工业园区均是温商投资或以温商投资为主的项目。随着中国经济的发展，为了生存到海外谋生的人群将会变少，越来越多的温商作为投资移民到海外发展，生存型的创业将会减少，机会型创业会大量增加。

（五）华商发展的外部环境既有挑战又有机遇

2008 年全球金融危机以后，全球经济步入了深度调整期，经济的不稳定、不确定因素增多，低增长成为新常态。根据联合国报告，2016 年，世界经济增长 2.2%，是 2009 年以来最低的增速，全球贸易量增长 1.2%，处于历史较低水平，投资增长在许多主要发达国家和发展中国家都明显放缓。华商经营遭受了全球经济不景气的压力。

这一困境将有所改善。2017 年全球经济趋强，经济增长速度达到 3%。全球约有三分之二的国家 2017 年的增长速度高于上一年。东亚和南亚仍是世界上最具经济活力的区域，2017 年东亚和南亚经济增长占到全球近一半，区域 GDP 增速为 6.0%，高于世界其他区域。中国对全球经济增长的贡献约占三分之一。全球 2018 年和 2019 年经济增长预期也将稳定在 3% 左右。

除了宏观经济因素外，影响华商创业及做强做大企业的营商环境也非常关键。一个国家或地区的基础设施建设情况、信用系统、税赋政策、劳动力市场等构成了华商在当地发展的外部环境。根据世界银行《2017 年营商环境报告》，在营商效率方面，新西兰位居榜首，新加坡第二，其后为丹麦、中国香港、韩国、挪威、英国、美国、瑞典和马其顿。该报告的营商效率排名考察了 10 个领域：开办企业、办理许可、获得电力、财产注册、获得贷款、保护少数投资者、纳税、跨境贸易、执行合同和办理破产。2015/2016 年度全世界有 137 个经济体实行了营商改革，使得企业的创立和运营更为便利。其中改善最多的经济体包括文莱、哈萨克斯坦、肯尼亚、白俄罗斯、印度尼西亚、塞尔维亚、格鲁吉亚、巴基斯坦、阿拉伯联合酋长国和巴林。

二 华商发展新变化及趋势

（一）华商谋求经济转型升级，并通过科技创新来发展高新技术产业

华商经济在历史上已经经历了三次转型。早期的华侨华人以"三把

刀"起家，即菜刀、剪刀、剃刀，多从事餐饮、缝纫和理发职业。20世纪初，华商资本开始以商业资本的形态出现，从事小商贩、承包商等职业，这是第一次经济转型。第二次世界大战后，随着东南亚国家的独立，华侨华人响应所在国工业化发展的趋势，从商业领域进入工业领域，在纺织服装等行业开展经营，并涉足银行、酒店、房地产行业，这是华商经济第二次转型升级。20世纪90年代末，由于遭受东南亚金融危机的冲击，华商纷纷调整经营方向、进行债务重组，开始发展比较优势产业和高新技术产业，由此实现了第三次经济转型升级，华人经济也迈入多元化经营时代。

面对世界经济复苏缓慢、形势复杂多变、反全球化和贸易保护主义抬头的世界环境，传统行业的华商经营艰难，开始谋求转型升级。同时，随着来自留学、投资移民、技术移民的新生代华商的增加，华商将更加精英化，从而使得华商的内部升级动力不断增强。当前，华商进一步向航空业、信息技术、电子商务、医疗服务、电信业、污水处理等领域发展，经营领域更加广泛。

同时，华商通过科技创新来发展高新技术产业。在美国、加拿大、澳大利亚等新移民国家，尤其是在美国，科技创新型华商企业兴起。例如，在美国硅谷，有三分之一的企业为华人所有或经营。在美国的科技创新型华商如医药行业的陈颂雄、计算机硬件领域的孙大卫和杜纪川、导航设备领域的高民环、半导体领域的黄仁勋。

曾经，美国华商以餐馆业、杂货业和车衣业为三大支柱，80～90年代，华商经济开始做结构性调整，产业开始多元化，进入金融业、房地产业、旅游业以及高科技产业。80年代以后，华人高科技产业获得迅猛发展，涉及电子电器、生物科技、石油化工等领域。到90年代初，全美华人创办的高科技企业已达上千家，在美国科技创新中心硅谷，由华人经营的高科技公司有300余家。如王安创办的王安电脑公司、王嘉廉创办的冠群电脑公司。美国于1943年废除《排华法案》和1965年通过《补充国籍移民法案》，促进了美国华人人口的增长。同时，随着美国华人教育水平的不断提高，以及具有专业知识的华人移民涌入美国，美国华人素质进一步提高。早在 90 年代初，在美国硅谷的华人工程师就有 1 万人左右。

华商高科技企业最早出现于美国，而不是其他国家和地区，一个重要的原因在于战后美国经济的发展和科技的进步，为华人高科技产业的发展提供了良好机遇。但是，高科技产业资金需求大、风险高的特点使得华商在高科技产业上的经营相较于其他传统产业更为艰难。在其他地区，华商也开始致力于发展高科技产业，如中国香港华商李嘉诚以实业起家，近年来大力拥抱高科技产业，从手机通信技术到互联网，再到生物科技，成功投资了一系列高科技项目，包括投资了 Face book 在内的一批领先的硅谷高科技企业。

（二）华商参与跨境电商具有独特优势，跨境电商成为华商发展的新模式

大量华商从事批发、零售、进出口贸易，在该领域具有丰富的经营经验，具备仓储、物流资源和营销网络。华商一头连接着中国这一世界制造业大国和巨大市场，另一头连接着广泛的海外市场。目前跨境电商已经进入高速增长期，而中国是全球跨境电商的中心之一，2016 年中国进出口跨境电商整体交易规模达到 6.3 万亿元。

跨境电商是华商实现产业转型升级的新思路。华商可以通过与中国企业合作，协力打造跨境电商完整商业链和生态系统。目前很多华商已经或正在进入跨境电商领域，以优势互补性与中国大陆企业展开合作。国内电商可以为海外华商提供产品展示、品牌授权、电商渠道等平台功能，而海外华商的分销网络、零售店面、仓储系统等是国内电商企业全球化运行和落地的重要资源。

当前的国际贸易形式正在发生变化，跨境电商正成为很多国家外贸进出口的主力。2017 年 12 月在阿根廷布宜诺斯艾利斯举行的世界贸易组织第 11 次部长级会议上，世贸组织发布了《电子商务联合声明》，"重申全球电子

商务的重要性及其为包容性贸易和发展所创造的机会"，"鼓励所有 WTO 成员加入我们，支持和提升电子商务为全球企业和消费者带来益处"。在会议期间，阿里巴巴董事局主席马云作为创始合作伙伴的世界电子贸易平台（e-WTP）与世界贸易组织（WTO）、世界经济论坛共同宣布了主题为"赋能电子商务"的合作机制，以此为全球电子商务提供一座连接实践和政策之间的桥梁。

（三）海外华商与"走出去"的中国企业合作，成为向全球发展的新力量

中国企业对外投资合作呈现快速发展势头。尤其是进入 21 世纪以来，中国对外投资规模迅速发展，投资区域不断扩大，投资领域逐步丰富，投资主体日趋多元。2002 ~ 2016 年，中国对外投资流量年均增长率高达 35.8%，2016 年的对外投资流量达到 1961.5 亿美元。中国已经成为全球第二大对外投资国。

中国企业在全球超过 80% 的国家和地区进行投资。据中国商务部统计数据，截至 2016 年末，中国境内投资者共在全球 190 个国家（地区）设立对外直接投资企业（简称境外企业）3.72 万家，尤其是在亚洲的覆盖率达到 97.9%。中国境外企业分布较为集中。在亚洲设立的境外企业数量近 2.1 万家，占 55.8%，主要分布在中国香港、新加坡、日本、越南、韩国、印度尼西亚、老挝、阿拉伯联合酋长国、泰国、柬埔寨、马来西亚、蒙古国等。在中国香港设立的境外企业近 1.2 万家，占到中国境外企业总数的三成，是中国设立境外企业数量最多、投资最活跃的地区。在北美洲的境外企业主要分布在美国、加拿大，在欧洲的境外企业主要分布在俄罗斯、德国、英国、荷兰、法国、意大利等（见图2）。

华商在协助中国企业对外投资方面大有可为，同时自身也能获得历史性发展机遇。华商在中国引进外资方面发挥了重要作用，现在将协助中国企业"走出去"，即，从以前的"引进来"到如今的"带出去"。当前海外华商与中国企业在跨境电商领域就有广泛的合作空间。中国企业在进行对外投资

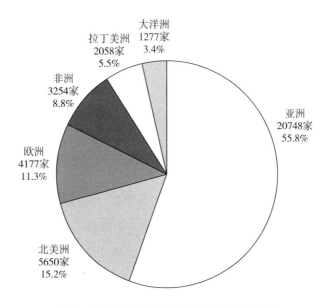

图2　2016年末中国境外企业各洲分布情况

资料来源：中国商务部。

时，当地华商是进入目标市场最有效的合作伙伴。例如，2013年，正大集团与上海汽车集团合资在泰国成立上汽正大股份有限公司，旨在建设一个生产高性价比产品的精益工厂，加快进入日系车占据绝对优势的泰国乃至东南亚汽车市场。海外华商与"走出去"的中国企业开展合作，成为向全球发展的新力量。

三　华商与中国

（一）华商发展壮大的中国因素

中国经济是华商发展壮大的重要因素。进入21世纪以来，尤其是2008年全球金融危机以来，世界经济低迷，华商与中国经济的联系愈发紧密。当前中国经济正处于新旧动能接续转换、经济转型升级的时期，这为华商提供了新的机遇。

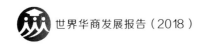

1. 侨梦苑——华商在中国投资和创新创业的基地

"侨梦苑"即侨商产业聚集区和华侨华人创新创业基地，是为吸引华商投资和华侨华人高层次人才聚集而设立的产业区。2014年11月，第一家"侨梦苑"在天津成立。截至2017年9月，在中国已建成16家"侨梦苑"，分布在北京、天津、河北、吉林、江苏、安徽、福建、江西、湖北、湖南、广东（增城、江门）、四川、上海、浙江、山东，基本辐射京津冀、长三角和珠三角等国家重大战略布局中的精华地带以及重要侨乡。

全国16处"侨梦苑"根据当地的不同优势，整合现有政策优势和产业基础，发展适合当地的特色产业。如福建"侨梦苑"借助海上丝绸之路的优势，建立21世纪海上丝绸之路核心区；天津"侨梦苑"结合京津冀协同发展战略，打造华侨华人京津冀购物、旅游、文化和服务综合性服务平台；河北北戴河的"侨梦苑"依托丰富的旅游休闲疗养资源，重点推动建设集生物制药、康复医疗、美容保健、养老事业于一体的国际健康城，培育具有滨海特色的产业集群，建设以国际健康城为重点的北戴河生命健康产业创新示范区。

"侨梦苑"的引资引智取得显著成效。例如，据国侨办数据，2015年，南京"侨梦苑"383家企业中有120家侨资企业，占31%，企业总产值为17.66亿元，其中侨资企业产值10亿元，占56.6%。目前在南京"侨梦苑"落户的涉侨企业已经超过170家。又如，长沙"侨梦苑"，共引进海外人才5000多人，其中90%以上属于华侨华人、归侨和留学人员。[①] 位于天津市武清区的首家"侨梦苑"，自成立到2017年6月，已经引进360家侨商企业，包括美国威特集团、中国香港经纬集团、马来西亚玉圭园集团、中国香港世茂集团、美国世纪集团等，引资到位额254亿元，吸引华侨华人创新创业高层次人才63人，与20余个海外华侨华人专业人士协会签署了合作协议，达成26个高科技项目对接。天津"侨梦苑"为华侨华人华商提供了七

---

① 国务院侨办公室：《"侨梦苑"发展两年记：踏着万侨创新鼓点前行》，http：//www. gqb. gov. cn/news/2016/1121/41208. shtml。

大发展平台，包括服务中心、孵化器、青创社区、智慧硅谷、信息产业技术研究院、生命科学产业研究院、侨梦学院。

作为侨商产业聚集区，既是高科技项目的重要载体，也为华商投资和创新创业提供了平台。正如国务院侨务办公室主任裘援平所说，"'侨梦苑'建设既要为国，也要为侨服务。""侨梦苑"是华商投资创业的热土，也是服务地方经济发展、推动区域产业转型升级和科技创新驱动的重要力量。

"侨梦苑"为华侨华人华商提供政策支持和服务。例如，福建福州"侨梦苑"到海外进行定向招商，将海外侨商、侨团、科技专家团请进来；湖北武汉"侨梦苑"为海外华侨华人华商量身打造项目对接、签约落地、创业培训、政策支持、人才支援、市场开拓、融资保障、生活便利等全链条的特色服务。"侨梦苑"打造华侨华人创新创业综合服务体系，以"政府搭台、企业唱戏"为指导，重点构建"三平台一超市"，主要包括①全球华侨华人技术成果交易与展示平台，如构建"侨创板"，以实现跨境技术、项目和公司的并购交易。②华侨华人大数据平台，统合庞大的侨情信息资源，建立全球华侨华人资源信息数据库，打造涵盖产业、文化、人脉、渠道等多种资讯的全球华侨华人资源信息中心，并以华侨华人资源的大数据平台，促进国内外华侨华人资源的有效对接和有机结合，为各类创新创业活动提供数据支撑，实现个性化精准服务。③一站式集成服务中心，提供诸如创业培训、签约落地、政策支撑、融资保障、生活配套等服务，减少流程和审核要件，缩短办理时限等。④华侨华人知识产权服务超市，提供专业化、流程化的专利申报、知识产权纠纷、评估交易等服务。

"侨梦苑"意在吸引高端科技创新型华商企业及项目，从目前各个"侨梦苑"的产业布局来看，主要集中在高端装备制造业、现代服务业、生物医药产业、新一代信息技术、大数据、新能源、金融业等战略性新兴产业和现代服务业为主的新型产业。华商可根据各地"侨梦苑"的产业分布选择投资（见表6）。

表6　各地"侨梦苑"的产业布局

名称	产业规划分布
天津武清	现代休闲经济和文化创意区：主导产业有高端商贸、文化旅游、商务服务
	科技研发和总部楼宇区：主导产业有总部经济、金融服务、文化创意
	研发孵化和高新产业先进制造区：主导产业有电子信息、电子商务、生物健康、汽车制造、高端装备制造、新材料、新能源
	天津自贸区武清园：主导产业有跨境电商、跨境金融服务
河北北戴河	以大健康产业为核心,大力发展健康服务、高端旅游、先进制造、会议会展、体育健身等产业,致力于打造京津地区现代服务业发展高地、国际重要的健康旅游目的地、中国北方生命健康产业新侨城
福建福州	新一代信息技术、装备制造、生物技术、新材料、现代服务业、现代物流、海洋产业、文化创意和设计、动漫游戏、VR产业、跨境电子商务等产业
江西南昌	现代服务业,主要发展金融保险、电子商务、总部楼宇、文化休闲、商贸物流产业
广东江门	电子信息、智能制造、科研服务、生物科技等领域
广东增城	先进制造业、现代服务业、生态旅游业、现代农业
江苏南京	信息与大数据、智能装备、节能环保、集成电路、文创与服务产业
湖南长沙	已形成先进装备制造、电子信息、新材料、生物医药、新能源与节能环保、现代服务业六大优势产业集群
北京	科技创新、工业智能研发设计、文化创意、现代金融等高精尖产业
湖北武汉	光电子信息产业为主导,生物医药、新能源与节能环保、高端装备制造、现代服务业
吉林长春	先进装备制造业、生物医药产业、光电子产业、新材料新能源产业、精优食品加工产业、高端服务业
四川成都	重点发展以金融业、商务服务业为代表的生产性服务业,先进制造业,突出发展以新一代信息技术、生物医药、高端装备制造、节能环保为重点的战略性新兴产业
安徽合肥	新一代电子信息、新能源、生物医药、节能环保、高端装备制造等新兴产业
山东济南	生物医药、电子信息、智能装备、现代服务业

2. 中国境外经贸合作区——华商开展投资合作的平台

中国企业在境外投资建设经贸合作区。截至2017年底,我国企业在建初具规模的境外经贸合作区99家，已经形成加工制造、农业、资源利用、商贸物流、科技研发等类型，累计投资307亿美元，入区企业4364家。其中，2017年新增投资57.9亿美元，创造产值186.9亿美元。中国的境外经贸合作区主导产业明确、基础设施完善、公共服务健全，入区投资企业涵盖中国、所在国和其他国家企业。境外经贸合作区已成为中国企业"走出去"发展的集聚平台，也为当地华商企业参与投资合作提供了机遇。境外经贸合作区为入园投资企业提供政策咨询、法律服务、产品推介等信息咨询服务，以及企业注册、海关申报、金融服务、物流服务、生产配套、生活配套等运营管理和物业管理服务（见表7）。

尤其是在"一带一路"沿线的20个国家正在建设56个合作区，占在建合作区总数的72.7%，累计投资185.5亿美元，入区企业1082家，总产值506.9亿美元。同时，在"一带一路"沿线地区的东南亚国家有4000万华侨华人，东南亚地区也是海外大型华商企业的集中地。境外经贸合作区也是华商参与"一带一路"建设的重要平台。

表7　通过确认考核的境外经贸合作区名录

序号	境外经贸合作区名称	境内实施企业名称
1	柬埔寨西哈努克港经济特区	江苏太湖柬埔寨国际经济合作区投资有限公司
2	泰国泰中罗勇工业园	华立产业集团有限公司
3	越南龙江工业园	前江投资管理有限责任公司
4	巴基斯坦海尔－鲁巴经济区	海尔集团电器产业有限公司
5	赞比亚中国经济贸易合作区	中国有色矿业集团有限公司
6	埃及苏伊士经贸合作区	中非泰达投资股份有限公司
7	尼日利亚莱基自由贸易区（中尼经贸合作区）	中非莱基投资有限公司
8	俄罗斯乌苏里斯克经贸合作区	康吉国际投资有限公司
9	俄罗斯中俄托木斯克木材工贸合作区	中航林业有限公司
10	埃塞俄比亚东方工业园	江苏永元投资有限公司
11	中俄（滨海边疆区）农业产业合作区	黑龙江东宁华信经济贸易有限责任公司
12	俄罗斯龙跃林业经贸合作区	黑龙江省牡丹江龙跃经贸有限公司
13	匈牙利中欧商贸物流园	山东帝豪国际投资有限公司
14	吉尔吉斯斯坦亚洲之星农业产业合作区	河南贵友实业集团有限公司

续表

序号	境外经贸合作区名称	境内实施企业名称
15	老挝万象赛色塔综合开发区	云南省海外投资有限公司
16	乌兹别克斯坦"鹏盛"工业园	温州市金盛贸易有限公司
17	中匈宝思德经贸合作区	烟台新益投资有限公司
18	中国·印尼经贸合作区	广西农垦集团有限责任公司
19	中国印尼综合产业园区青山园区	上海鼎信投资(集团)有限公司
20	中国·印度尼西亚聚龙农业产业合作区	天津聚龙集团

资料来源：中国商务部。

注："确认考核"是指根据商务部、财政部《境外经济贸易合作区确认考核和年度考核管理办法》，对合作区建设和运营成效是否符合确认条件进行的认定。通过确认考核或年度考核的合作区，可申请中央财政专项资金资助。

　　典型的境外经贸合作区如柬埔寨西哈努克港经济特区、泰国泰中罗勇工业园、巴基斯坦海尔－鲁巴经济区、埃及苏伊士经贸合作区、匈牙利中欧商贸物流园等。柬埔寨西哈努克港经济特区是由中国红豆集团与柬埔寨公司共同建设，是"一带一路"的标志性项目，以纺织服装、箱包皮具、五金机械、木业制品等为主要产业，拥有众多优势：一是独特的区位优势，柬埔寨地处东南亚交通枢纽位置，而西哈努克市是柬埔寨第二大城市和唯一的国际港口城市；二是安全的投资环境，柬埔寨国内政局持续保持稳定，社会治安状况良好，在国际上与大多数国家保持友好关系；三是宽松的贸易环境，尚未遭受发达国家的"双反"等贸易壁垒，还享有欧盟的普惠制待遇；四是完善的基础设施，西港特区5平方公里区域内已基本实现通路、通电、通水、通信、排污和平地，生产、生活配套设施完善；五是优质的配套服务，如建有"一站式"行政服务窗口，提供经贸信息、推荐合作伙伴等。

　　泰国泰中罗勇工业园由中国华立集团和泰国安美德集团在泰国合作开发，包括一般工业区、保税区、物流仓储区和商业生活区，以汽配、机械、家电等为主要产业，已成为中国传统优势产业在泰国的集聚中心。园区具有完善的基础设施、宽松的投资环境、较好的市场辐射能力，再加上泰国友好丰富的文化，是东南亚华商投资的良好选择。

巴基斯坦海尔－鲁巴经济区由中国海尔集团与巴基斯坦 RUBA 集团合资建设，以家电、汽车、纺织、建材、化工等为主导产业，具有良好的投资环境和优惠政策。政治上，中国与巴基斯坦是全天候战略合作伙伴关系；经济上，巴基斯坦政府将恢复和发展经济作为政府工作的重点；在市场方面，巴基斯坦是一个增长快、潜力大的市场，同时劳动力资源丰富；在税费减免方面，实行免除经济区项目的进口设备税，企业将获取利润再投资免所得税等优惠政策；在投资便利方面，对投资提供一站式服务等。

埃及苏伊士经贸合作区由中非泰达投资股份有限公司实施建设，以纺织服装、石油装备、高低压电器、新型建材及精细化工为主导产业，分为起步区和扩展区两个区域，截至 2016 年底，起步区资产价值已达 1.53 亿美元，吸引企业近 70 家，包括西电集团、巨石集团、牧羊集团等，已形成石油装备产业园区、高低压电器产业园区、纺织服装产业园区、新型建材产业园区和机械制造类产业园区，并带动上下游产业入区；扩展区共分三期开发，计划吸引 150 ~ 180 家企业入区，预计吸引投资额 20 亿美元，包括生产制造、物流、商业、金融、现代服务业和房地产业等。

匈牙利中欧商贸物流园由山东帝豪国际投资有限公司实施建设，目前已基本完成了"一区三园"的规划布局建设，在欧洲地理中心——匈牙利首都布达佩斯建设完成"中国商品交易展示中心"和"切佩尔港物流园"，在欧洲重要的基本港——德国第二大港不莱梅港建设完成"不莱梅港物流园"，集商品展示、运输、仓储、集散、配送、信息处理、流通加工等功能于一体。园区目前已经吸引来自中国和欧洲国家的 134 家企业入驻，区内从业人数约 650 人，每年带动货物进出口贸易额 2.45 亿美元，通过举办中国商品展销会、贸易洽谈订货会、中国产品招商代理推介会等活动和为入区企业提供货物进出口、报关商检、物流配送、仓储、金融等"一站式"服务，形成产业集聚效应和规模经济，为降低入区企业的国际化运作成本和风险成本，发挥了重要载体和平台作用。

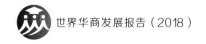

（二）中国对华侨华人华商的支持政策

中国共产党历来重视广大华侨华人，在十九大报告中明确强调了对侨胞的政策。2017 年 10 月 18 日，在中国共产党第十九次全国代表大会开幕会上，习近平代表第十八届中央委员会向大会做了题为《决胜全面建成小康社会　夺取新时代中国特色社会主义伟大胜利》的报告，报告指出："广泛团结联系海外侨胞和归侨侨眷，共同致力于中华民族伟大复兴。"

在十一大以来的历届党代会报告均提及"海外侨胞"，中国共产党根据华侨华人群体的变化，侨务政策与时俱进，如，十四大、十五大报告指出，认真贯彻侨务政策；在十六大报告中，"侨务工作取得新进展"被列入社会主义民主政治和精神文明建设所取得的显著成效之列，报告还提出要做好侨务工作；十七大、十八大报告均指出，要支持海外侨胞、归侨侨眷关心和参与祖国现代化建设与和平统一大业。①

从十九大报告中可以看出，无论对于中国发展还是建设人类命运共同体，中共领导人都将海外侨胞视为重要力量。近年来，侨界整体水平不断提高，海外华侨华人在新时期、新形势下的重要意义愈发凸显。文化素质方面，无论是出生在住在国的华二代、华三代，还是通过探亲、留学等渠道走出国门的"新移民"，都接受了比较系统的高等教育；经济实力方面，华商在国际经贸中的独特作用不容小觑，特别是大量新侨和年轻一代华人回国创新创业，成为中国吸引海外人才的独特资源。②

中国将实施更加开放包容的政策。中国共产党十九大报告明确提出要推动构建人类命运共同体，推动建设相互尊重、公平正义、合作共赢的新型国际关系。同时，主动参与和推动经济全球化进程，发展更高层次的开放型经

① 中国新闻网：《专家称，十九大报告对新时代侨务工作提出新要求》，http：//www. chinanews. com/hr/2017/10 - 19/8356089. shtml。
② 中国新闻网：《专家称，十九大报告对新时代侨务工作提出新要求》，http：//www. chinanews. com/hr/2017/10 - 19/8356089. shtml。

济，实行高水平的贸易和投资自由化便利化政策。

中国政府越来越重视侨务工作，不仅注重华侨华人对中国经济发展的作用，而且更加强调要为华侨华人服务。国家的侨务政策与时俱进，根据华侨华人群体的变化，不断完善侨务工作，建立健全了全国侨务工作系统和自中央至地方的各级侨务工作机构，建立了涉侨法律系统，越来越重视侨资侨智的引进。2014 年 6 月 6 日习近平总书记在会见第七届世界华侨华人社团时着重指出，"团结统一的中华民族是海内外中华儿女共同的根，博大精深的中华文化是海内外中华儿女共同的魂，实现中华民族伟大复兴是海内外中华儿女共同的梦"。其中"根、魂、梦"三个字也成为当前我国侨务工作的理论基础和指导方向。2017 年 2 月，习近平总书记、李克强总理又分别对侨务工作做出了"把广大海外侨胞和归侨侨眷紧密团结起来，发挥他们在中华民族伟大复兴中的积极作用"和"海外侨胞和归侨侨眷是中国联系世界的重要纽带，是促进国家发展的重要依靠力量"的批示，从上述的论述和批示可以看出当前侨务工作的重大战略意义和现实意义，也为我国侨务工作指明了方向。李克强总理在十三届全国人大一次会议上所做的政府工作报告中指出："海外侨胞和归侨侨眷在国家现代化建设中做出了独特贡献。"

为了贯彻这些精神，从中央到地方，关于华侨华人的利好政策也不断推出，如 2015 年 6 月，公安部根据《外国人在中国永久居留审批管理办法》有关规定，扩大申请在华永久居留（中国"绿卡"）外国人工作单位范围类别；2017 年 2 月中央全面深化改革领导小组提出"实施外国人永久居留证件便利化改革""在优化证件设计、改造信息系统等方面推进改革，着力解决外国人永久居留证可识验和便利化问题，推动永久居留外国人在华资格待遇落实"，这些措施都直接或间接惠及广大海外华侨华人。在地方，从 2015 年 7 月以来，北京、上海、广东分别出台了外籍华人"独享"的各项便利政策，主要包括更加明确、条件较其他外籍人才相对宽松的长期和永久居留申请标准，开放长期多次来华签证，方便外籍华人探亲、商务、科教文卫交流及其他私人事务等多项政策。

（三）境外华商是中国吸引外资的主要来源

参与中国经济，华商具有天然优势。海外华商不仅是中国商品对外输出的重要渠道，也是中国利用海外资金的重要途径。在中国外商直接投资（FDI）中，境外华商是一支不可忽视的重要力量，其与欧美日韩等外商投资一起成为中国吸引外资的主要来源。根据中国商务部公布的数据，2016年中国实际使用外资金额1260亿美元，同比增长4.1%，其中中国香港投资871.8亿美元，占外资总额的69.2%，新加坡投资61.8亿美元，占4.9%（见图3）。中国香港和新加坡对中国大陆的投资，大部分是由华商进行的。东南亚华商也往往通过中国香港和新加坡投资中国大陆。

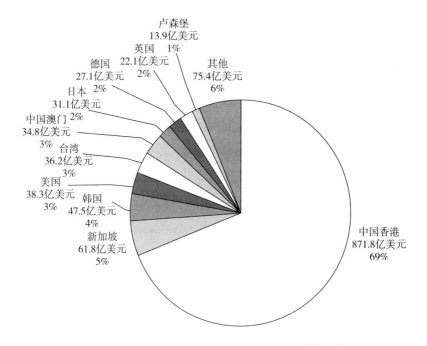

图3　2016年对华投资前十位国家（地区）投资金额

资料来源：中国商务部。

2016年境外华商对华投资情况基本上是一直以来状况的延续。考察整个外商对华投资的历史，华商在各个阶段都拥有重要的地位。据中国商务部统计数据，截至 2015 年，中国香港累计对内地投资 8333.25 亿美元，占中国累计吸引外资总额的 50.74%（见表 8）。从历年变化情况看，中国香港、欧盟和韩国的投资规模有所上升，日本、中国台湾、美国的投资规模出现下降。

表 8　截至 2015 年对华投资前 15 位国家/地区情况

国别或地区	项目个数	比重(%)	实际使用外资金额	比重(%)
中国香港	386213	46.18	8333.25	50.74
英属维尔京群岛	23583	2.82	1491.74	9.08
日本	49840	5.96	1018.25	6.2
新加坡	22481	2.69	792.21	4.82
美国	65847	7.87	774.7	4.72
韩国	59740	7.14	639.46	3.89
中国台湾	95298	11.39	626.89	3.82
开曼群岛	3168	0.38	301.73	1.84
德国	9002	1.08	254.67	1.55
萨摩亚	8120	0.97	253.41	1.54
英国	8106	0.97	196.99	1.2
荷兰	3078	0.37	154.87	0.94
法国	4997	0.6	148.59	0.9
毛里求斯	2421	0.29	133.15	0.81
中国澳门	14398	1.72	127.85	0.78

资料来源：中国商务部。

中国是世界第二大经济体和最大的生产制造国，中国市场是世界最大、最具发展潜力的市场之一，对于国际投资具有很强的吸引力。相较于欧美日韩等外商，华商更熟悉中国的文化和政策环境，同时，华商尤其是老一辈华商投资中国，除了经济利益驱动外，更多的是基于地缘、血缘等人文因素。

未来，外资在中国将有更大的施展空间。根据中共十九大做出的战略部署，中国将推动形成全面开放新格局，实施高水平的贸易和投资自由化、便利化政策。国家发展和改革委员会与商务部于 2017 年修订的《外商投资产业指导目录》，引入了负面清单管理模式，明确规定了鼓励外商投资的产业和外商投资准入负面清单，以规范和促进外商投资。近年来，中国两次修订《外商投资产业指导目录》，2015 年版目录将限制性措施由 2011 年版的 180 条减少到 93 条，2017 年版目录进一步将限制性措施减少到 63 条，比 2011 年版总计缩减 65%。

（四）侨资企业是中国经济发展的宝贵资源

在改革开放的初期，中国经济建设急需大量资金，而当时外商投资有限，广大华商率先在华投资，积极参与中国经济建设，并带动其他外商对华投资。此后 30 多年中，由华商投资形成的侨资企业是中国经济发展的宝贵资源。在广东、浙江等一些省市的侨资企业已经形成相当规模，成为当地经济的重要组成部分。

广东省是著名的侨乡，正在构建多层次海外华商跨区域协作平台，引进海外侨商在增城侨梦苑聚集投资创业，推动建设"侨商离岸创业中心"。截至 2010 年 12 月，广东省侨资企业总数约为 55500 家，其中香港投资在册企业数 47755 家，澳门投资在册企业数 3256 家，华侨华人投资在册企业数约 4500 家。至 2012 年底，广东省侨资企业已达 5.8 万家。[①]

浙江省是改革开放后发展壮大的新侨乡。根据《浙江省人大民族华侨委员会关于归侨侨眷权益保护法律法规执行情况的调研报告》，在 2012 年，全省侨资企业数量已达 32121 家，投资总额 2129.36 亿美元。浙江籍华侨华人和居住在港澳地区的同胞近 150 万人，归侨侨眷近 150 万人，分别比改革开放前增加了 120 多万人和 100 多万人。海外侨胞分布在 170 多个国家和地区，主要聚集在欧美等发达国家。

在云南，目前共有 46 个国家和地区的华侨华人、港澳台同胞投资。其中，港澳台同胞占投资总户数的 37.7%（香港占 28.7%，澳门占 0.4%，

---

① 毛蕴诗：《广东侨资企业转型升级研究》，《侨务工作研究》2015 年第 1 期。

台湾占 8.7%）。投资来源地排名前十的依次是中国香港地区 300 户、美国 113 户、中国台湾地区 90 户、韩国 48 户、新加坡 41 户、英属维尔京群岛 39 户、法国 24 户、泰国 22 户、加拿大 22 户、日本 20 户。从企业投资规模看，侨资额在 50 万元以下的有 398 家，占侨资企业总数的 38.1%；50 万 ~ 500 万元的有 256 家，占总数的 24.5%；500 万 ~ 1000 万元的有 98 家，占总数的 9.4%；1000 万元以上的有 294 家，占总数的 28.1%。[①]

此外，截至 2013 年 10 月，北京市共登记注册外资企业 36900 余家，其中海外侨胞和港澳同胞投资的企业约占外资企业总数的 70%。根据河北省人大民族侨务外事委员会《关于贯彻实施归侨侨眷权益保护法律法规情况的调研报告》，目前河北省侨资企业有 4000 多家，华侨华人和港澳台同胞投资占河北省外资总额的 60% 以上。

如今，中国吸引外资的优势逐步增强，已从单纯的"引资"发展到"引资引智"并举，海外华侨华人华商将发挥更加广泛的作用。据统计，中国自 2008 年实施"千人计划"以来，已引进千人计划专家近 7000 人，其中 90% 以上是华侨华人高层次人才。

四　华商与"一带一路"

（一）"一带一路"建设深入推进，世界华商积极响应

1. "一带一路"倡议是新型全球化的国际合作共赢方案

20 世纪 90 年代以来，全球化进程在几十年中迅速发展，世界经济的联系日趋紧密，世界贸易保持了高于生产总值的增长率，以欧盟为代表的区域一体化进程也在逐步推进。但是，2008 年的全球金融危机对世界经济造成重大打击，全球化的步伐开始失速，跨境资本流动、贸易流动降至历史低谷，甚至"逆全球化"的迹象也在世界各地蔓延。2016 年发生在自由贸易

---

① 云南省侨办：《云南省侨资企业发展现状分析》，《侨务工作研究》2017 年第 2 期。

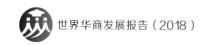

发源地英国和世界全球化推手美国的两次"黑天鹅"事件给全球化带来了诸多不确定性，一个是英国脱欧，另一个是重商民粹主义的代表唐纳德·特朗普赢得美国总统大选，以及在就职以后"逆全球化"的政策倾向。此外，在欧洲多国，民族主义、保护主义兴起。

由此，不少观察人士悲观地认为这是全球化时代终结的开端。但是，这并不能表明全球化的终结，而是步入了全球化发展的新阶段。中国倡导的"一带一路"是全球化新阶段中，本着"共商共建""共赢共享"提出的全球治理和全球发展国际合作共赢方案，也是新型全球化的主要平台。新型全球化是有利于全球共同发展的全球化新阶段，包含了四个方面的特点。第一，以平等为基础，确保各国在国际经济合作中权利平等、机会平等、规则平等；第二，以开放为导向，不搞排他性安排，防止治理机制封闭化和规则碎片化；第三，以合作为动力，共商规则，共建机制，共迎挑战；第四，以共享为目标，提倡所有人参与、所有人受益。

"一带一路"倡议已从理念构想到落地实施，4年来进展顺利，成果丰富。"一带一路"国际合作高峰论坛于2017年5月14~15日在北京举行，来自29个国家的国家元首、政府首脑与会，来自130多个国家和70多个国际组织的1500多名代表参会，覆盖了五大洲各大区域，共在政策沟通、设施联通、贸易畅通、资金融通、民心相通5大领域，实现76大项、270多项具体成果。

2. 世界华商积极响应并参与"一带一路"建设

在中国改革开放的过程中华商曾发挥过重要作用，对于当前的"一带一路"建设，中国更是积极吸引华商的参与。国务院侨务办公室通过各种机制动员华商参与"一带一路"。中国在"一带一路"中开放、共享的理念，也为以中国为祖（籍）国的广大华商在住在国从事经济活动提供了重要支撑。世界各地华商纷纷响应"一带一路"倡议，一些华商已经通过具体项目参与到"一带一路"建设当中。

在2017年6月举行的第二届世界华侨华人工商大会上，中国侨商投资企业协会会长谢国民代表来自世界各地的华商和华商组织发出倡议书，呼吁加强华商组织协作、参与"一带一路"建设。倡议书表示，"作为海外华商，我们愿意参与到'一带一路'建设中去，发挥自己的作用，贡献自己的力量"。美国威特集团 CEO、美国百人会（Committee of 100）执行主席李学海在博鳌亚洲论坛 2015 年年会"华商领袖与华人智库圆桌会"期间表示，"一带一路"不仅是中国国有大企业的机会，也是华商的机会，在推动"一带一路"建设中，可以商贸先行，发挥遍布世界各国华商的经验、技术、政商关系以及人才优势。澳门万国控股集团董事局主席刘雅煌说："如果在澳门设立一个全球华商或'一带一路'华商交易中心，既可以协助澳门多元化发展，也有助于在澳华商'走出去'。"香港豪都国际有限公司董事长屠海鸣建议，在香港率先成立"一带一路"研究宣传委员会，鼓励更多的华商成为宣传大使，从而吸引更多华商参与"一带一路"建设。

在"一带一路"倡议提出以后，正大集团身体力行，积极支持"一带一路"在泰国落地：一是与中国企业展开广泛合作，协助中国企业走进东南亚市场；二是参与高铁项目，助力"一带一路"在泰国落地；三是在企业层面推动泰国"东部经济走廊"高效对接"一带一路"建设；四是继续扩大在中国的投资与合作；五是利用自身的影响力和区位优势为"一带一路"倡议做宣传。

由华人企业家林绍良先生创建的印度尼西亚三林集团积极参与"一带一路"建设。三林集团是经营多元化的跨国企业，业务涉及农业、畜牧业、食品生产、汽车制造、能源、建材、化工、通信与传媒、房地产、零售业和金融业等多个领域。其旗下的印多福食品公司（PT Indofood Sukses Makmur），成功运营在塞尔维亚的 Indomie 方便面工厂，占地面积 5 公顷，总投资额达 1100 万欧元。印多福希望这家工厂成为印多福进入欧洲地区市场的网关。印多福在塞尔维亚的投资经营也是华商在"一带一路"建设中的重要贡献，可以为当地增加就业岗位，并将市场延伸到塞尔维亚、马其顿、保加利亚、罗马尼亚以及欧洲其他国家。

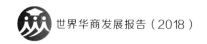

为响应"一带一路"倡议，2016年3月，陈江和基金会在博鳌亚洲论坛期间向中国华文教育基金会捐赠1亿元人民币，设立"'一带一路'人才培训专项基金"，在未来10年支持中国与"一带一路"沿线国家开展人才培训项目。

（二）"一带一路"倡议是华商发展的历史性机遇，华商在"一带一路"建设中将发挥重要作用

1. 华商在"一带一路"建设中的作用

广大华商在"一带一路"建设中具有独特的建设性作用。一是可以推动中国与沿线各国的交流、沟通与互信。华商不仅了解中国，还通晓所在国的政治、经济、社会、法律等多方面的情况，通过华商构建政策沟通交流机制，可以准确传达"一带一路"建设的内涵。二是可以拓展中国与沿线国家的产业合作。华商利用其在所在国的产业基础和政商人脉，可以将中国技术先进、竞争力较强的产业转移到所在国家和地区。三是可以助力提升"一带一路"经贸及金融合作水平。华商通晓双方贸易规则和惯例，有的还拥有贸易渠道和资本优势，可以为"一带一路"建设提供资金支持和经贸合作机会。

除此之外，从"一带一路"作为新型全球化的国际合作共赢方案的角度来看，华商将助力中国参与书写国际规则、推动新型全球化进程。全球化进程在过去几十年的迅速发展，使世界经济的联系日趋紧密，然而，当前出现了一些"反全球化"的倾向，在这个时候，全球化面临提升和再发展的阶段，推动实现新型全球化是大势所趋。新型全球化是有利于全球共同发展的全球化新阶段，以平等为基础，以开放为导向，以合作为动力，以共享为目标。"一带一路"正是新型全球化的国际合作共赢方案。华商是推动实现新型全球化的重要力量。华商曾很好地带动了中国外向型经济的发展，推动中国经济融入世界经济的进程。分布在世界各地的华商是连接中国与世界的桥梁和纽带，不仅是外商投资中国的先驱，对于其他外商投资中国还起到催化剂的作用。华商不仅有助于中国引进外资，还能帮助中国企业更好地

"走出去";不仅能推动中国与世界其他国家间的互信和交流,还能促进住在国与中国的民间交流合作。包括华商在内的6000万华侨华人将助力中国参与书写国际规则、推动新型全球化。

2. 华商参与"一带一路"建设的机遇

华商可以在设施联通、贸易畅通、资金融通和民心相通方面对"一带一路"建设进行广泛参与和合作。既可以参与交通运输、仓储、港口建设、能源资源开发等领域,也可以通过"一带一路"上的中国境外经贸合作区的平台进行参与,还可以与中国国内企业携手参与"一带一路"建设的具体项目。此外,还可以从以下几个方面来获得机遇。

华商可以参与"一带一路"上的"数字丝绸之路"。"一带一路"正在建设陆上和海上丝绸之路,在这一框架下,阿里巴巴集团正在利用互联网、大数据的优势,帮助打造一条"数字丝绸之路",为全球中小企业参与国际贸易服务提供便利。2016年开始,阿里巴巴集团呼吁推广"全球电子商务平台"(Electronic World Trade Platform,e-WTP),帮助全球,尤其是发展中国家的中小企业营造更加自由互惠的贸易环境。e-WTP这条数字丝绸之路将由若干个数字中枢——数字自由贸易区组成。阿里巴巴集团在海外的第一个e-WTP数字中枢已落地马来西亚,提供包括物流、仓储、支付、换汇、通关、保险等一站式服务。阿里巴巴还将通过输出技术、人才、普惠金融等,帮助中小企业、年轻人创业,帮助当地互联网经济的发展。这对于当地华商来说是一大机遇。尤其是对于从事贸易业务的中小型华商企业来说,可以通过e-WTP来享受电商、金融、物流服务,享受政策和通关的便利,开展包括进口、出口、B2B、B2C以及国际贸易中转业务在内的多种业务。

华商参与"一带一路"上的产能合作。"一带一路"倡议提出以来,中国企业在"一带一路"沿线国家和地区的投资合作成为新的亮点。据统计,2014年以来,中国对"一带一路"沿线国家和地区的投资已超过500亿美元,与相关国家和地区的企业合作共建项目近2000个。国际产能合作是中国和各国共建"一带一路"的重要抓手。国际产能合作,即国际产能和装备制造合作，是指围绕生产能力新建、转移和提升开展的国际投资和经贸合作，以制造业及相关的基础设施建设、资源能源开发为主要领域，以直接投资、工程承包、装备贸易和技术合作为主要形式。截至目前，中国已与36个国家建立了产能合作双边机制，与法国、德国、加拿大、澳大利亚等国家建立了第三方市场合作机制，与东盟、非盟、欧盟等区域组织开展了多边产能合作。中国企业与海外华商在其住在国开展产能合作具有天然优势，更容易达成意向。以前是投资中国的华商在中国大陆与中国企业开展各种合作，在"一带一路"建设中，华商可以与"走出去"的中国企业在住在国继续开展多种形式的合作。

通过国务院侨务办公室搭建的平台参与"一带一路"建设。国务院侨务办公室表示，对于华商参与"一带一路"建设，一是深度打造项目合作平台，现在已有的平台包括"世界华侨华人工商大会""海华会"和地方政府主办的面向"一带一路"沿线国家的引资平台。2017年6月召开了第二届世界华侨华人工商大会，以"万侨创新促发展，'一带一路'谋共赢"为主题，支持广大华商和海外侨界工商组织、专业协会结成协作网，共同参与"一带一路"建设；二是建立信息发布平台，加大对"一带一路"理念政策措施的宣传，为华商提供参与"一带一路"建设的相关信息，并发挥地区侨商组织的优势，整合资源，建立"一带一路"重点华商数据库；三是推进重点项目的落实，以基础设施互联互通、产能合作和境外经贸合作区为抓手，实施好示范项目，协调各方资源，推动相关重点项目的落实，争取更多涉侨项目列入国家"一带一路"建设重点项目库。同时深入开展侨务工作和民间外交，引导侨胞讲好"丝路故事"，促进政策沟通。国务院侨办也将加强宣传，组织编写"一带一路"华裔青少年知识读本，建立"一带一路"沿线华文媒体协作网等，为侨胞参与"一带一路"建设提供多方面服务。[1]

---

[1] 全球化智库（CCG）：《国侨办副主任郭军：国侨办将在"一带一路"建设中尽职履责为侨胞服务》，http：//www.ccg.org.cn/research/view.aspx？id=6239，2017年3月28日。

五 新时期促进华商发展建议

（一）中国方面

1. 为华商来华创造良好的政策和市场环境

华商对中国经济以及"一带一路"建设都具有重要意义。建议为华商来华工作、生活提供便利，为华商来华投资创业创造有利条件。例如，加快推行"华裔卡"，以方便华人权益的认定和保障。对此，可借鉴印度的"印度裔卡"（PIO）计划以及"印度海外公民证"（OCI）计划。还可以借鉴欧盟于 2007 年出台的"蓝卡"制度，"蓝卡"仿效美国的绿卡，以吸引技术移民赴欧洲工作。

虽然华裔卡的出台需考虑的因素还较多，但目前类似华裔卡的政策已经在推行，可以成为"华裔卡"的借鉴。第一，海外华人回到中国，只要有亲属在国内，就可以获得 3 年的居留签证。第二，广东推出了 16 条相关政策，给予原籍广东的海外华人 5 年的往返居留签证。第三，北京中关村，作为全国科技创新的中心，对于符合其人才标准的海外华人，给予中国绿卡，即"对于在中关村创业的外籍华人，如果具有博士研究生以上学历或者在中关村企业连续工作满 4 年，且每年在中国境内实际居住累计不少于 6 个月，可以直接申请在华永久居留"。

进一步修订完善有关华侨华人权益保护方面的法律法规。例如，根据国内外侨情的发展变化，修改《归侨侨眷权益保护法》，制定《华侨权益保护条例》或者《华侨权益保护法》，将党的侨务政策转化为国家法律，进一步加强侨务法制建设，在立法上对华侨这一群体的特殊性做出明确规定。

对于华商在中国投资创业，给予鼓励和支持政策。鼓励华商在战略性新兴产业、现代服务业和先进制造业领域进行投资和创新创业。加强知识产权保护，完善融资环境，优化为华商企业服务的工作机制，帮助华商解决投资经营过程中的困难和问题，依法依规维护华商权益。

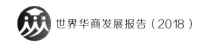
2. 加强侨务工作，对此可借鉴以色列的对美侨务工作

构建开放式的大侨务工作格局，继续多方面发力以凝聚侨心、汇聚侨智、发挥侨力、维护侨益。建议加强政府部门间合作。如 2017 年 12 月 26 日，商务部和国侨办签署了《商务部与国务院侨务办公室合作框架协议》，以更好发挥商务工作促进侨务事业发展的积极作用。双方将通过加强政策指导沟通，建立协商协调机制，打造服务平台，帮助华侨华人及时了解和准确解读国家发展战略及相关政策，增强华侨华人回国（来华）创新创业、参与"一带一路"建设等的向心力和凝聚力，提升侨资企业经营发展能力，促进国内外华商企业联系与合作，充分发挥华侨华人融通中外的独特优势，助力国家发展和中国企业"走出去"，推动提升我国对外经贸合作水平。[①] 建议国侨办和更多的部委进行合作，形成工作互动，实现资源共享。

借鉴以色列的对美侨务工作。美国是除以色列外犹太人最多的国家，在美国的犹太人有 600 多万人，而全球犹太人总数约 1600 万人，美国犹太人占其总数的比例超过了三分之一。犹太人在美国政治、经济和文化等领域影响巨大。因此，以色列尤其重视对在美犹太人的侨务工作。以色列侨务官员经常和美国的犹太人领袖沟通交流，更通过影响美国的政府、媒体和智库，如布鲁金斯学会、美国企业研究所（AEI）、国家安全事务犹太学会（JINSA）、外交政策研究会、传统基金会等，为在美犹太人的利益和美以关系服务。

据美国人口普查局数据，美籍华人总数已达 452 万，是美国少数族裔中仅次于墨西哥人的第二大族群，这还不包括大量的华侨和留学生。中美关系是世界上最重要的双边关系，而且已超越双边关系的简单范畴，越来越具有全球意义。其中的经贸关系是中美关系的"压舱石"和"稳定器"，在美华商在中美经贸关系中有着独特作用。在社会和文化领域，包括华商在内的广

---

① 中国侨网：《商务部与国侨办签署合作协议 资源共享优势互补》，http：//www.chinaqw.com/sqjg/2017/12 - 27/173484. shtml，2017 年 12 月 27 日。

大华侨华人对促进中美人文交流和民间对话具有重要作用。在这方面，中国可以借鉴以色列，为在美华商以及广大海外华商服务。

（二）华商方面

1. 进一步实现企业转型升级

虽然华商在历史上已经进行了多次转型，但是，从整体来看，华商的多元化经营程度依然不高，产业结构不够合理。从行业上看，依然以餐饮、服装、皮革加工、零售、进出口贸易为主，而新兴产业和高科技产业尚未形成规模。从产业价值链看，仍然以劳动密集型产业为主，资本和技术程度低，处于价值链的低端，高科技企业较少，普遍缺乏创新能力。在世界科技创新浪潮下，在以互联网产业化、工业智能化为代表的新技术革命时代，华商经济还需提升创新能力，进一步转型升级。

华商企业实现转型升级可以采取多种途径：①同一行业的众多小型华商企业实现资本的整合，做大做强。例如，在欧洲成立的荷兰华人企业家集团，联合华人餐饮业，以联盟的方式进行统一的协调管理，促进欧洲华人餐饮业从小规模的个体经营向组织化规模化发展，以实现资源整合和优势共享。②向更有生命力的高科技产业发展，加快应用高新技术，不断提高传统产业的科技含量，逐步将经营模式由劳动密集型向技术密集型转变。③与"走出去"的中国企业进行产业对接，实现资本聚合。实现华商经济与中国经济同步发展，抓住高端制造、高新技术等领域的投资机会，利用中国经济转型升级的机遇，加强和调整对中国的投资，与中国经济共成长。④将自身经营发展放在所在国的经济体系中进行考虑，根据所在国的经济发展情况和产业结构特点以及自身的优势，确定产业转型升级的方向，与当地经济实现融合发展。

2. 加快家族企业管理的现代化

华商在经营管理方式上大多是家族经营。与中国大陆家族企业目前大多仍由第一代创业者经营管理不同，海外华商家族企业多数已经进行了换代，因而其经营家族化程度更深。他们将中国传统文化与西方经营管理理念相结

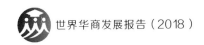

合，将诚信、互惠和家族主义作为企业经营的基本原则，具有决策快、效率高的优势，尤其是在华商企业发展的早期发挥了重要作用。

但是，由于其所有权和经营权融合，经营管理不专业，随着业务的扩大和企业的发展，若不能及时引进现代企业治理模式，家族经营的弊端将会逐渐显露，长期来看不利于企业的永续经营和可持续发展。比如，在其下一代不具备接班条件的情况下，依然保持任人唯亲，不能及时起用外部管理人员，企业的经营管理将面临挑战甚至危机。对此，要加快实现所有权与经营权分离，改变任人唯亲的管理模式，引入先进的科学管理方式，建立现代企业管理制度，推动企业向现代化和国际化的方向发展。

3.调整自身行为以改善在所在国的生存发展困境

近年来华商在住在国经营所遭受的各种排斥行为屡屡见诸报端。当地政府对华商严厉执法，针对华商的各种法律行为不断出现，当地商户经常举报华商的"不法行为"，当地媒体制造对华商不利的舆论环境。典型事件如2012年发生在西班牙的针对华商的"帝王行动"，当地警方以"走私洗钱、偷税漏税"为名，对华商进行大规模搜查，总共搜查了120间仓库和住宅，没收了1000万欧元和200辆汽车，逮捕了58名华人，媒体更以"取缔华商黑帮团伙"进行报道，当地华商领袖批评此事件是一次"规模空前的排华行动"。对于这些情况，华商需要反思在住在国的商业活动与策略，规范自身行为，进行合法经营，避免一些不合理问题出现，以消除当地民众对华商的反感和偏见。

评　选　篇

Evaluation Reports

B.2
华商榜单评选体系设计

王辉耀[*]

　　全球化智库（CCG）致力于对世界范围内广大华商的研究，凭借自身在企业全球化、人才国际化、全球治理方面的研究成果和经验，力图推动华商在世界范围内的交流与发展。评选根据一定的指标和数据，设计了一套科学的评选体系，推介有影响力的华商企业及华商人物，为华商发展提供理论研究平台和具体经验借鉴。

一　"世界最具影响力十大华商企业"评选依据及指标

　　评选以华商企业的经济价值、国际化发展程度和世界影响力为三大考量

---

　*　王辉耀，博士，全球化智库（CCG）主任，教授、博导。CCG副研究员侯少丽对本报告亦有贡献。

方面，具体考察华商企业总资产、营业额、员工数量、跨国化指数、品牌价值、社会评价等指标，从包括中国大陆企业在内的广义上的世界华商企业中评价并选取最具影响力十大华商企业。具体指标构成如表1所示。

表1 "世界最具影响力十大华商企业"评选指标构成

一级指标	二级指标	评价方法
经济价值	企业总资产	定量
	营业额	定量
	员工数	定量
跨国化指数（TNI）	国外资产比重	定量
	国外营业额比重	定量
	国外员工人数比重	定量
影响力	品牌价值	定性
	专家评审	定性
	媒体评价	参考
	《财富》杂志企业排行榜	参考

（一）经济价值

以总资产、营业额和员工数量来反映企业的规模、经营业绩等经济价值。"总资产"从资源占用和生产要素的层面上反映企业规模。对于上市公司间的比较，我们还参考了其市值。"市值"也可以反映企业规模，与"总资产"更倾向于反映企业当前规模不同，"市值"还可反映对企业未来增长空间的预期。"营业额"可以客观反映企业的经营规模、经营业绩和市场竞争能力。"员工数"同样可以反映企业的规模大小，并且具有简单、明了的特点，符合世界主要国家的通行做法，具有国际可比性。

（二）跨国化指数（TNI）

关于国际化发展程度的指标，我们以跨国化指数（TNI）为标准来综合评价华商企业的国际化发展水平。跨国化指数越高，企业的国际化程度就越高。

一般情况，跨国化指数涵盖两个指标体系：一是国外经营指标体系，包括国外营业额指数（国外营业额占总营业额的比重）、国外直接投资指数（国外投资额占总投资额的比重）、国外采购与生产指数（国外采购额与生产额占总采购额与生产额的比重）等主要的定量评价指标；二是管理职能国际化指标体系，包括聘用外籍管理人员的情况、公司战略和决策的跨国实施等主要的定性评价指标。

我们的跨国化指数计算方法为：

$$TNI = （国外资产／总资产 + 国外营业额／总营业额 + 国外员工人数／总员工人数）／3 \times 100\%$$

（三）世界影响力

企业的影响力，也可以说是企业在世界的知名度、美誉度，在国际社会的谈判力，在某一区域或在某一行业的地位。我们根据品牌价值、专家评审、媒体评价和《财富》杂志的企业排行榜四个分指标来评价华商企业的影响力。

在当今的全球市场中，企业的无形资产越来越重要，以品牌价值为代表的软实力已经成为企业的核心竞争力。品牌价值不仅体现了优良的产品质量和服务，也反映了企业的营销能力和国际市场开拓能力。

我们还结合其他机构对企业的评选来评价华商企业的影响力，比如参考《财富》杂志的世界 500 强排行榜。媒体对企业的报道和评价也是我们考虑的因素。最后，在以上分析的基础上，我们引入专家的评审意见，最终确定华商企业在这一指标上的表现。

根据设定的指标体系，CCG 收集了约 200 家世界范围内华商企业的数据和资料。这些数据和资料主要来源于企业的年度报告、企业官方网站公布的资料、相关研究机构对企业的评价和排名。通过对收集到的数据进行定量分析，对大量资料进行定性分析，并结合专家意见，最终确定华商企业榜单。

二 "世界最具影响力十大华商人物"评选依据及指标

我们以华商对企业的领导力、华商的产业影响力和社会影响力为主要考量因素，对世界范围内具有一定影响力的华商进行评价，并选出世界最具影响力十大华商人物，以期引导公众关注他们对经济和社会发展的作用，同时引导广大华商更加注重自身对经济社会发展的价值。

通过构建综合评价指标，重点对华商在经济社会方面的行动、成绩和影响进行考察。如，其所经营企业是否有突出的成绩和表现从而转化为经济效益和社会效益，其行动是否对企业、社会和经济产生积极影响，个人的经历或行为是否很好地代表了行业发展方向，等等。具体指标构成如表 2 所示。

表 2 "世界最具影响力十大华商人物"评选指标构成

一级指标	二级指标	评价方法
企业领导力	所管理企业的规模和效益	定量
	所管理企业的国际化发展	定量
	所管理企业完成的重大事件	定量
产业影响力	所管理企业在产业内所处位置	定量＋定性
	对产业的贡献和推动	定性
	在产业内的先进性	定性
社会影响力	活跃度、知名度	定性
	社会责任、公益行动	定性
	公众形象、媒体评价	定性

（一）企业领导力

企业领导力主要通过华商所管理的企业的"规模和效益""国际化发展"和"所完成的重大事件"三个二级指标来体现。"规模和效益"和"国际化发展"分别参考"世界最具影响力十大华商企业"评价指标中的经济价值、国际化发展程度指标。"所完成的重大事件"指华商在过去一段时期领导企业达成的重大事件或实现的突破性发展。同时，还要考虑华商在其企业发展过程中对企业在发展方向、组织架构和企业文化等方面的确定和塑造所发挥的作用，以及是否能带领企业顺应时代发展趋势，应对挑战，抓住机遇，将企业做大做强。

（二）产业影响力

产业影响力主要通过"所管理企业在产业内所处位置""对产业的贡献和推动"和"在产业内的先进性"三个二级指标来体现。"所管理企业在产业内所处位置"是指华商所管理的企业在其所在产业领域的地位，包括企业规模、技术水平、市场份额等。"对产业的贡献和推动"体现在通过企业或者个人的行动对产业发展做出贡献，成为产业发展的领军人物，进而影响了某一或多个国家/地区的产业竞争力或市场情况；得到同行业人士的认可，对行业理念、标准、准则的形成做出贡献。"在产业内的先进性"指在所经营的产业领域，表现出突出的远见、卓越、创新，敏锐把握产业发展方向，甚至是通过企业影响产业，进而改变了千千万万普通人的生活方式。

（三）社会影响力

社会影响力主要通过"活跃度、知名度""社会责任、公益行动"和"公众形象、媒体评价"三个二级指标来体现。"活跃度、知名度"是参与社会活动的情况，在社会上为公众所知晓的程度。"社会责任、公益行动"是关注华商在公益慈善方面的表现，以及能否很好地履行社会责任。"公众形象、媒体评价"是评价华商候选人是否具有良好的公众形象，能否自觉承担社会责任，该指标同时要结合媒体的评价。

B.3
世界最具影响力十大华商企业

表1 世界最具影响力十大华商企业
（按音序排列）

企业名称	总部所在地
阿里巴巴集团	中国大陆
长江和记集团	中国香港
福耀集团	中国大陆
鸿海精密集团	中国台湾
华为技术有限公司	中国大陆
金光集团	印度尼西亚
金鹰集团	新加坡
腾讯公司	中国大陆
正大集团	泰国
中国建筑工程总公司	中国大陆

（一）阿里巴巴集团

阿里巴巴集团，是互联网科技界的巨头企业，商业模式创新的引领者，由马云为首的18人于1999年在浙江杭州创立，其董事会主席为马云。以"让天下没有难做的生意"为使命，为商家、品牌及其他企业提供基本的互联网基础设施以及营销平台，其业务涉及核心电商、云计算、金融服务、物流、数字媒体和娱乐以及创新项目。近年来快速成长，影响了世界上数十亿人的生活。在香港《亚洲周刊》"全球华商1000排行榜"（2016年）中位列第3名，在2017年财富世界500强排行榜上位列第462名。

成立至今，阿里巴巴集团完成了一个个创造历史的事件。2016年3月，在中国零售交易市场的 2016 财年交易总额超越人民币 3 万亿元，集团随后成为全球最大的零售体；2017 财年，总营收达到 1582.73 亿元人民币，净利润 578.71 亿元人民币；进入 2018 年，股价创 198.86 美元历史新高，市值突破 5000 亿美元。

阿里巴巴集团实施"阿里巴巴创于中国，为世界而生"的全球化发展战略，致力于把西方的中小企业和东方最大、增长最快的市场连接起来。提出了 e-WTP（全球电子商务平台），帮助全球尤其是发展中国家的中小企业营造更加自由互惠的贸易环境。首个海外 e-WTP 数字中枢已经落地马来西亚。

（二）长江和记集团

长江和记集团是总部位于香港的大型跨国企业集团，董事局主席为李嘉诚。2015 年 1 月 9 日，李嘉诚旗下两大上市企业——长江实业（长实）及和记黄埔（和黄）宣布业务合并、重组方案，资产最终分拆为两家新公司，即长江和记实业有限公司（长和）与长江实业地产有限公司（长地），两公司分别持有非房地产及房地产业务。旗下包括上市公司和记电讯香港控股有限公司、Hutchison Telecommunications（australia）Limited、长江基建集团有限公司、和黄中国医药科技有限公司、赫斯基能源、和记港口信托、TOM 集团有限公司、长江生命科技集团有限公司等。

长江和记集团规模巨大、业务多元、全球化程度深。集团业务遍及全球超过 50 个国家和地区，雇员人数超过 29 万，核心业务有港口及相关服务、地产及酒店、零售、能源、基建、电信、投资等。集团在 25 个国家 48 个港口拥有 275 个营运泊位；在全球 25 个市场设有超过 13300 家零售店铺，旗下屈臣氏已成为亚洲和欧洲的大型保健及美容产品零售商之一；基建业务的投资及营运范围遍及中国香港、中国内地、英国、荷兰、葡萄牙、澳大利亚、新西兰及加拿大。

长江和记实业有限公司 2016 年的收益总额达到 477.80 亿美元，资产总额 1530.84 亿美元。在香港《亚洲周刊》"全球华商 1000 排行榜"（2016

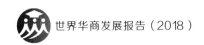

年）中，长江和记实业有限公司位列第 19 名，是香港企业中的首位。在 2017 年财富世界 500 强排行榜上，长江和记实业有限公司位列第 319 位，较上年前进了 154 位。

（三）福耀集团

福耀集团即福耀玻璃工业集团股份有限公司，是全球规模最大的汽车玻璃专业制造商。为奔驰、宝马、宾利、奥迪、通用、克莱斯勒、大众、丰田、本田、路虎等全球几乎所有汽车制造商提供汽车玻璃及产品解决方案，并且获得全球玻璃行业最高奖项——凤凰奖。集团董事局主席为曹德旺。

福耀集团除布局中国 16 个省市外，还在美国、俄罗斯、德国、日本、韩国等国家和地区建立现代化生产基地和商务机构，并在中、美、德设立 4 个设计中心，全球雇员约 2.4 万人。其产品占国内市场份额七成，也就是说，在中国每三辆汽车中有两辆使用福耀玻璃，占全球市场份额 20%。2016 年，福耀集团实现营业收入 166.21 亿元人民币，净利润 31.44 亿元人民币。

福耀在美国的投资尤其瞩目，是中国制造业对美最大投资之一，也是中国汽车零配件企业进军美国市场的最大手笔，更是福耀秉持全球化战略的重要标志。在美国投资有代顿工厂和芒山工厂，其中代顿工厂成为全球最大汽车玻璃单体工厂。

（四）鸿海精密集团

鸿海精密集团创立于 1974 年，董事长郭台铭。集团专业从事计算机、通信、消费性电子等 3C 产品研发制造，广泛涉足数位内容、汽车零组件、通路、云运算服务及新能源、新材料开发应用的高新科技企业。在中国大陆投资，建立富士康集团。自 1988 年投资中国大陆以来，迅速发展壮大，拥有百余万员工及全球顶尖客户群，是全球最大的电子产业科技制造服务商。在 2017 年财富世界 500 强排行榜上，鸿海精密集团位列第 27 位，较上年前进了 2 位。

鸿海精密集团以富士康为平台，建立起庞大的"代工帝国"，是苹果、戴尔等 IT 产业诸多著名品牌的主要代工企业。集团也由此成为全球雇员最多的巨型企业之一。2016 年进出口总额占中国大陆进出口总额的 3.6%。

鸿海精密集团确立了"扎根中国，运筹全球"的发展战略，迄今在中国大陆、中国台湾、日本、东南亚及美洲、欧洲等地拥有 200 余家子公司和派驻机构。

鸿海集团在信息科技领域持续进行具影响力的创新研发，并积极透过申请国际专利保护成果。以前瞻性的眼光，自创颠覆电子代工服务领域的具备机光电垂直整合、一次购足整体解决方案优势的 3C 电子代工服务 eCMMS 商业模式。

（五）华为技术有限公司

华为技术有限公司是一家通信设备行业的国际性企业。拥有约 18 万名员工，业务遍及全球 170 多个国家和地区，服务全世界三分之一以上的人口，拥有 500 多家企业客户。华为是中国第一家、全球第三家智能手机年出货量过亿的厂商。已经超越苹果、三星，稳居中国智能手机市场份额之首。华为服务器整体出货量位居全球第三，存储市场份额全球排名第六。在 2017 年财富世界 500 强排行榜上，华为公司位列第 83 位，较上年大幅前进了 46 位。

华为坚持稳健经营。30 年来坚持聚焦在主航道，抵制一切诱惑，坚持不走捷径，拒绝机会主义，长期投入，厚积薄发。2016 年年报显示，华为运营商、企业、终端三大业务在 2015 年的基础上稳健增长，实现全球销售收入 5216 亿元人民币，同比增长 32%，净利润 371 亿元人民币，同比增长 0.4%。

华为坚持持续创新。拥有 3 万项专利技术，其中四成是国际标准组织或欧美国家的专利，已成为电信领域的知识产权龙头企业。2017 年，在由中国通信工业协会、中国通信行业发展大会组委会联合中国企业信息化网等共同主办的 2017 中国通信行业发展大会上，华为独揽了四项大奖。华为旗下

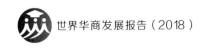

手机 P10/P10 Plus 共斩获了来自全球知名媒体的 20 多项大奖。

华为坚持"以奋斗者为本"，以责任贡献来评价员工和选拔干部，为员工提供了全球化发展平台、与世界对话的机会，使大量年轻人有机会担当重任，快速成长，也使得十几万名员工通过个人的努力，收获了合理的回报与值得回味的人生经历。

（六）金光集团

印度尼西亚华人黄奕聪于 1960 年创建了金光公司（CV Sinar Mas），后逐步发展成为多元化的跨国企业集团。目前，金光集团经营食品和粮油、制浆造纸、房地产、金融、电信及环保再生能源六大核心产业，拥有金光农业资源有限公司（GAR）和亚洲浆纸业有限公司（APP）两大事业支柱，在全球拥有超过 38 万名员工，利益相关者超过 50 万，投资范围遍布亚洲、北美洲、欧洲及大洋洲等地，年营收及资产总额均达数百亿美元。金光集团曾被《福布斯》杂志评为印度尼西亚第一大财团。

金光集团布局全球，尤其致力于投资中国。早在 20 世纪 90 年代初，金光集团就抓住中国改革开放和经济发展的机遇，大力投资中国，如今累计在华投资已超过百亿美元。金光集团在中国设立金光纸业（中国）投资有限公司，利用中国丰富的制浆造纸资源和廉价的劳动力，以及庞大的市场，经营林浆纸一体化产业。金光集团在中国大力发展粮油食品产业，同时也开展地产和金融业务。

（七）金鹰集团

新加坡金鹰集团（Royal Golden Eagle，RGE）由华商陈江和创立于 1973 年。集团各成员企业目前持有资产超过 180 亿美元，员工超过 6 万人，在新加坡、印度尼西亚、中国、巴西、西班牙和加拿大经营业务。金鹰集团是一家多元化的综合性工业集团，主要从事以资源为基础的多种产业，包括一体化的林浆纸工业、棕榈油产业、清洁能源开发、纤维素纤维与特种浆生产。

金鹰集团坚持"利民、利国、利业"的"三利"经营原则。在这一理念指引下，金鹰集团以可持续实践和可持续发展为驱动力，旨在实现质量与能效和成本效率的统一，有效保护环境。所有下属公司将可持续发展原则和对社会及环境的责任贯穿于生产运营的各个环节。

金鹰集团积极响应"一带一路"倡议，并积极参与"一带一路"的"五通"建设。集团主席陈江和出席了 2017 年 5 月举办的"一带一路"国际合作高峰论坛。陈江和基金会捐赠 1 亿元人民币，在未来 10 年支持中国和"一带一路"沿线国家开展双边人才培训项目，以加强中国与"一带一路"沿线国家的相互了解与理解。

（八）腾讯公司

腾讯计算机系统有限公司，是中国最大的互联网综合服务提供商之一，也是中国服务用户最多的互联网企业之一。马化腾为公司董事会主席兼首席执行官。腾讯公司业绩骄人，2016 年总收入为人民币 1519.38 亿元（219.03 亿美元），比上年同期增长 48%。进入 2017 年，仅第三季度总收入就达人民币 652.10 亿元（98.25 亿美元），比上年同期增长 61%。2017 年 11 月，腾讯市值首度超过 Facebook，达到 5231 亿美元，成为全球第五大市值的公司。在香港《亚洲周刊》"全球华商 1000 排行榜"（2016 年）中，腾讯公司位列第 2 位。在 2017 年财富世界 500 强排行榜上，腾讯公司位列第 478 位。

腾讯通过互联网服务提升人类生活品质。通过即时通信工具 QQ、移动社交和通信服务微信和 WeChat、门户网站腾讯网、腾讯游戏、社交网络平台 QQ 空间等中国领先的网络平台，满足互联网用户沟通、资讯、娱乐和金融等方面的需求。截至 2017 年 3 月 31 日，QQ 的月活跃账户数达到 8.61 亿，最高同时在线账户数达到 2.66 亿；微信和 WeChat 的合并月活跃账户数达 9.38 亿。腾讯的发展深刻地影响和改变了数以亿计网民的沟通方式和生活习惯。

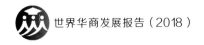

（九）正大集团

正大集团（在中国大陆以外地区称作卜蜂集团，Charoen Pokphand Group）由泰籍华人谢易初、谢少飞兄弟于 1921 年在泰国曼谷创办，是世界最大的华人跨国公司之一。谢国民任高级董事长，谢吉人任董事长。集团以农牧食品、零售和电信三大事业为核心，同时涉足金融、地产、制药、机械加工等十多个行业领域，业务遍及 100 多个国家和地区，员工超 30 万人，在全球投资了 16 个国家。早在 1987 年，正大就跻身世界 500 强企业行列。

正大集团树立了"做世界的厨房，人类能源的供应者，提供'生命之食品''精神之食品''生活之便利'"的愿景。以农业为基础，不断向多元化发展。在经营中形成了著名的"正大模式"。例如，在经营养鸡业的过程中，正大与养鸡农户签约，向农户提供优质鸡种、饲料，供给建筑材料让农民建鸡舍，让养鸡农户饲养雏鸡，长大后再收购回去。正大承诺帮助养鸡农户从银行贷款，指导搭建鸡舍，提供预防疾病疫苗以及派兽医上门服务。

正大集团在企业发展的早期就开启了国际化发展的历程，国际化发展的最大成功是在中国市场。在中国大陆设立企业 300 多家，下属企业遍及除西藏、青海以外的中国大陆所有省份，员工超 8 万人，总投资超 1100 亿元，年销售额近 1000 亿元。在中国大陆拥有商业零售、传媒、工业、药业、房地产业、金融业六大事业体系，拥有正大饲料、正大食品、正大鸡蛋、正大种子、卜蜂莲花、大阳摩托、正大广场、正大制药、《正大综艺》等具有广泛知名度的企业、品牌和产品。

（十）中国建筑工程总公司

中国建筑工程总公司是中国最大的建筑企业集团和最大的国际承包商，在工业与民用建筑工程建设以及大型公共设施建设等领域积聚了雄厚的科技优势。公司营业收入平均每 12 年增长 10 倍。2016 年新签合同额超过 2 万亿元人民币。2017 年《财富》世界 500 强第 24 位，较上年前进了 3 位；《财富》中国 500 强第 3 位。获得标普、穆迪和惠誉国际三大评级机构信用评级

A 级，为全球建筑行业最高信用评级。

公司经营业务遍布国内及海外100多个国家和地区，涵盖投资开发、工程建设、勘察设计等领域。在国内外建设完成了一大批彪炳史册的重大工程项目，其所参与建设香港新机场工程，被誉为20世纪全球十大建筑之一。中国建筑工程总公司代表了中国基建"走出去"的规模、质量和速度，尤其是在当前"一带一路"旺盛的基建投资中。

B.4

世界最具影响力十大华商人物

表1　世界最具影响力十大华商人物
（按音序排列）

华商姓名	华商姓名	华商姓名
曹德旺	李嘉诚	任正非
陈启宗	马化腾	谢国民
郭鹤年	马　云	许家印
郭台铭		

（一）曹德旺

福耀集团创始人、董事长。被誉为中国首善。2009年5月，曹德旺登顶企业界奥斯卡之称的"安永全球企业家大奖"，是首位华人获得者。

曹德旺创办的福耀集团在20世纪80年代就彻底改变了中国汽车玻璃市场100%依赖进口的历史，并于90年代成功进军海外市场。2001～2005年，曹德旺带领福耀团队艰苦奋战，历时数年，花费一亿多元，相继打赢了加拿大、美国两个反倾销案，震惊世界。福耀玻璃也成为中国第一家状告美国商务部并赢得胜利的中国企业。目前，福耀集团生产的汽车玻璃占中国汽车玻璃70%市场份额的同时，在竞争激烈的国际市场占据了一席之地。

除了是一名成功的企业家外，曹德旺还热心慈善事业，先后多次向学校、贫困地区、灾区捐款，据胡润慈善榜统计，从1983年第一次捐款至今，曹德旺累计个人捐款已达80亿元。2010年创办河仁慈善基金会，是我国第一家以金融资产（股票）创办的全国性非公募基金会，是中国目前资产规模最大的公益慈善基金会。

（二）陈启宗

香港恒隆地产有限公司董事长，全球化智库联席主席，亚洲协会香港中心主席，陈启宗中国文物保护基金会创始人兼主席。2017 年 6 月获得香港回归以来第二十份授勋名单颁发的大紫荆勋章。

陈启宗旗下的恒隆集团是香港第二大专注房地产业的公司。因投资上海恒隆广场、港汇广场等项目，在内地声名远播。1991 年陈启宗接管父业，任恒隆集团主席。1992 年带领恒隆，踏出香港，并将"恒隆广场"发展成为世界大型商业群项目的成功标杆。1997 年陈启宗成功躲过亚洲金融风暴，因而得以成为 1997 年金融风暴后香港地产界的少数赢家之一。

除了企业家的身份之外，陈启宗还是香港"一国两制"研究中心执行委员会主席，亚非协会理事，美国对外关系委员会、美中关系全国委员会、美国百人会、雅加达战略与国际事务研究中心顾问委员会的成员，不仅在香港、内地贡献智慧与力量，还与世界对话，促进中国与世界的交流。

（三）郭鹤年

马来西亚最杰出的企业家，旗下郭氏集团控制了马来西亚 80% 的原糖市场、全球 20% 的糖市场，手握亚洲最大酒店集团——香格里拉集团。郭鹤年因此享有"亚洲糖王"和"酒店大王"之称。2017 年《福布斯》华人富豪榜中他排名第 11，第 12 次蝉联《福布斯》马来西亚富豪榜榜首，资产是第 2 名的近两倍。

他的郭氏集团是一个庞大的商业王国。除在本国拥有众多企业外，新加坡、泰国、中国、印尼、斐济和澳大利亚等地也是其主要经营范围。从 20 世纪 50 年代以糖业为主，到 70 年代进军酒店业，成立香格里拉酒店集团，再到 80 年代与邵逸夫共同收购香港无线电视和从英国人手中收购香港英文报《南华早报》，郭氏集团的业务已经涵盖糖业、粮食、工业、种植、航运、矿产、房地产、国际贸易、酒店、保险、证券、文化娱乐和电视广播等

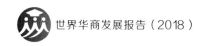

众多领域，形成了一个庞大的商业帝国。郭鹤年也因此带领集团走上多元化发展的道路，被称为国际商场上的"多面人"。

对中国大陆，郭鹤年更是贡献卓著。改革开放以后，他积极与中国开展经贸合作，成为第一位投资中国大陆的马来西亚企业家，积极参与了中国改革开放的建设。郭鹤年还是公益事业的积极倡导者，为贫困学子提供助学金。2012年12月，郭鹤年荣获中国中央电视台年度经济人物"终身成就奖"。

（四）郭台铭

中国台湾第一大企业鸿海精密集团、富士康科技集团以及永龄文教慈善基金会创办人。旗下鸿海精密集团是全球3C（电脑、通信、消费类电子）代工领域规模最大、成长最快的国际集团，苹果iPhone的主要代工制造商，被誉为全球3C代工服务领域龙头。

他1974年成立鸿海塑料企业有限公司，生产黑白电视机的旋钮。1985成立美国分公司，创立FOXCONN（富士康）自有品牌。他把鸿海集团从一个在仓库里生产电视机部件的制造商，发展成为全球电子产品"代工大王"，被台湾科技界称为"枭雄"。

作为一名世界级大企业的总裁兼董事长，他却赤心依旧。为了改变家乡偏僻闭塞的自然环境，促进家乡经济发展，多年来，慷慨捐资1700多万元，为家乡的经济社会发展注入了强劲的活力。2013年4月20日，四川雅安地震时，他向四川省人民政府捐赠5000万元用于灾区救助。此外，富士康科技集团还曾在汶川地震后捐款1.3亿多元。

（五）李嘉诚

曾任长江和记实业有限公司及长江实业地产有限公司主席。2018年3月16日，正式宣布退休，将担任长和集团的资深顾问，同时也全力投入在李嘉诚基金会的工作，特别是医疗和教育方面。

李嘉诚早年以塑胶花起家，1958年开始投资地产，1979年购入老牌英资商行"和记黄埔",成为首位收购英资商行的华人。他的长和系旗下包括四大上市公司——长和、长实集团、长江基建和电能实业,五大业务分支——电信业务、零售业务、基建业务、港口业务和能源业务。集团业务遍及全球超过 50 个国家和地区,雇员人数已超过 29 万。

李嘉诚热心公益慈善事业,1980 年成立李嘉诚基金会。根据胡润 2015 年华人慈善报告,李嘉诚位列榜首。基金会主要支持教育及医疗公益项目。由于李嘉诚先生热心公益,对各地社会贡献良多,先后获得国内外多个知名大学颁授名誉博士学位及勋章。

(六)马化腾

腾讯公司主要创办人,现担任腾讯公司董事会主席兼首席执行官,全国青联副主席。他打造了一个庞大的"QQ 帝国",为中国人创造了全新的沟通方式;其微信全球的用户账户已突破十亿。他说,"我很希望腾讯能成为中国数字经济发展过程中的一名精细的数字工匠"。

1998 年马化腾与好友"合资"注册了深圳腾讯计算机系统有限公司,是中国最大的互联网综合服务提供商之一,旗下即时通信工具 QQ、移动社交和通信服务微信和 WeChat 等产品深刻地影响和改变了数以亿计网民的沟通方式和生活习惯。腾讯与百度、阿里巴巴一起被称为中国互联网三大巨头,形成了三足鼎立的格局。

从"互联网 +"到数字中国,马化腾积极推动中国互联网产业发展。作为全国人大代表,马化腾在 2018 年全国两会期间带来八份书面建议,内容涉及数字中国、工业互联网、数字文化、金融安全、医疗健康、青少年创新人才培养、粤港澳大湾区建设以及生态环境保护。他在过去几年作为人大代表期间提出的建议,也反映出整个互联网的发展脉络。2013 年,移动互联网刚起步,马化腾提出了关于实施互联网发展战略、加快经济社会创新发展的建议;2015 年,提出"互联网 +"推动经济发展的建议,后来该建议被纳入政府的行动计划;2017 年,提出关于大力发展数字经济推进网络强国战略的建议。

（七）马云

阿里巴巴集团创始人、董事会执行主席。现担任世界经济论坛（WEF）基金会董事、英国政府特别经济顾问、浙商总会会长、中国企业家俱乐部主席。2016 年 1 月，成为联合国"可持续发展目标"的倡导者。

他领导阿里巴巴集团不断创新，领跑中国电子商务，实现了一个又一个突破。2016 年的云栖大会上马云首次提出了"新零售"的概念，重构零售业。他指出，电商的时代很快将结束，纯零售的形式也将被打破，新零售将引领未来全新的商业模式，线下与线上零售将深度结合，加上现代物流，服务商利用大数据、云计算等创新技术，构成未来新零售的概念。2017 年，阿里巴巴一跃成为全球最大的移动经济体。此外，马云推动的电子世界贸易平台（e-WTP）开始落地，他还出资 1000 亿元成立"达摩院"做科研。

随着阿里巴巴的壮大，马云也越来越受到全球政要们的关注，不仅出任联合国要职，还与美国总统特朗普、加拿大总理特鲁多、意大利前总理伦齐等多国领导人互动，成为中国在世界上最具影响力的企业家。

（八）任正非

华为技术有限公司主要创始人、总裁。2017 年荣获《财富》杂志中国最具影响力的 50 位商界领袖第一位。

自 1987 年白手起家创建华为公司至今，已经走过了 30 余年的时间，如今成为中国第一家、全球第三家智能手机年出货量过亿的厂商，超越苹果、三星，稳居中国智能手机市场份额之首，以强大的经济实力及科研实力跻身于世界 500 强。在华为的发展过程中，任正非坚持公司不上市，抛弃了资本运作，聚焦于基本的产品、技术、管理，使华为获得了长久的竞争力和持续的增长。

任正非长期以来坚持"财散人聚"的理念，只保留 1.4% 的股份，其余都是由公司员工持股，建立了广泛的利益分享机制。他带领公司不断创新，多年来华为保持着在国内专利申请方面排名第一的纪录，据欧盟委员会2016年12月底发布的"2016全球企业研发投入排行榜"，华为以83.58亿欧元研发投入位居中国第一、世界第八。

（九）谢国民

泰国正大集团董事长，我国著名的侨胞代表。曾被亚洲经济刊物《亚洲金融》称为"亚洲最杰出的企业家"。泰国国王曾亲自授予他泰国政法大学"商业荣誉博士学位"，以表彰他对泰国经济发展的贡献。曾被《财富》杂志评为全球最具影响力的50位商界领袖之一和亚洲商界领袖25强之一。

旗下正大集团是一家集农、工、商综合经营的国际性集团。在他的带领下，正大集团业务遍及100多个国家和地区，员工超30万人，在全球投资了16个国家，跻身世界500强企业行列。正大集团也成为第一个来中国投资的外资企业，也是在中国投资项目最多，投贸额最大的外国企业之一。

在投资企业的同时，谢国民重视社会公益事业的参与，无偿捐助教育事业，积极扶贫救灾，取得了良好的社会效益。

（十）许家印

中国恒大集团董事局主席。2017年在福布斯中国富豪榜、胡润百富榜中，登顶中国内地新首富之位。2018年1月，当选中国人民政治协商会议第十三届全国委员会委员。

1996年许家印创立恒大，2009年底恒大在香港上市之后，专注于住宅开发，在中国120多个主要城市拥有大型住宅项目200多个。2016年恒大累计销售额达2805.8亿元，一举超越万科，跃居行业第一。他介入足球投资，为中国足球做出了不容忽视的贡献。2010年3月，恒大集团收购广州足球队全部股份，成立广州恒大足球俱乐部，进军体育产业，成立了中国足球有史以来专业化程度和办事效率最高的工作团队。他带领广州恒大成为亚

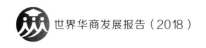
洲顶级、世界知名的足球俱乐部。

许家印带领恒大形成了民营企业直接参与精准扶贫的新模式。从 2015 年 12 月 19 日起，恒大集团结对帮扶贵州省毕节市大方县，共投入 30 亿元，计划利用三年时间，通过产业扶贫、易地搬迁扶贫、吸纳就业扶贫、发展教育扶贫、贫困家庭创业扶贫和特困群体生活保障扶贫等一揽子综合措施，确保到 2018 年底实现大方县 18 万贫困人口全部稳定脱贫。恒大的帮扶力度不断加大，到 2017 年 5 月，将帮扶范围从大方县扩大至毕节全市。

专 题 篇

Special Issue Reports

B.5
海外温商产业集群网络的演化

——基于意大利普拉托快时尚产业的研究

张一力[*]

摘　要：　中国温州人有外出创业的传统，改革开放以来，创业遍及国
内海外。在意大利普拉托的主导产业逐渐从纺织业转变为快
时尚服装产业过程中，来自温州的移民对其兴起和发展起到
了巨大的推动作用。本文阐述了社会关系网络、市场关系网
络和创新关系网络三个网络在普拉托快时尚产业诞生阶段、
成长阶段、成熟阶段以及冲突和转型阶段四个阶段中各自的
发展路径与相互作用关系，分析了普拉托快时尚产业集群演

　*　张一力，男，浙江温州人。温州大学商学院院长，经济学教授；厦门大学经济学博士；美国
　　纽约州立大学和意大利佛罗伦萨大学高级访问学者；温州市政协委员，经建委副主任；温州
　　市决策咨询委员会经济转型部副部长；曾任温州银行、奥康国际股份有限公司独立董事。主
　　要从事区域经济和企业家网络研究。

化中出现的问题，并分别从普拉托市政府、华人商会和华人企业家的角度对优化普拉托服装产业集群网络提出对策与建议。

关键词： 海外温商　普拉托快时尚产业　产业集群网络

引　言

2011 年 7 月，意大利最著名的文学奖——斯特雷加文学奖授予一部讲述普拉托中小企业兴衰历程的文学作品《我家乡人的故事》。作者爱德华多·内西的家族纺织企业正是在全球化的市场竞争中被淘汰出局。内西在接受记者采访时，将普拉托比喻为一间研究全球化的活生生的"实验室"。这个实验室既生动反映了意大利传统纺织产业的衰退历史，同时也深刻见证了中国企业家走向世界的成长记录。

1999 年以来，本文作者共六次访问普拉托，特别是 2014 上半年在佛罗伦萨大学做高级访学学者期间，更是接触了大批普拉托的温州籍华人华侨。加上过去在温州所做的访谈，作者共接触了 60 多位普拉托华人企业家，其中深入访谈了 35 位，现场访问了其中的 28 家普拉托华人企业。他们之中的大部分人来自浙江省温州地区（包括青田）①，大多从事与快时尚产业相关的工作。另外，作者还访问过曼多瓦、帕多瓦、罗马、威尼斯等意大利城市，以及法国、德国、荷兰、西班牙等国多地的华人企业和企业家。

本文通过对温州商人在普拉托快时尚产业集群网络演化历史的回顾，指出从温州到普拉托，温州商人群体借助独特社会关系网络优势，快速扩展了集群的市场关系网络，大力推进了集群创新关系网络的发展。他们在普拉托

---

① 虽然青田县属于浙江省的丽水地区，但青田县历史和文化与温州一脉相承，所以在本研究中，温州企业家包括来自青田的企业家，下同。

既得到快速发展，也遭遇一些问题。温州商人在普拉托快时尚产业集群网络中的演化历程，是中国企业家网络全球化的典型案例。

一 普拉托服装产业集群①的基本情况

温州作为中国市场经济先发地区，是中国市场经济的风向标，其经济发展格局具有很多特点，遍及国内外的温商群体和大量的产业集群是最重要的两个特点。

温州人有外出创业的传统，即所谓江河能到的地方就有温州人。改革开放以来，温州人跑遍大江南北，创业遍及国内海外。据不完全统计，约有244万温州人在国内外经商，其中国内175万，国外43万，港澳台地区26万，总数约占温州市常住人口的四分之一。温州本土的创业者、国内其他地区和海外的温籍创业者，三个群体共同构成了温州企业家②（温商）的网络。

温州企业家的创业过程实际上就是中国经济发展的一个缩影。以温州为中心点，分散在国内国外的温州人由点到面，不断地增加节点，逐渐构筑温商网络。从地理上看，这些节点会越来越远，甚至可以跨越边境；但是在要素传递上，这些节点与温州这个网络中心点保持了千丝万缕的联系和频繁的互动。事实上，分布在130个国家的近300个温州侨团和遍及全国32个省、自治区、直辖市的215个温州商会（地市级以上），承载着温商网络节点的功能。它们一方面同其众多的会员发生联系，另一方面以温州商会（同乡会）名义与所在地政府、温州市政府对话，在空间博弈中创造资源、获取资源。商会（同乡会）成为会员之间、会员和温州之间沟通交流的紧密纽带，把温商、温州经济和温州人经济牢牢地融入同一个网络。

---

① 此处内容参考了孙艳、张宇芳的《意大利与广东纺织产业集群不同年代发展衍化比较》，《特区经济》2010年1月，第138～139页。
② 由于温州的企业家以从事贸易的商人为主，本文以后将不再特别区分温州企业家群体和温商。

在 30 多年的发展过程中，温商群体充分利用了其独特的社会关系网络资源，发挥了温州商人群体的集群优势，不断扩展市场关系网络和提升创新关系网络，在温州本土和国内外其他城市创建了许多产业集群。其中温州本土的服装产业集群与意大利普拉托的快时尚服装产业集群，分别是温州本土和国外温州人产业集群的典型样本。在两个服装产业集群网络的演化过程中，温商群体的社会关系网络如何与产业集群的市场关系网络和创新关系网络相结合，两个产业集群目前又遭遇什么样的困境及如何化解，是中国经济新常态和中国企业海外"走出去"所需要解决的问题，对于未来中国经济发展具有风向标的意义，非常值得研究。

（一）从纺织业到快时尚产业

普拉托（PRATO）处于意大利"高靴"的"靴腰"之上。它南视首都罗马，北接工业重镇米兰，西通历史名城比萨，东邻文艺复兴发源地佛罗伦萨。在很长一段时间里，普拉托行政隶属于托斯卡纳大区中心城市佛罗伦萨，两地相距仅 30 公里。普拉托建省于 1992 年，下辖包括普拉托市在内的 7 座小城市，面积不到 400 平方公里，人口 25 万。普拉托市人口最多，有 18 万人，其中华人约有 3 万人，占该市总人口的六分之一，绝大多数是浙江温州籍华人。从地理面积和人口密度的角度来说，普拉托是意大利华人最集中的城市。

意大利普拉托从 12 世纪就开始从事纺织品的生产，19 世纪末机械化工业经济的腾飞促使纺织企业在该地区集聚并高速发展，20 世纪 50 年代在低端市场上遭遇其他纺织产业区激烈竞争后，标准化生产的大企业纷纷解散，中小企业异军突起。众多小企业根据产业链分工，形成了诸如毛料分拣、炭化、绞丝、织布、印染和精加工等横纵向一体化的、高度专业化的生产共同体，相互之间密切合作，形成了纺织业产业集群。普拉托成为意大利纺织工业区的重要城市，区内的企业生产同一类产品。到 20 世纪 80 年代，这个产业集群已经有 100 多年的历史，产品在国际上享有盛名。但 80 年代后期，由于欧洲经济整体下滑，以及经济全球化趋势等原因，作为普拉托支柱产业的纺织业随之陷入困境，虽然 90 年代后期有所恢复，但其欧洲纺织中心的地位开始受到影响。

在某种程度上，普拉托纺织业的高速发展要归功于二战后人口的迅猛增长。该增长是意大利国内尤其是南部的移民所带来的，当地人口也因此从1951年的77631人增长为1991年的165670人（Colombi，2002）。20世纪80年代纺织行业的经济危机之后，普拉托的主导产业逐渐从纺织业转变为快时尚服装产业集群。

（二）温州人和普拉托的快时尚产业

在普拉托的主导产业逐渐从纺织业转变为快时尚服装产业过程中，来自国外的移民，尤其是中国的移民，其中最多的是来自浙江温州的移民，对于普拉托快时尚产业集群的兴起和发展起到了巨大的推动作用。

相关资料显示，1989年普拉托华人仅有38名，1991年达到了1009人，2006年达到了10080人，2012年底则有16716名[①]华人持合法居留证件生活在普拉托。截至2002年12月31日，在普拉托的华人居民中，78.63%在中国大陆出生[②]，18.52%则在普拉托出生。华人在当地已成为第一大外籍族群，而且呈逐年增加的趋势。

TOSCANA大区区域经济规划研究所（IRPET）公布的统计数字显示，2012年普拉托共有华人企业4830家，其中4265家为个体企业，华人企业以服装纺织、贸易、餐饮、建筑为主。普拉托的华人企业占全部普拉托企业29067家的16.6%；其中华人制造业企业3675家，占普拉托全部制造业企业8182家的44.9%。华人制造业企业中纺织业企业有264家，服装业企业有3200家，华人纺织服装业企业分别占全部华人制造业企业的7.1%和87%。也就是说，华人制造业中的94.1%是属于服装和纺织业的，其中绝大部分属于服装行业（Gabi，2014）。

按照IRPET统计，2010年普拉托华人企业创造的产值为22亿欧元，占

---

① Source：IRPET Estimates on ISTAT data。

② 对那些在中国大陆出生的移民的一项分析显示，他们中83.35%的出生地是浙江，13.21%是福建，随后是上海，但仅有0.38%。《生活在高墙外的温州人》，第5~6页。

普拉托省 GDP 的 14.30%，占普拉托纺织服装产业的 49%；华人企业产生的附加值为 7.59 亿欧元，占普拉托省的 11.4%。目前欧洲市场 10% 的纺织品从普拉托的华人企业输送到欧洲的各个角落。

普拉托的华人聚集区分为生产区和生活区。普拉托郊外的伊欧楼（IOLO）和达沃拉（TAVOLA）工业区，是华人企业生产和经营的主要场所；而靠近市中心的彼斯道耶哉（Via Pistoiese）和法标费理哉（Via Fabio Filzi）两条街则构成了华人的主要生活区。

伊欧楼和达沃拉工业区的纺织批发企业是当地的支柱产业，20 年前还是由意大利人掌控，如今工业区已挂满了书写着中意两国文字的标牌和广告，工业区 95% 的企业已被华人收购。进入工业区的门槛很高，按照潜规则，一般的店面经营权的转让费都在 30 万～70 万欧元，从这一点可以看出，两大工业区的华人企业基本上都是较具有经济实力的企业。

彼斯道耶哉和法标费理哉两条中国街，华语广告牌、灯箱更是随处可见，来来往往的行人几乎都是华人。两条并行且不十分宽敞的街道布满了中餐馆、金行、超市、服装店、网吧、旅行社、理发店、摄影楼等各式各样的华人店铺。在不到两平方公里的社区内仅中餐馆和中国货行就开了几十家。

从 1990 年开始，尤其在 2000 年前后，普拉托当地政府对华人劳动力的大量流入持欢迎和默许的态度，来自温州和福建侨乡的众多移民得以集中地在几年时间里大量聚集到普拉托来发展。一开始这些移民仅为当地纺织服装企业从事服装外贸加工。进入 21 世纪以后，由于中高端产品市场的疲软和居高不下的生产成本，一些当地企业面临倒闭的困境，越来越多的国外移民，基本是以温州籍为主的华人，通过收购企业或者自己创业，从开成衣厂起步，再陆续发展到相关行业，逐渐形成了以 800 多家裁剪公司为龙头，2400 多家车衣工厂为主体①，外加水洗、染色、印花、烫整、配饰等配套生

---

① 2012 年普拉托有华人制造业企业 3675 家，大部分是服装企业，有 3200 家，我们的调研过程中，一般的一个裁剪公司都有 2～3 家的车衣公司为其服务，平均是 2.78 家。其中部分的车衣加工厂是为单一的服装公司服务的，部分是为多家公司服务。所以大致按此比例，将 3200 家服装企业划分为 846 家裁剪公司和 2354 家服装加工厂。

产和加工企业，而且还陆续延伸到织布、布匹等原材料生产交易行业。温州商人延续了普拉托中小企业办厂模式，其雇佣的员工多为温州周边地区人士，成本优势明显，加之充分利用了"意大利制造"的高附加值品牌，产品物美价廉，在欧洲深受欢迎。

普拉托的温州人，从个别试探到大量涌入，从为意大利企业主代工，到自己创建加工厂，再到自己成立裁剪公司，成立进出口贸易公司，进而延伸到服装产业链的各个环节，推动了普拉托快时尚产业（PRONTO MODA）集群的发展，并逐步催生普拉托的餐饮、电信、娱乐、中介等生活服务行业，构筑了地处欧洲的"温州城"，这也成为温州商人嵌入国外集群发展的典型形态。普拉托快时尚产业集群网络的演化与温州本土服装产业集群网络演化具有非常相似的演化路径和结构。以下将通过对这两个产业集群演化历程的比较，分析其社会关系网络、市场关系网络和创新关系网络在集群演化中的协同作用与相互关联。

二 普拉托服装产业集群的演化过程

（一）普拉托快时尚产业集群的运作

"快时尚"一般是指通过国际大牌最新款发布会及其他渠道搜集时尚信息进行整合设计和生产销售，产品从设计到销售最快时间为 12 天，价格不及国际大牌类似款式的 1/10。"快时尚"每一款成衣的生产数量都很少，这样不仅减少单款的陈列，同时人为制造稀缺，带动购买欲。同时，"快时尚"每年生产的服装款式是一般企业的 3~4 倍，产品每周更替，货物售完不会再有重复款上架。"快"是指快时尚服饰始终追随当季潮流，新品到店的速度奇快，橱窗陈列的变换频率更是一周两次。例如 ZARA、H&M、UNIQLO，中国的 Me&City、MIX-BOX 和 37°Love，等等。快速、超高频率更新的快时尚，永远追随潮流的特点，让追求时髦的人趋之若鹜，扎堆采购。

在意大利，中低端服装的生产、制作几乎都在普拉托，普拉托制造的服装约占意大利的 30%。这里生产的服装价格便宜、款式新颖，主要销往意大利及其他欧洲国家的中小商店和超市。另外，普拉托以快速和大批量的服装供应在欧洲闻名，欧洲最时尚的产品只要有客人要求，普拉托的华人都能够在不侵权的情况下进行克隆。客人按样订货，普拉托的华人批发企业一夜之间可以生产数万件，这在服装业内也应该是一大奇迹。按照一个当地老板的说法，"我们温州人在普拉托生产服装的时尚程度，像温州的海鲜一样新鲜"。普拉托的温州商人成就了普拉托在意大利，乃至在全欧洲的快时尚产业中心的地位。

处于普拉托快时尚产业链高端的服装公司，也就是华人常说的裁剪公司，基本上从事服装批发行业。这些服装公司一般聚集在郊外的伊欧楼（IOLO）和达沃拉（DVLO）两大工业区。伊欧楼工业区华人企业占 95% 以上，达沃拉工业区华人企业占 40% 左右。这些企业一般拥有自己的或租赁的店面，负责面料选择，板式设计，样本打样，吸引客户，承接订单。裁剪公司只负责布料批量的裁剪，不做缝制的工作，而让大量独立的车衣加工厂承接加工服务。车衣车间加工完成之后，需要染色和印花的，或者需要再增加一些水晶、珠子等配饰的，这些工作大多由配套的外加工企业在普拉托本地完成。这些配套的外加工企业大多由温州商人自己创建或者从意大利业主并购。由于都在普拉托，所以一般可在半小时交通圈内完成。而且加工时间也非常及时，大多是即时现场加工完成的。裁剪好的布料经过外加工，回到裁剪公司已经变成了加工好的成衣，服装公司最后负责成衣的验收、烫整、挂标签、包装、打包，最后通过温州人开设的物流公司，送达意大利国内，或者欧洲，甚至世界市场。从客户下订单到客户收到成衣，时间短，成本低，普拉托逐渐成为欧洲快时尚中心。

（二）普拉托快时尚产业集群的演化过程

1. 诞生阶段：1987～1992 年

从 1987 年第一个温州人来到普拉托，到 1992 年第一个专门供应成衣专用线锭的温州人企业出现，标志着为普拉托当地服装企业提供配套加工服务的温州人车衣加工集群的形成。

1987年开始的两次意大利大赦，成为温州人到普拉托的重要契机，因为大赦所提供的制度支持为后续温州人集群发展提供了保障。20世纪80年代以来，中国的改革开放促使大量温州人出国"淘金"，其中一部分是非法进入或者滞留欧洲的。当时，无论是从其他国家辗转过来，还是本来就在意大利滞留的温州人，都是为了获取意大利合法居留身份，这也是他们日后创业的必备条件。由于法国、德国、荷兰等其他国家的居留申请比较困难，所以意大利的大赦成为欧洲华人获得合法身份的重要契机。由于历史原因，温州人在欧洲人数众多，联系密切，所以意大利大赦的传闻，早已经传遍了整个欧洲的温州人网络。

那么意大利有那么多城市，为什么普拉托会成为温州人大赦的集中选择地呢？主要有四个原因。

首先，普拉托当时严重缺乏劳动力。普拉托当时有很多的中小纺织企业，而本地的意大利青年人，并不愿意从事如衣车工这样繁重的手工劳动，普拉托纺织产业的发展面临巨大的危机（Gabi，2012）。普拉托当时可以为外来的移民提供大量的就业机会和创业机会，所以很多温州人闻讯纷纷来到普拉托。

其次，普拉托周边佛罗伦萨的温州人起到重要的中介和放大作用。作为温州人在意大利乃至欧洲的一个中心，也是第一个最重要的据点，佛罗伦萨往往是温州人到欧洲后的第一站。普拉托距离佛罗伦萨仅30公里左右，当地的温州人具有信息的优势。1990年前后，佛罗伦萨的华人经济经历了一次危机。当时有超过2000名华人（多数为温州籍）聚集在佛罗伦萨圣多尼诺，主要从事箱包加工业。由于人多为患，激起了当地意大利人对华人的不满，他们认为华人不讲文明，不注意卫生。当然更多的还是经济原因，意大利人认为是中国人抢走了他们的箱包生意。当地居民通过各种抗议活动要求华人搬离这个区域。因此，距离最近的普拉托自然成为佛罗伦萨温州人寻找新的创业地的首选。更多的温州人，通过他们在佛罗伦萨的温州人网络最终也来到了普拉托。

再次，佛罗伦萨的温州人凭借独特的社会关系更容易在普拉托服装业立足。佛罗伦萨的温州人大部分来自温州的文成和瑞安，他们的很多亲戚、朋友原本在法国从事服装产业，具有服装生产的技术优势；而在佛罗伦萨的温州人已经在意大利生活和工作了一段时间，具有当地语言沟通便利和资金优势。温州人之间合作的模式通常是：从法国来的华人到佛罗伦萨找到他们的亲戚或者朋友（可以是很远的关系），然后共同去普拉托设立车衣加工厂。原来在佛罗伦萨的温州人利用语言优势开始在普拉托人的公司承接服装代工的业务，而他们从法国来的亲戚则利用技术优势负责组织生产。这一创业模式不断在普拉托成功复制。原来在佛罗伦萨（或者意大利其他城市）的温州人，可能是做箱包的，或者是做鞋的，也开始学会了如何从事服装行业；而来自法国或者欧洲其他国家的温州人慢慢学会了意大利语。同时，在这个过程中，他们都接触了服装产业链上下游的不同环节。温州人对产品和市场有了更多的理解，对整个产业链的分工协作也有了更深刻的思考，为他们将来从事为服装产业服务的水洗、印花、染色等配套产业的发展打下了基础。

最后，要归功于当时普拉托政府实行的优惠措施。为吸引各国的移民到普拉托定居，作为对当时普拉托纺织业和服装业急缺劳动力的补充，普拉托政府出台很多鼓励措施。比如，移民可以利用工厂作为居留的登记地，这也就是客观上容忍了以后遭受诟病最多的混居现象。当然，后来这些被默认的优惠并没有被普拉托政府正式认可。

在这样的情况下，第一批温州人很快就在普拉托扎根了。除了车衣工厂外，一些专门为华人配套服务的机构开始出现。1992 年，普拉托华人首家中国货超市——三圣超市成立，超市一楼卖食品，二楼卖日用品，解决温州人家庭日常生活用品的来源问题。还是在 1992 年，首家华人中餐打包店出现，解决了长时间工作没有工夫自己做饭的华人的就餐问题。诸如此类的服务性企业的涌现，解决了后续新来劳动力的各种生活问题。从此，一个以温州人社会关系网络为基础的产业集群得以建立，市场网络和创新网络也得到不断发展。

2. 成长阶段：1993～1998年

从 1993 年的第一家手工裁剪工场，到 1998 年第一家华人裁剪公司的出现，以及众多配套的加工和服务业的不断出现，普拉托众多商会开始成立，标志着温州人企业步入快速发展的轨道，逐渐进入产业链的高端领域。

三缘（血缘、乡缘、业缘）关系促成了普拉托温州人的快速聚集，温州人社区像滚雪球一样，越滚越大。一旦社会关系网络的联系形成以后，温州人之间技术传播速度非常快。因为在国内就已经存在的亲戚朋友关系，到了普拉托后，这个社会关系网络就开始发挥作用。只要网络的节点足够多、网络发生关系的机制确定，就可以解决几乎所有的问题。站稳脚跟的温州人开始从老家带亲戚来帮忙，而老家的同乡一旦听说普拉托容易立足和发展，就会跟着跑来找工作。①

在此期间由于大赦的关系，新鲜劳动力不断涌入。不断有温州人打工一段时间后，会离开原来的工厂，成为一家新开车衣工厂的老板。他又要吸引新的劳动力帮他干活，于是又要将国内或者欧洲其他地方的温州亲戚朋友移民到普拉托来。如此往复，推动企业不断分裂、不断扩张，后续的劳动力会不断地跟进，温州人的新工厂逐渐增多。这样的创业模式逐渐传播开来。

由于企业主所需的劳动力、技术、市场都是慢慢积累而成，而且在产业链延伸过程中，经营线锭、纽扣等辅料的企业就自然从车衣工厂中分化出来，其他的加工业也会应运而生。因为普拉托的温州人人数足够多，华人群体足够大，所以一定会通过遍及意大利以及欧洲其他国家，甚至国内温州人网络的各个节点，把最需要的温州籍技能人才，通过正规的劳务输出协议，或者非正规的偷渡，移民到普拉托来。所以，普拉托华人群体所需的各种专业技能人员，无论是生活服务上需要的技工，如厨师、理发师、摄影师等，还是服装配套加工生产的专业人员，如电工、保全工、泥瓦匠、装修工

---

① "就拿我的家族来说，我是家族中第一个到欧洲的，现在我的 5 个兄弟姐妹，已经有 4 个在欧洲。"徐秋林说，"算上他们的子女就有二三十个人，再加上表亲，由我直接或者间接带到欧洲的就有将近 100 个人。刚开始创业时，需要自己的家人过来做工、帮忙，这是很重要的"。这是欧洲的一个华人媒体对徐秋林的采访。

等，大多来自温州地区（后来也有来自福建和东北地区的），慢慢集聚到普拉托，初步形成了温州人自己的、相对封闭的产业链和生活圈。

1995 年，普拉托的首家手机店和旅行社出现。手机的流行极大加快了温州人信息网络的传递速度；旅行社的出现，也为温州人往返国内外提供了便利的交通。借助访谈发现，1993 年前后普拉托出现了一家类似于中国裁缝铺的小工场。老板是一个瑞安人，他们一家四口人开办了一个手工裁剪的服装加工厂，专门为"买撒客"（即没有固定市场，在城市和乡镇中流动，主要为移民和意大利底层消费者提供低档产品的小商贩）生产低档服装。这个小工场可能就是以后众多在普拉托的温州人快时尚产业企业（PRONTO MODA）的鼻祖。

在服装产业快速发展过程中，会有很多温州人跟当地居民甚至普拉托政府发生各种关系，比如定居手续、开设工厂、租买房屋、缴纳税收等。而且还会出现温州人内部的一些纠纷，如家庭问题、劳资矛盾等，迫切需要一个华人机构出面协调，该机构能够作为整个华人群体的代表，处理各类关系。所以，1997 年 2 月，作为意大利华商会分支机构的普拉托华商会成立，普拉托的华侨华人联谊总会也几乎同时成立，还有普拉托佛教会等华人组织也纷纷酝酿成立。1998 年，一家叫"范佬"（音）的温州人裁剪公司，雇用了第一个意大利设计师员工，开始了温州人企业对接意大利专业人士的阶段。

3. 成熟阶段：1999～2008 年

1999～2008 年，普拉托出现了专门的贸易公司和布料行，快时尚产业的配套日趋成熟，温州人逐渐成为销售市场的主力。与此同时，温州人与当地居民和企业的矛盾开始显现。

在此阶段，产业集群中逐步出现了专门从事印花、染色等服装生产配套的温州人企业，而原来这些行业都由当地人经营；也出现了从中国进口服装从事市场批发业务的国际贸易公司，以及专营从中国内地进口布料的普拉托布料行。同时，温州人的裁剪公司也越来越多，开始在 IOLO 立足，最后因场地不够又发展到 DVLO，普拉托的两大工业区已经基本成为温州人企业的天下。同时，普拉托快时尚产业集群的销售市场逐渐扩展到中东、亚洲和美洲等欧洲以外的其他地区，快时尚集群产业逐渐进入成熟期。

普拉托快时尚产业的合作模式基本上是差不多的，主要是通过裁剪公司的龙头作用，整合全产业链。一般是龙头的裁剪公司将已经定版的服装大批量地裁好布料，根据订单批量的不同，散发给不同的车衣加工企业。发展到一定阶段，温商会逐步联合进入水洗、印花、染色等相对需要高投入和专门技术的配套加工企业，同时还有部分温州人会进入为温州人的裁剪公司提供原材料的贸易行业。这个阶段是温州人在普拉托发展最快和最为成熟的时期。

4. 冲突和艰难转型期：2009年至今

从 2009 年开始，一方面华人企业与当地居民冲突加剧，华人企业间的竞争也更加激烈；另一方面，受全球金融危机和欧洲主权债务危机的影响，普拉托快时尚产业的市场萎缩，产业集群出现衰退迹象，进入艰难的转型期。

2009 年以来，华人与当地社团的冲突日益激化。受中右联盟支持的罗伯托·琴尼，2009 年在普拉托市长选举中获胜，终止了 63 年来普拉托市一直由中左派掌权的局面。随着新政府上台，对当地华人企业整治力度明显加强，华人受到的冲击加大。当地政府更曾派出 50 多名现役军人协助警方维持治安。在和平时期派军人维持治安，这在意大利尚属首次。2011 年 6 月，意大利警方在普拉托以及周边的佛罗伦萨、比萨等地针对华商进行了较大规模的整肃行动。据警方的声明，行动查封了 70 家华商企业，扣押了价值2500 万欧元的财产。警方称，经长达一年多时间的调查，"这些企业涉嫌通过低价雇用未经登记的劳工，还销售仿冒品获得高额利润，并将非法所得汇回中国"。意大利警方多次采取类似行动后，华商和当地政府之间的关系变得更为紧张。

这个时期，发生在 2013 年 12 月 1 日普拉托的火灾（简称"12·1火灾"）是最为重大的事件。这场火灾导致 7 位华人死亡，3 人受伤。由此，普拉托华人企业的工作环境和生活模式，受到了意大利和西方社会极大的关注，引发很多的争议和批评。"12·1火灾"事件发生以后，更是直接导致了酝酿已久的针对普拉托、佛罗伦萨和恩波利三省华人企业的大检查。当然，华人企业在应对检查中，也是各有对策。2014年6月，警方在对普拉托郊外企业的检查过程中，偶然间发现了一家作坊式华人服装加工厂。经核查，该企业由一名49岁具有合法居留权的华人经营。让检查人员感到不理解的是，这家华人企业根本没有办理工商注册登记。这是普拉托警方在针对华人企业检查中，首次发现无照经营的华人企业。针对目前的环境，一些华人企业可能就会更加短视，不会考虑长期发展。如果双方的冲突持续，将会对普拉托的快时尚产业发展造成重大影响。

近年来，随着欧洲经济的持续困难，普拉托快时尚产业市场越发低迷。随着华人企业的增多，企业间竞争加剧，盈利减少。据意大利普拉托商会2007年的调查报告显示，2006年普拉托市外国人企业增长了22.2%，而华人的新增企业最多，占企业增加额的10.8%，而且呈继续增长的趋势。大量同质化华人企业增加的结果，就是导致普拉托的服装生意竞争异常激烈。华人企业内部恶性竞争，相互降价，甚至允许客户赊账。由于欧洲经济的不景气，各地销售商的进货量与过去年份相比下降了很多，生产商只有削减工人工资、降低成本来维持生计，普拉托快时尚产业的发展陷入恶性循环。

普拉托一直是欧洲纺织服装产品的主要集散地，过去普拉托的服装批发业基本上掌控在意大利人手中，服装行业的利润相当丰厚，一件服装从生产到批发最少也要有几欧元的利润。现在意大利人几乎被华人挤出了服装行业，华人在普拉托服装批发市场独占鳌头，但华人批发商每件服装的利润却降到了零点几欧元，生产商的加工费更是少得可怜。

为什么在意大利人掌控普拉托服装批发市场时，该行业的利润丰厚，当华人取而代之时，行业利润却少得可怜，这恐怕与华人企业间的无序竞争不无关系。意大利企业经营者一般都是墨守成规，经营模式比较老套，而华人正是凭借着灵活经营，在普拉托占领了原本属于意大利人的市场份额，但灵活之中华人企业之间的恶性竞争又把华人企业推向了新的危机。普拉托华人华侨联谊会秘书长陈洪生在接受记者采访时说①，2011 年的生意不太好，不少华人企业关门。虽然这两三年陆续有华人回国，但今年回国的人更多，其中一部分人本就没有身份，经济状况不好，再待下去也赚不到钱，还有一些是受到打击的企业家，有的被罚款几十万、上百万欧元，有人甚至面临走私、行贿等起诉。陈洪生还说，经济危机对普拉托影响很大，整个欧洲市场购买力都在下降，订单缩水严重。一位当地华人老板说，2011 年生意很惨淡，他的销售额比过去一年下降了 30% ~ 40%。

这个时期，普拉托的华人企业仍然在增加，但市场开始出现萎缩，与当地社团的冲突不断，竞争加剧，利润减少，普拉托的温州人快时尚产业企业目前正处于困难的转型期。

三 普拉托和温州服装产业集群发展的网络演化解释

历史证明了产业集群的成长过程存在某种生命周期形态，存在一个从形成到衰退的过程。Tichy（1982）从时间维度考察了产业集群的演化过程，将产业集群的生命周期划分为诞生阶段、成长阶段、成熟阶段和衰退阶段，如果考虑普拉托的实际情况，我们认为可以将普拉托的快时尚产业集群划分为诞生阶段（1987 ~ 1992 年）、成长阶段（1993 ~ 1998 年）、成熟阶段（1999 ~ 2008 年）、冲突和转型期（2009 年至今）。集群产业的发展过程就是集群网络的演化过程，主要表现为集群网络结构的不断优化。随着集群的发展，集群中形成的社会关系网络、市场关系网络和创新关系网络也在不断优化，集群内节点关系不断合理化、有序化和高级化。

普拉托快时尚产业集群经过短短二十多年的发展，便获得了欧洲快时尚中心的美誉，可以有很多的解释。Gabi（2014）教授应用工业区及相关理论，很好地解释了这个集群的起源和发展。为了更好地解释普拉托独特的现象，以下我们将从集群网络演化的角度，尤其是集群社会关系网络、市场关

---

① 新华网：《华人感叹普拉托在走下坡路》，2011 年 12 月 15 日。

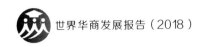
系网络和创新关系网络的演化，结合与温州的比较，解释普拉托快时尚集群的发展历程。

集群网络是由网络的节点和节点之间的连线构成的，节点和节点之间的连线是网络构成的两个基本要素。集群内节点间的关系从性质上分为三类，分别是基于信任的社会联系、基于契约的市场联系和基于联盟的交易联系①。考虑对于集群功能和节点间的关系性质，我们可以将集群网络分为社会关系网络、市场关系网络和创新关系网络。首先，任何一个集群都存在着由集群的社会个体（人）为节点，以它们基于血缘、地缘、业缘等信任联系所构成的社会交往关系，这些节点间的连线结成了集群的社会关系网络。社会关系网络主要维持集群内的最基本的人与人的社会交往。其次，产业集群的市场交易是由原材料供应商、产品生产商、产品销售商以及其他服务于产业集群的管理、运输、饮食服务等中介机构组成。这些企业组织之间纵向存在市场交易关系，横向存在市场竞争关系。由集群内部的各个市场主体，包括供应商、生产商、销售商、中介机构等为节点，以它们之间基于契约的市场联系为基础，结网形成了集群的市场关系网络。市场关系网络通过契约关系维持了市场主体的交易关系。最后，集群内许多具有创新能力的企业的研发部门、当地大学、科研机构、政府部门，对集群的创新起着规划、引领等作用，它们间的联盟联系②，推动了集群创新的发展。在集群内将这些基于联盟联系的节点结网，就形成了集群的创新网络。社会关系网络、市场关系网络和创新关系网络，是集群内三种不同类型的网络，其中社会关系网络是最基础的网络，决定了市场关系网络和创新关系网络的发展，同时市场关系网络和创新关系网络也相互影响，产业集群网络实际上是由社会关系网络、市场关系网络和创新关系网络叠加而成的一种复合网络。三种网络的协调方式和发展路径决定了集群发展的速度、质量和可持续性，也决定了集群

---

① 李志刚、汤书昆、梁晓艳、赵林捷：《产业集群网络结构与企业创新绩效关系研究》，《科学学研究》2008 年第 7 期。

② 郑胜华、丁元杰：《联盟能力、创新网络与创新绩效关系的实证研究》，《浙江工业大学学报》（社会科学版）2016 年第 1 期，第 18～24 页。

网络的演化形态。

下面我们将分别对三个网络在普拉托快时尚产业四个阶段中各自的发展路径与相互作用关系进行分析。

1. 诞生阶段：1987～1992年

在快时尚产业集群的诞生阶段，普拉托温州人利用了其复杂和庞大的社会关系网络，成功地吸引了众多的温州人源源不断地进入普拉托，使其成为普拉托最多的外国移民群体，并且与当地的意大利企业和社区建立了初步的合作关系。同时通过遍及意大利和欧洲的温州人社会网络初步建立了快时尚产业的市场关系网络，创新关系网络在这个阶段尚处于萌芽状态。这个阶段，主要是建立了温州人内外部的社会关系网络的雏形，为市场关系网络的产生构建了平台，为创新关系网络的发展奠定了基础。

（1）社会关系网络

在普拉托快时尚产业诞生阶段的初期，也就是1990年前后，普拉托的纺织业面临劳动力极度短缺的困境，而当地意大利的年轻人却不愿在当地纺织企业承担繁重的劳动（类似于30年后的中国南方城市的青年人）（Gabi，2014）。因此，借助温州人内生、复杂而庞大的社会关系网络，源源不断地吸引在意大利和欧洲其他地方甚至还远在中国国内的温州人到普拉托来。

当时佛罗伦萨是温州人在意大利甚至欧洲的社会关系网络的中心。1990年前后，佛罗伦萨已经逐渐替代巴黎成为欧洲的箱包中心，有2000多名温州人[①]从意大利和欧洲各地来到这个城市，主要从事箱包的加工、零售和批发，而且经佛罗伦萨重新到意大利和欧洲各地开发新的箱包市场的温州人也非常多，这样就形成了在欧洲的温州人网络。

当时意大利的几次大赦，成为很多温州人获得在欧洲居留的一个重要契机，因此他们通常先来佛罗伦萨，再转到普拉托办理大赦手续。当时来这两个地方的华人，尤其是温州人非常多。中国前驻佛罗伦萨总领事李润甫先生曾向《欧洲时报》记者回忆了2002年意大利大赦时期的情景：那段时间，

---

① 来自佛罗伦萨张会长访谈记录。

每天来总领馆办各种证件的中国侨民不计其数，"总领馆内外都是人，而且把邻近街道挤得水泄不通"。另据佛罗伦萨访谈的华侨回忆，第二次大赦，也就是在 1990 年前后，在佛罗伦萨和在普拉托市，都设立了大赦的临时办事点，也出现了同样的情况，"很多人为了能拿到号彻夜不眠，等候在小广场上"。意大利人搞不懂为什么会一下子出现这么多中国人，而且他们竟能够在两个多小时里就聚集起 4000～5000 人，而他们自己这里要组织一次这样的聚会，起码需要半年。

其实，对于温州人这个现象是非常容易理解的。由于佛罗伦萨作为当时意大利温州人的社会关系网络的中心，通过亲缘、血缘和乡缘等各种社会关系建立的强弱联系，吸引各地的温州人到普拉托办理大赦手续，并在普拉托就业和创业。由于当时在意大利和欧洲，具有合法居留身份的温州人并不是很多，大多数偷渡出去的温州人群体还没有机会解决合法居留问题，因此这个人群一直关注如何利用大赦的机会获得身份。无论在意大利的温州人，还是在欧洲其他国家的温州人都一直保持联系，寻求各类信息，准备随时到意大利登记大赦。而且当时的规定，获得大赦身份需要一个工作岗位。因此，普拉托需要工人，当局又出台了一些优惠措施，先期到佛罗伦萨的温州人近水楼台先得月，凭借懂意大利语的优势和对意大利经营环境的相对熟悉，自然就成为能够在普拉托开设工厂的企业主的最佳人选。普拉托 1991 年有登记的华人只有 1009 人，到 1995 年则超过了 5000 人[①]，就可以说明这段时间成为普拉托吸引温州人到来的一个重要阶段。

温州人到了普拉托以后，开始开设车衣加工厂。懂意大利语的人，出去找意大利的裁剪公司承接车衣的加工业务；而懂技术的人，主要是来自法国的温州人，因为他们原来偷渡前往法国的时候，大部分人主要在巴黎及周边地区从事服装加工。

在产业集群的诞生阶段，温州人通过在普拉托生活和工作，将温州人整体的社会关系网络嵌入当地意大利人的社会关系网络。如果要把温州人的社

---

① 来自普拉托一个华商的访谈记录。

会关系网络相对地加以内外区分的话，他们原来固有的社会关系网络是属于内网，而与普拉托当地意大利人的社会关系网络就属于外网。温州人进入普拉托，将内网与外网建立了链接。在产业集群的诞生阶段，内外关系网络是互补的。因为无论是意大利企业主还是意大利的房东，各自得到了急需的进行车衣加工的劳动力和比较慷慨的房客，所以他们对于温州人采取欢迎的态度。早期温州人甚至在路上就可以随意搭意大利人的顺风车，这反映了两个市场主体之间良好的合作关系。

（2）市场关系网络

正是通过温州人的社会关系网络，持有合法居留证的千万温州移民从此踏上了创业征程，而且建立了初步的市场关系网络。最初的市场关系主要是意大利裁剪公司与温州人成衣加工工场之间的关系。作为分包商或转包商，温州商人在这个市场关系网络里是比较弱势的，属于从属的位置。1989年创立的第一家温州人车衣加工场，为以后温州人来普拉托树立了一个非常好的典范，也成为市场关系网络的一个原始节点。1992年成立了华人第一家服装加工线锭批发和零售企业，这也是市场所急需的温州人自身的分工协作关系。同年还在普拉托出现了第一家华人的中国货超市，成为温州人的社会关系网络向着市场关系网络拓展的一个案例。

在产业集群的诞生阶段，集群内部主要还是以社会关系网络发展为主，市场关系网络和创新关系网络尚处于萌芽状态。温州人原来在中国国内存在的"三缘"关系延伸到了普拉托，社会关系网络为普拉托的温州人提供了更多的资源以及更广泛的市场机会，成为以后市场关系网络和创新关系网络发展的基础。

2. 成长阶段：1993～1998年

在成长阶段，温州人内部的社会关系网络得到深化和发展，开始出现了各类的商会或同乡会，社会关系网络的密度增加；市场关系网络发展加快，出现了第一家华人的裁剪公司，也出现了手机店、旅行社等配套服务机构；创新关系网络开始出现，温州人企业从支付意大利人设计费逐渐发展为直接雇佣意大利设计师。

（1）社会关系网络

随着更多的华人移民，主要是温州人的到来，华人与意大利人之间，华人与华人之间，慢慢就会出现一些矛盾，已经不能单凭华人个体的力量来处理，因此迫切需要有一个华人组织出面协调和帮助解决各类矛盾。在成长阶段，温州人社会关系网络得到深化的一个最重要标志是 1997 年成立的普拉托华商会和普拉托华侨华人联谊总会。以普拉托华商会为例，该商会始建于 1997 年 2 月，全称"意大利华商总会普拉托华商会"，是普拉托最早成立的以温州人为主的商会，有一百多个会长团成员。根据商会网站所示，该商会的宗旨为"促进意中两国间的经济、贸易和文化交流与发展，促进两国人民的团结和友好往来；互助协作，维护华人华侨合法权益，帮助侨民了解和遵守当地法律法规，鼓励侨胞融入主流社会；为繁荣居住地的经济和文化事业贡献力量"。华商会是一个非营利的志愿者社团组织，会员以企业家为主，吸收住所在意大利的华人和意大利人企业及个人为会员，也接纳住所在中国的企业及个人为会员。现有成员经营的行业包括服装、皮包和皮鞋加工、餐饮、贸易、超市、旅游、建筑、酒业、进出口贸易等。目前商会已经产生六届会长①。

从商会宗旨来看，商会的工作主要分成两块，一是促进华人企业与当地企业的合作和融入，即推动温州人内外社会关系网络间开展充分交流；二是华人企业间的协作与维权，主要关注温州人内部社会关系网络的调整与维护。普拉托其他商会或同乡会的宗旨和组织性质与此相差不大。成立各种商会的作用是更好地为温州人和温州人企业在普拉托的发展提供话语权，促进温州人的社会关系网络从无序到合理有序和高级化的演变。

商会成立以后大多围绕上述两个方面去做工作。历届普拉托华商会会长，每年都会参加政府组织的关于移民问题的工作会议，代华人说出心声，代华人提出要求，使得普拉托市政府和移民局对华人的问题更加重视和尊

---

① 第一届、第二届（1997～2000 年，2001～2003 年）会长：董文扬；第三届、第四届（2004～2006 年，2007～2009 年）会长：何坚；第五届（2009～2011 年）会长：赵维新；第六届（2012～）会长：王增理。

重。同时商会也给普拉托当地机构提供帮助，如1998年捐款给普拉托医院，帮助购买急救车等。商会也会做一些工作，大力协调会员关系，维护委员权益，如处理会员之间的纠纷，甚至要解决会员的家庭矛盾。这些工作，都推进了温州人社会关系网络向深度和广度发展，强联系与结构洞的确立不仅形成了基于"三缘"关系的高密度的内部社会关系网络，也逐步推进了与当地意大利人及其企业的关系。

（2）市场关系网络

由于产业链进一步分工，特别是温州人开办裁剪公司以后，很多成衣加工场开始与裁剪公司合作，同时也出现了车衣加工场间相互转包等不同的合作形式。而且在1998年前后，还出现了一些专门从中国进口布料到普拉托的批发企业。市场关系的扩展和延伸迫切需要对温州人之间交易关系的契约治理进行完善。虽然，温州人的社会关系网络可以帮助建立最早的市场关系，但是由于人数众多，在普拉托会出现更多根本找不到有效联系的温州人。这些相互认识或不认识的温州人，都需要在交易市场上以订单、合同等形式，确定契约关系，集群的市场关系网络得以顺利发展。当然，由于温州人的社会关系网络非常发达和紧密，很多早期市场关系的契约并不非常规范，甚至没有合同等文本，简单到在单据上签字即可，甚至很多是通过口头协议确立的。随着温州人企业的增多和分工的细化，更多的市场关系得以建立，集群的市场关系网络也慢慢扩展。

（3）创新关系网络

在此阶段，创新工作的主要任务还是服装款式的设计问题。很多温州人初到普拉托时，大多给意大利服装公司打工，做一些初级的车衣工作。待他们做老板之后，就雇佣当地的意大利人提供最新服装款式信息，每月支付2000～5000欧元的信息费，唯一的条件就是不得将"情报"同时提供给华商竞争对手，所以几乎每家华人服装商都有自己的信息来源。集群的创新网络节点，就开始链接到意大利企业原来的创新体系上，但当时还是非常零散、不系统的弱联结。华人自己的创新工作大多就是模仿或者直接复制。

在集群成长阶段，集群网络开始发生变化。温州人在保留已有社会关系网络的基础上加大了网络重构活动，以期与能够获取关键资源的当地社会关系网络形成对接，在注重内部社会关系网络的优化和高级化的同时，市场关系网络通过各种契约形式得到了加强，部分社会关系网络转化为市场关系网络，从信任关系转变为契约关系。创新关系网络还是利用了社会关系网络的外部溢出效应，零散地融入意大利企业原来的创新体系，借助意大利企业的创新网络建立其创新资源的传递通道。集群成长阶段中三种网络的互补关系得到了更多的加强。

3. 成熟阶段：1998～2008年

集群的社会关系网络、市场关系网络和创新关系网络在成熟阶段均得到了很快的发展。温州人的外部社会关系网络很好地帮助企业融入了普拉托的经济，而内部社会关系网络则更多偏重将网络联系强化，成立更多更细、更专业的组织，更注重对人的关怀，如教堂、佛教会、妇女会，甚至成立了温州侨乡各个镇、村的同乡会。市场关系网络则围绕产业链快速拓展，几乎覆盖了产业链的各个环节，裁剪、车衣、染色、水洗、印花、配饰等生产环节都有温州人企业参与，而且在原材料供应、物流运输、金融、生活服务、租赁、中介等环节也有温州人企业进入。市场关系网络逐渐成为普拉托温州人的最重要的关系网络。创新关系网络也得到发展，温商收购或者创立拥有电脑印花、自动裁剪机、自动印染机等创新设备的企业，出现了华人自己的设计师、会计师、律师等创新节点，使得创新关系网络中心节点大量增加。另外，意大利籍的设计师、工程师、会计师等当地创新节点也融入温州人的创新网络，并逐渐形成创新关系网络的强联系。

（1）社会关系网络

在成熟阶段，虽然华人数量众多，但他们几乎集聚在自己的生活和社交圈中，很少和当地人交流互动。当地居民对华人社区快速膨胀也颇有微词，因为大量外来移民在较短时间内迅速涌入，使得卫生、医疗、教育、治安等一系列社会负担陡增，小小的普拉托显得有些容纳不下。由于华人和当地人生活习惯存在很大差异，温州、福建等地的移民在国内习以为常的生活方式在普拉托人看来属"格格不入"，双方又缺乏有效的沟通渠道，意见和矛盾自然日积月累。这个阶段，温州人社会关系网络更加注重关系融入的培育，特别是注重对慈善、文化体育事业的支持等，努力建立各种与意大利社会关系网络的联系。如普拉托排球俱乐部由于资金困难找到了普拉托华商会，通过会长们的带头作用很快为排球队募集了经费。商会还曾为意大利音乐家得白血病的女儿捐款。另外，普拉托的温州人还通过举办中国文化活动，邀请当地意大利人参与，以文化为载体将当地居民纳入温州人的社会关系网络，帮助温州人更好融入当地的生活。

（2）市场关系网络

普拉托温州人企业的经营活动基本独立于当地经济，当地温州人经济圈也越来越自成体系，很多企业几乎不需要和意大利经济体系构成任何"交集"就能发展下去。几乎所有快时尚产业集群内的生产服务和产业外的生活服务，都有温州人企业涉及，而且越来越专业和高级。有更多企业从裁剪公司分化出来转变为各种生产服务的提供商，如布料销售、染色、印花、水洗等，其设备和生产规模也逐渐提升。部分温州人转向生活服务，市场上陆续出现了海鲜店、酒吧、咖啡屋、蛋糕店、理发店、婚庆服务店、旅馆等新兴行业。这个阶段，普拉托快时尚产业集群中几乎所有的商业活动，都可以通过市场关系网络进行。在快时尚产品的采购商中开始出现温州商人的身影，这标志着一个重要的市场关系开始出现。早期来到普拉托的客户，基本上是来自意大利和欧洲其他国家，很少有温州人。2001年以后，意大利国内中国货的二道批发市场大量出现，原来从罗马批发的温州籍经营户，开始注意到普拉托快时尚产业的发展优势。普拉托代表了更新的款式、更快的速度、更小的批量、更好的销售。越来越多的温州籍服装经销商、批发商和零售商（包括卖散的人），都纷纷来到普拉托。在2005年前后，开始有来自欧洲其他国家的温州人到普拉托采购服装，而且逐年增加。集群内的市场关系网络开始延伸到欧洲和国际市场。

（3）创新关系网络

在成熟阶段，创新关系网络中的联结程度进一步加强，开始出现大量的华人（温州人）自己的设计师、打版师、会计师等。几乎每个服装公司都有自己的设计师。最常见的设计团队呈现如下状态：有 1～2 个专职或者兼职的意大利设计师，还有华人设计师；由于老板对市场有着敏锐的把控，有时候老板也参与产品的设计和订版；最后借助华人打版师对成衣设计进行修改和组合，能够较好地实现服装设计的创新。随着普拉托服装产业区对产品品质提出更高要求，温州人在产品工艺上的创新力度逐步加大，相继引入了新的电脑印花机、自动裁剪机和染色机等。但是，在关键的工序控制、设备操作和染色配方等环节，还需要意大利的工程师参与解决。在集群的成熟阶段，更多的意大利专业技术人才与温州人企业实现融合，构成了创新关系网络的标志性事件。但是，这些创新还处于非常初级的阶段。尽管在产品设计创新、工艺创新等方面有所突破，但在最关键的管理创新方面依然裹足不前，几乎还是老板＋老板娘的形式，没有管理制度，没有管理团队，没有职业经理。

在成熟阶段，集群内的三种网络，相比过去的两个阶段而言互动更为频繁，温州人在普拉托内部的社会关系网络不断转化为市场关系网络。随着温州人的社会关系网络逐渐延伸到意大利各地和欧洲其他地方，中国贸易城开始在欧洲流行。温州人是这些商城的主要经营者和开发商，而服装是各地中国贸易城（包括意大利以外的欧洲其他地方）最重要的经营品类。温州人的"三缘"关系自然就会将普拉托从事生产批发的温州人与二道批发的温州人联系起来，社会关系网络就会转化为范围更大的市场关系网络。同时，由于市场关系网络的发展，普拉托温州人的社会关系网络也得到加强。除去生意上的关系，在宗教信仰、慈善帮助、社区服务、华人联谊、权益维护等方面，市场关系网络也能够促进温州人社会关系网络的日益紧密，从而出现更多的华人组织。创新关系网络由于受到社会关系网络和市场关系网络的双重影响，加速了与意大利创新体系的接轨与融合。通过市场关系网络，与更多的高级服装设计师、高性能的技术设备供应商建立网络链接，创新关系网络也得到快速发展。创新关系网络，也会带动并促进社会关系网络和市场关系网络的有序演化。更多的高素质的意大利设计师成为温州企业主的朋友和伙伴，共同推动了企业的良性发展，这就是一个很好的佐证。

4. 冲突和转型阶段：2009年至今

在冲突和转型阶段，温州人原来的经营方式在当地遇到了越来越大的社会压力，当地社会越来越关注华人增加、华企"失控"造成的负面效应，甚至连部分当地官员也一直强调华裔族群融入当地社会、华人企业与当地企业融合产生的消极影响。温州人和温州人企业与当地人和当地企业的冲突逐渐升级，社会关系网络开始越来越多地遭遇网络内外的负面遏制，社会关系网络对市场关系网络以及创新关系网络的引领作用正在消退，无法深度融入当前普拉托快时尚产业集群，面临艰难的转型进程。

（1）社会关系网络

在集群内的温州人已经基本形成了人与人之间交往的规范，社会关系的内部网络基本得到稳定。商会内部开展的各种活动，进一步加强了会员之间的联系，而其他一些专门以温州人为主体筹建的组织，如天主教堂、佛教堂等也有更多的普拉托温州籍居民和其他华人参与。同时，分属于不同商会的温州人群体有了更多的沟通与交流，组织了一系列的合作项目。在与当地人的社会关系网络进行对接时，以整体华人形象出现，加大了华人在社会关系网络中的话语权。但是，与意大利社会关系网络对接时，华人仍旧处于弱势地位。

从2009年初普拉托新一届政府就职开始，温州人和温州企业的融入环境更加严峻，警方针对华人企业的检查从未间断。在各类检查中，问题集中表现在混居（吃住在工厂）、非法用工、没有合法身份、卫生差等方面，导致当地社会对华人的诟病不断，也引发当地人士对华人盈利模式的质疑。为此，普拉托华商会与普拉托手工业协会联合举办多次研讨会，研讨普拉托华人企业的安全问题和黑工问题，得到了当地政府的肯定。同时，为了解决工业区的治安问题，2011年，普拉托华人华侨联谊会、普拉托华商会、旅意福建华人华侨同乡总会、普拉托华人华侨佛教总会召开联席会议，共同商讨如何解决工业区的社会治安问题。时任中国驻佛罗伦萨总领事、当地知名侨领、企业界人士共同出席了联席会议。意大利著名教授、专家应邀列席会议，并对加强工业区安保工作提出了具体的建议和意见。普拉托华商会等所举办的各种与意大利人和意大利机构的对话和讨论等活动，就是在构建对外的社会关系网络。这些社会关系网络的构建，加深了当地意大利业主与温州企业主的相互理解，也让当地政府看到华商侨团的作用。虽然温州人企业与本土企业的冲突一直存在，但是社会关系网络的构建一直在持续，不断对受到侵蚀的社会关系进行修复。2014 年 9 月开始的、针对华人企业的"大检查"，是"12·1 火灾"后冲突的高峰，同时也说明温州人的社会关系网络在经历二十多年的磨合后依然未能与意大利人的社会网络完全融合。

（2）市场关系网络

2008 年的全球金融危机并没有给普拉托快时尚产业集群造成太大影响，相反，由于集群的定位是中档和低档的服装，因此一直到 2010 年，普拉托服装产业的整体形势依然上行。更多在意大利和欧洲其他地方的温州人愿意到普拉托来进货，进货的量也更大。在产业链的延伸方面，更多的温州企业从事布料进口，既有来自中国，也有来自土耳其等其他国家的布料。同时，在普拉托甚至还出现了温州人的织布企业，更好的印花、染色等配套企业也逐渐出现。市场关系网络的密度日益加强，普拉托内部的市场关系更为密集和强化。网络的边界也日益拓展，早已超出了普拉托的地域范围。但在 2011 年以后，普拉托市场同意大利的很多中国贸易城一样，遭遇了严重下滑的局面。特别是由于部分企业拖欠款、企业主跑人，造成了市场的重大恐慌，市场关系网络遭受重大的破坏。

（3）创新关系网络

普拉托华人企业总体特点一般被认为是规模小、个体经营多、生产水平和生产能力处于中下等。目前，普拉托还拥有一些意大利纺织行业的龙头企业，能够提供高质量的纺织原材料；而温州人的服装企业大多依靠进口中国布料，或者针对市场上已经有的布料进行二次开发，缺乏直接从布（原）料开发的源头创新。尽管普拉托本土企业呈收缩之势，但意大利政府希望普拉托在纺织业的美誉度能够长久保留。如果创新关系网络能够将意大利的创新资源融入，那么就可能使得普拉托纺织服装业继续保持其欧洲快时尚产业中心的地位。但是迄今为止，普拉托服装产业链的源头创新环节还未有温州人切入，服装集群网络的突破式创新能力有限。

普拉托政府也开始重视这方面的合作。普拉托前市长琴尼（Roberto Cenni）曾提出谋求与中方合作设立纺织工业技术研发中心，除了体现技术开发本身的优势，更希望通过引入政府资本谋求与中方的可持续的长久合作，为普拉托当地传统优势企业开拓新的发展之路。2010 年 2 月 2 日，提出此意向的省政府主席 Lamberto Gestri 建议同华商代表团举行协商会议，针对产业集团的协调发展问题制定相应条例，期望通过在两个区域间建立对话渠道，在法律条件下，达成合作双方共赢的方案。Gestri 解释道，"开通对话渠道是一个战略性的抉择，这一条道路可能会走得很漫长，却是必需的"。改变高压政策，从之前的竞争对手转变成盟友，共同走出经济危机，这将是普拉托华人企业与当地企业实现双赢的可行方案，也是对构建普拉托快时尚产业集群创新关系网络的前瞻性判断。

在冲突和产业转型的阶段，集群的社会关系网络继续向外部网络扩展，得到当地社会的一些积极反馈。意大利和欧洲各地的中国商贸城的温州商人已然成为普拉托快时尚产业的主要客户，市场关系网络在社会关系网络的推动下，不断向普拉托以外的地域拓展。但是，由于市政府领导人的更迭，延迟了产业转型升级的过程。由于创新关系网络受制于社会关系网络和市场关系网络，不稳定的政治预期使得创新关系网络的发展远远滞后于其他两个网络的演进。

在普拉托快时尚产业集群的演化过程中，温州人构建的社会关系网络、市场关系网络和创新关系网络也随之发生演变。通过与当地网络的对接和融合，温州人既学习了先进的技术、组织方式，同时也将意大利经济的一些阴暗面带进集群的发展中。由于官僚体制、贸易保护主义政策和有组织犯罪活动，不少人认为意大利是西欧商业环境最糟的国家。当然，在普拉托，经过数年的闯荡，商人们成功开拓了一种全新的经营模式。这里最常见的手法就是，开一家新工厂，在税务警察找上门来之前关门。然后换个名称，在原来的地方再经营，当然这时又可以用新的纳税编码，当然这需要见多识广的意大利税务顾问的帮助。而早在 20 世纪 90 年代，当意大利人委托温州人进行成衣加工的时候，早已按照这种模式施行，因而并非温州商人原创。根据我们访谈的结果，普拉托规模稍大的温州人企业，没有一家不曾被意大利企业拖欠款项。有的意大利企业主让女儿顶替父亲原来运营的企业并拒绝偿还巨额加工费；有的搬离原地址并在异地重新开业，不一而足。由于社会关系网络和市场关系网络的相互渗透，货款拖欠、业主恶意更迭等不良的经济关系开始在温州人企业之间、温州企业和意大利企业之间，服装公司和代工工厂之间，批发商和经销商之间频繁出现，阻碍了集群网络的有序演化。这也是社会关系网络、市场关系网络和创新关系网络发展的副产品。

四 普拉托快时尚产业集群演化中出现的问题

温州人的大批涌入促成了普拉托快时尚产业集群的形成与发展，普拉托在意大利乃至欧洲的快时尚中心地位也缘于集群网络的不断演化。由于集群网络中社会关系网络、市场关系网络和创新关系网络的发展未能在嵌入程度、网络密度、网络规模等层面形成耦合与协同，导致普拉托集群网络呈现局部失衡的问题，阻碍了集群网络的转型升级。

（一）文化嵌入程度较弱制约了社会关系网络的纵向拓展

1. 华商群体（主要是温州人）未能完全融入当地主流生活

在普拉托，温州人与当地人交流很少，仅局限于业务往来，很少涉及艺术、体育、教育等方面的深入交流。绝大部分温州人并没有融入主流普拉托居民的生活方式，做生意和赚钱是他们最大的工作和爱好。大部分在普拉托从事快时尚服装生意的温州商人掌握了基本的意大利语，在业务沟通上完全没有问题，但他们几乎不与当地人交流关于生活态度、艺术欣赏、体育比赛、教育发展等与生意不怎么相关的话题。由于温商群体与当地人群缺少沟通，无法形成共享的价值观与行为规范，导致相互之间的认知偏见与误解成为必然。

2. 华商群体的参政议政意识缺乏

目前在法国巴黎已经有多名华人担任各级议会的议员、市长，华人（主要也是温州人、青田人）参政议政的热情高，参与程度深，参与的人数也在一直增加。但普拉托的温州商人参政议政意识薄弱，无法借助政治渠道扩大社会资本的影响力与辐射范围。

3. 华商群体尚未承担社区的社会责任

虽然普拉托温商群体的经济状况与20世纪90年代初期比较，得到了很大的改善，但是他们对于所在社区社会责任的承担还不够到位，在环境保护、安全生产、税收缴纳、员工福利等方面未能承担相应的社会责任，与当地声誉好的意大利企业相比还存在一些差距。

（二）市场制度不健全导致市场关系网络发展不规范

1. 集群企业与当地意大利企业之间的付款方式不规范

由于温州人在早期为意大利服装公司进行车衣加工时，大多有过被欠加工费的经历，主要原因在于温州人与意大利企业的交易并没有完全按照交易的实际金额进行核算，部分交易是以现金的形式私下完成。上述情况不仅存在于服装公司与批发商、零售商之间的交易，也存在于加工企业与成衣公司之间的结算，甚至在温州人租赁当地人的房屋交易中也存在类似的支付方式。这样就会导致市场的交易额被低估，应缴税收相应减少。虽然温州商人之间的交易也存在类似情况，但紧密的社会关系提高了违约的机会成本，拖欠加工费的情况相对较少。最早到普拉托的温州人在与意大利人产生市场交易关系时，就没有明确的市场规范，这种商业习俗沿用至今。虽然目前意大利主流社会认为大量温州人内部之间的交易不规范，但究其历史原因，主要还是意大利本身税务环境的问题所致。制度的不完善导致市场契约纽带弱化，温州商人与意大利商人之间难以建立持续的商业信任。

2. 集群内部企业间相互欠款太多加大了现金链的偿债风险

由于普拉托快时尚产业的服装企业在进行批发业务时，经常没有办法一次性拿到全额货款，所以服装企业就会以此为理由拖欠成衣加工厂的加工费、布料企业的布料款、印花企业的加工费、衣架企业的货款、物流企业的货运款，甚至是中餐打包店的伙食费等，从而导致部分相关企业拖欠原料费，甚至是一线工人的工资等。若市场关系网络不规范，一旦一个环节或者某个企业出现了恶意拖欠，就会导致整个集群产业中所有的集群企业卷入这个恶性循环，整个产业的现金回流困难，债务链拖长，资金链脆弱，将影响普拉托快时尚产业的稳定发展。

3. 集群企业生存周期太短，无法培育品牌和品牌企业

根据普拉托商会 2008 年第三季度的统计数据，普拉托华人企业数量为3875 家，其中 2926 家企业从事服装产业，企业平均寿命为 18 个月。集群内华人服装企业的平均生存周期只有一年半，因而许多意大利媒体认为中国企业经常迅速开张，不久之后又关门大吉，以逃避检查。事实上，很多意大利的企业也是如此，企业的换名率比较高，以此摆脱债务风险。企业经常变更不仅不利于培育名牌产品，更不可能打造名牌企业。这方面与 PRADA、AMARNI、GUCCI 等意大利的百年知名品牌相比差距甚远。这也是当地人对华人企业的一个诟病。从普拉托 2013 年的特雷萨服装厂火灾事件调查中，我们也能够初见端倪。检方表示，当局花费了数月时间，以证实一名林姓女子是否为这家工厂的实际老板，而名义上的工厂业主只是一个幌子。检方认为，特雷萨服装厂是林姓女子在同一幢建筑内运营的第四家企业；而辩护律师则表示，该林姓女子只是特雷萨服装厂的一名雇员，从未拥有过任何注册在这个地址的企业。企业生存周期短是温州人为应对市场风险和政治风险不得已而为之的常见举措。

4. 集群企业的国际贸易汇款流程不规范

根据意大利银行的统计数据，普拉托向中国的汇款一直呈递增趋势，2009 年达到 4.64 亿欧元。普拉托前市长罗伯特·切尼表示，华人每年汇往中国的钱，相当于普拉托国民生产总值的 7%，占全意大利国民生产总值的0.4%。据意大利银行估计，普拉托每天汇往中国的资金高达 150 万美元。华人认为这部分钱应该是他们用来做布料等进出口生意的周转资金，并不是他们的纯利润。意大利警方却一直没有放过华商，他们通过暗中监控一些汇款公司，发现很多中国人的汇款额与自己的营业额、工资、产值不相符。导致这种认知差异的原因，主要是华商在国际贸易中的操作不规范，没有按照意大利的法律严格执行所致。

（三）创新滞后导致创新关系网络发展受限

1. 集群内的产品档次较低，附加值不高

普拉托快时尚产业集群虽然产销量很大，2009 年一年的产量就达 3.9 亿件，但是附加值并不高。特别是随着集群内温州人企业之间恶意竞争不断加剧，利润空间进一步压缩。集群内大部分产品的档次较低，基本上是定位于意大利的中下层消费者。虽然近年来产品逐渐高级化，但整个市场的定位还是集中在比较低的水平，这表现在拥有自主知识产权的新产品太少，面料研发、印染工艺升级以及新品设计等创新活动太少，服装内涵的创意、技术、时尚度不够，附加值不高。

2. 集群内原始创新少，模仿和复制比例高

由于集群内大量同质的小型企业的聚集，加上温州人社会关系网络的相对发达，推动了服装产业相关技术的外溢，导致早期温州人企业之间相互模仿和复制成本极低。普拉托快时尚产业集群的企业规模一般较小，大量企业的员工数只有 10 人以下，包括一两位意大利设计师，而老板几乎就是"万能"的、唯一的管理人员。几乎没有温州人企业设置了管理层级，最多就是老板和老板娘对内外业务进行大致分工，就能够决定几乎所有的工作。由于缺乏基本的技术开发人员和管理人员，企业员工缺乏创新能力，创新意愿低下，因此，企业间技术和管理的外溢基本还是依托最原始的口碑传播，源头创新能力较弱。

3. 集群内缺乏公共创新平台，创新服务不够

普拉托快时尚产业集群缺乏公共创新平台，创新服务能力欠缺，影响了集群创新关系网络的发展。在现代产业集群发展过程中，创新平台的建设历来被认为是重要的辅助手段。在普拉托的快时尚服装产业集群发展过程中，

为大量小企业提供创新服务的公共平台极为缺乏，既没有提供诸如设计、测试、税务等公共服务的平台，也没有与科研机构、高等学校进行合作开发的平台。曾经与中国政府签订的中意纺织品研发中心，也只是限于协议层面，并没有具体落实。

五　优化普拉托服装产业集群网络的对策与建议

根据以上对普拉托集群演化的问题分析，我们认为，为了更好地促进普拉托快时尚产业集群的发展，应该重视集群的社会关系网络、市场关系网络和创新关系网络的培育和提升，借助不同市场主体的努力与配合，逐步实现。

（一）普拉托市政府方面

第一，普拉托市政府需要更加重视华人企业家群体，认识到华人和华人企业对于普拉托快时尚产业的重大贡献。通过加大媒体的宣传力度，让当地老百姓能够真实而客观地理解与评价温商，给予温商更多的融入主流社会的机会；还可以通过组织当地居民参与华人团体在春节、端午节等传统华人节日中组织的各项活动，增强相互之间的了解。

第二，普拉托市政府应该依托专家提供的快时尚产业发展报告，建议意大利中央政府降低对中小企业的税收，鼓励更多的中小企业创业，以增加就业机会；学习欧洲其他国家经验，放松对意大利境内每日现金使用量的限制，避免出现在意大利居住的华人不在意大利消费的尴尬局面；放松对移民购买房屋的政策；放松境外向意大利汇款的政策；意大利政府需要制定相较于欧盟其他国家更为优惠的经济政策和税收政策，避免意大利资金向境外转移。

第三，普拉托市政府需要加大地方治安的维护力度，维持当地良好的社会治安状况。目前在普拉托经常发生一些治安事件，政府需要通过与华人商会的合作，采取在主要街道增设监控设备、增加警察巡逻人次等措施，在改善治安的同时营造良好的市场交易氛围，吸引更多客户。

第四，普拉托市政府可以考虑由华人团体出资中国城的改造项目，将普拉托的两条华人街打造成欧洲的中国城。这样一方面可以改善华人街的卫生、交通状况；另一方面还可以吸引世界各地的游客，提升普拉托的城市形象。同时，普拉托政府通过项目实施可以构建一个增进与外界交流的平台，推进华商与本地文化的融入，而华商作为中国城项目的投资者也可以从中受益。

第五，普拉托政府需要给予小企业安全生产的必要条件。目前的大检查发现，很多小企业没有办法彻底摆脱生产场地与居住地混杂的局面，对此，政府应该出面规划，提供土地来兴建相应的工业园区，或者改造现有工业区，可以学习温州过去的经验，将车衣加工类小企业员工的住宿问题集中统一安排，提供必要的资源，"由堵转疏"，从根本上解决混居问题。

（二）对华人商会的建议

第一，各种华人社团之间要加强合作，加强与其他意大利商会或者团体的互动；策划和组织一系列具有较大影响力的活动来提升华人社团的知名度和美誉度。

第二，与高校和研究机构建立校企合作联盟，寻找国际和意大利本土的高校、研究机构的支持；通过设立专门的研究基金，资助和推动研究成果的转化，改善华人企业在当地的舆论环境和社会形象，争取更多的理解和支持。

第三，设立移民第一代和第二、第三代的培训班。一代移民的培训主要涉及语言和当地的历史、法律、经济发展环境等；二三代移民的培训旨在推动对当地文化和中国文化的了解，鼓励更多的二三代移民更好地融入当地的经济发展。

第四，加强与中国国内各个商会的联系，以中国强大的经济发展为支撑，通过社会资本的投入来服务当地的快时尚产业集群。

第五，加强意大利与欧洲优质资源的对接和整合。意大利的服装、鞋、

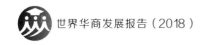

箱包等产业具有深厚的文化底蕴并拥有不少知名品牌，其很多设计、创意部门都可以和华人企业进行对接；很多意大利的高科技产业也可以为华人企业未来的产业转型提供帮助。

第六，通过华人社团的集体活动，获取更多的受过高等教育的中国留学生信息，为华人企业吸纳更多的既懂意大利语又熟悉意大利文化的专业人才。只有注入具备创新潜质的人力资本，才能改善华人企业的创新网络结构。

第七，要筹备建立专业行业协会，如普拉托服装协会、普拉托车衣加工协会等，以专业协会的名义协调各会员单位，拒绝同业的恶意竞争。

（三）对华人企业家个人的建议

第一，加强个人修养。通过参加各种培训活动，系统、持续地学习意大利语和意大利文化，加深对当地文化和历史的了解，有利于长期的融入。

第二，加强法律、经济方面知识的学习。通过参加商会举办的各种培训班，增加法务、金融、大数据、移动互联网、电子商务等方面的新知识，跟上当代商务形势的发展变化。

第三，重视家庭生活。参加更多的有益健康的活动，如运动、艺术、娱乐等方面活动，关注下一代的融入，更多参与家长会等活动，加强与当地学生家长的联系。

第四，通过各种途径扩展自身的人脉网络，争取结识更多的专业人士，如互联网、物联网、经济、法律、技术等方面的专业人士，这样既能为企业的发展提供各种咨询服务，也能为创新关系网络的构建储备资源。

普拉托快时尚产业集群的发展已经取得了举世瞩目的成就，华人移民企业和华人移民群体所做出的贡献无法磨灭。普拉托作为欧洲快时尚产业的中心，需要华商群体和当地政府，以及各种团体组织的协同努力。各方均应从大力发展普拉托经济、助力提升意大利产业转型升级的大局出发，有效改善集群的社会关系网络、市场关系网络和创新关系网络，更好地推动普拉托快时尚产业集群的发展，造福当地。

参考文献

Porter, M. E. (1998), Clusters and the New Economics of Competition (Vol. 76, No. 6, pp. 77 – 90), Boston: *Harvard Business Review*.

Tichy, G. (1998), Clusters: Less Dispensable and More Risky than Ever, Clusters and Regional Specialization, pp. 211 – 25.

Johnston, R. (2004), Clusters: A Review of Their Basis and Development in Australia, Innovation: Management, Policy & Practice, Vol. 6, No. 3, pp. 380 – 391.

Dei Ottati, G. (2014), A Transnational Fast Fashion Industrial District: An Analysis Of The Chinese Businesses In Prato Cambridge Journal of Economics, Vol. 20.

Dei Ottati, G. (1994), Prato and Its Evolution in a European Context, in L. Leonardi and R. Y. Nanetti (eds), Regional Development in a Modern European Economy: the Case of Tuscany, London, Pinter, pp. 116 – 144.

Dei Ottati, G. (2003), Exit, Voice and the Evolution of Industrial Districts: the Case of the Post-World War II Economic Development of Prato, *Cambridge Journal of Economics*, Vol. 27, No. 4, pp. 501 – 522.

Dei Ottati, G. (2009a), An Industrial District Facing the Challenges of Globalization: Prato today, *European Planning Studies*, Vol. 17, No. 12, pp. 1817 – 1835.

Dei Ottati, G. (2009b), Semi-Automatic and Deliberate Actions in the Evolution of Industrial Districts, in B. Becattini, M. Bellandi and L. De Propis (eds.), A Handbook of Industrial Districts, Cheltenham, Edward Elgar, pp. 204 – 215.

Becattini, G. (2001), The Caterpillar and the Butterfly, An Exemplary Case of Development in the Italy of the Industrial Districts, Firenze, Felice Le Monnier.

GraemeJohanson, Russell Smyth, Rebecca French: LivingOutsideeWalls: The Chinese In Prato, Cambridge Schoolars Publishing, 2009

徐华炳:《区域文化与温州海外移民》,《华人华侨历史研究》2012 年第 2 期, 第 44～52 页。

周欢怀:《海外华人企业探究——以佛罗伦萨的温商企业为例》,《企业活力》2012 第 9 页。

孙伟、赵益:《基于产业集群的社会网络理论研究综述》,《工业技术经济》2006 年第 9 期,第 55～57 页。

刘汴生、王凯:《企业集群网络结构及其绩效研究综述》,《工业技术经济》2007 年第 9 期,第 125～128 页。

戴益军：《基于网络视角的产业集群演化研究》，福州大学，2011。

顾慧君、王文平：《产业集群与社会网络的协同演化——以温州产业集群为例》，《经济问题探索》2007年第4期，第103～106页。

王辉：《产业集群网络创新机制与能力培育研究》，天津大学，2008。

张一力、张敏、李梅：《对海外移民创业网络嵌入路径的重新审视——从"走出去"到"走进去"》，《科学学研究》2016年第12期。

B.6
俄罗斯华商发展历程与基本状况

于　涛*

摘　要：　本文以20世纪80年代末陆续进入俄罗斯销售中国轻工商品为主的华商群体为研究对象，基于相关文献及在俄罗斯首都莫斯科实地调查资料，探究华商在俄罗斯30年的发展历程和基本状况。俄罗斯华商早期被称作"倒爷"，即通过手拎肩扛各种轻工业品来往于两国之间；随着两国贸易的发展，由原属民间个体行为的跨境贩运，逐步向组织化、规模化过渡，华商开始寻找一些固定场所，并集中到"大市场"的当地特色经营场所中。当前由于经济危机和俄罗斯不稳定经营环境的影响，华商出现了分流，很多华商纷纷返回国内，出现"回流"趋势，一部分人仍然在坚守，留守华商开始探寻经营方式转型，逐步本土化并融入当地社会。在"丝绸之路经济带"建设的背景下，中俄双方加强双边合作，也为俄罗斯华商提供了新机遇。

关键词：　俄罗斯华商　经济危机　丝绸之路经济带

* 于涛，哈尔滨工程大学人文社会科学学院社会学系副教授，中国社会科学院民族学与人类学研究所博士后。本文的研究得到国家社科基金一般项目"跨国华商与'一带一路'战略下中俄商贸网络构建研究"（16BMZ127）和哈尔滨工程大学中央高校基金特色项目"跨国华商与'中蒙俄经济走廊'建设的微观机制研究"（HEUCFW171303）的资助，特此感谢。

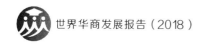

一 当代俄罗斯华商形成的历史背景

中国和俄罗斯虽是近邻并较早就有人员互动和贸易往来，但由于近代两国政体的频繁变动及双边关系的时好时坏，进入俄国的华人并不十分稳定，人数时增时减，也未形成一定规模的聚集区。中华人民共和国成立后，中苏关系虽经历了一段蜜月期，但 60 年代两国关系突然紧张，双方的人员和经贸往来被中断，在苏华人纷纷被遣返回国，仅有少量华人及其后裔留在当地。俄罗斯华人数量大幅增加是在中国改革开放后，本文主要考察这一时期的华人，其主体是华商，即在 80 年代末 90 年代初随着中国的改革开放、苏联解体前后经济的波动及中苏（俄）两国关系逐步改善的背景下陆续进入的商人群体。

20 世纪 70 年代末，中国结束了十年的"文化大革命"，经济社会逐渐走上正轨，并在 1978 年进行了以经济为主的对内改革和对外开放。80 年代在城市，国有企业开始改革，鼓励在岗职工自谋职业，支持职工经商。当时，在一些国有单位，甚至政府机关中出现了一拨"下海"潮。"下海"即放弃传统体制内的位置，转而到市场体制的新空间里创业经商、谋求发展。在对外方面，中国也开始逐步开放。对外开放不仅是以优惠条件吸引外资进来，还有另一层含义，即中国人可以走出去。从 80 年代中期以后，中国人开始大量地走向国外，掀起了一拨出国热潮。当时主要是以留学为主，探亲人数也开始逐步增加。这些人把国外的信息源源不断地带回国内，国内的人对出国也较为向往。

苏联解体后，分裂成为十几个国家，相应的经济、政治制度也发生了变化。在经济上全面推行私有化，努力建立起以私营企业为主体的市场经济体制。在短短的十几个月之内就基本完成了从国家调控的社会主义计划经济到完全放开、彻底自由的资本主义市场经济的跨越。与此同时，俄罗斯放开了大约 80% 的商品批发价格和 90% 的零售价格。这种突发性的社会断裂造成了各行各业的失调、失控，工农业生产大滑坡，日用百货商品严重匮乏，通货膨胀，经济萧条，人民生活水平一落千丈，社会上各种矛盾尖锐激化。在这种情况下，俄罗斯急需外援，向全世界敞开了大门。欢迎一切外国人、外国商品及外国资本的进入。[①] 而中国改革开放后生产获得发展，产品特别是俄罗斯急需的一些轻工业品极其丰富，人们的经商意识又逐步增强，对国外也较为向往。而此时的中俄关系已步入正轨，正是在这样的背景下，大量的华商开始进入俄罗斯从事销售中国商品的贸易活动。

二 华商在俄罗斯的发展历程

俄罗斯激进的改革后，各种轻工业品奇缺，中国商人抓住了机会，以各种身份进入俄罗斯。早期来到俄罗斯的中国商人，被称作"倒爷"。所谓"倒爷"就是倒买倒卖商品的人，低价收购商品再高价出售。最初，"倒爷"们没有固定的经营场所，在火车站台上将货物销售一空就返回国内。而随着中俄贸易的发展和演变，专门从事中俄贸易的物流公司在国内相继成立，还有华人在俄罗斯建立贸易物流公司，他们不仅要组织货物的运输，并且要负责通关。渐渐地，由原属民间个体行为的跨境贩运，逐步向组织化、规模化过渡，开始由最初的"倒爷"自己背货乘火车往返于中俄之间，贸易数额小、信誉差，发展到一定实力的民营和国有企业以相当多的资本大规模运作，并进行采购、运输、清关和分销等专业化的分工合作。适应这一新的变化，华商开始在俄罗斯寻找一些固定场所，他们不再像以往一样亲自奔波于中俄两地运输货物，而是专门在当地负责接收、批发货物。与此同时，相对于原来"倒爷"流动性较大的特点，如今在俄罗斯逐步形成了华商相对集中的经营场所，即中国人所称的"大市场"。总体来说，华商进入俄罗斯主要经历了三个发展时期。

---

① 邓兰华、张红：《俄罗斯华侨华人与俄联邦的移民政策》，《华人华侨历史研究》2005 年第 6 期。

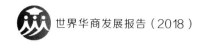

（一）个体"倒爷"贸易时期

20 世纪 80 年代末 90 年代初，有一批中国人手拎肩扛着各种商品一趟趟地来往于俄罗斯和中国，这些人被称作"倒爷"，这也是华商的最初形式。除了边境地区外，大部分"倒爷"都以乘坐火车的方式进入俄罗斯。北京经满洲里至莫斯科的铁路全长 9000 多公里，国际列车每周对开一次，运行六天六夜，这趟国际列车就是这些国际"倒爷"的主要交通工具。

最开始的时候，由于销售的货物量较少，每位"倒爷"只带火车限制的 38 公斤的货物，或者让别人帮助捎带一些，给一定的好处费。后来生意从零售到批发，销货量越来越大，大家开始直接包车厢，生意最好的时候曾经有人买断一列车厢。从北京开往莫斯科的火车，每一个包厢都被货物塞得满满的，车厢里的铺位大部分都被"倒爷"们买下，除了留一个铺位睡觉，货从地板一直摞到天花板，连窗户都遮得严严的。[①] 列车一进俄罗斯境内，每到一站，"倒爷"们就拎着从国内带来的货物蜂拥而下，包括皮夹克、羽绒服、假冒的阿迪达斯运动服装、旅游鞋、化妆品、儿童食品（例如大大泡泡糖）等，而在站台上早就挤满了等待抢购的俄罗斯人。生意火爆得难以置信，所有货物顷刻之间就被一抢而空。当列车从莫斯科返回北京时，铁路沿线俄罗斯人向中国人兜售各种俄制商品，包括婴儿车、儿童脚踏车、水壶、手表、厨房用具、面包、牛奶、酒、西红柿等。[②]

列车还未到达莫斯科时，"倒爷"们就把手中的货物销售一空，到莫斯科后就潇洒一番，有的人还采购一些俄罗斯的商品，然后返回国内，再次进货，又一次经历了从国内进货—北京买票上车—沿途销售—莫斯科返回这样的一个过程。"倒爷"的收益是较为丰厚的，每次赚上几万美元也是较为平常的，早期的中俄贸易商人就是靠着这样的方式发家致富的。实事求是地

---

① 叶朗：《1992 年秋天俄罗斯印象》，山西人民出版社，1993 年。
② 谢良兵：《从倒爷到华商》，《传承》2008 年第 2 期。

说，中俄民间贸易的线路是由"倒爷"首先开创的。国内大量积压商品正是靠倒爷肩扛手提到俄罗斯的，其间经历了多少艰辛与困苦，只有这些国际"倒爷"自己知道。正是他们以这种前所未有的特殊方式打开了俄罗斯及周边国家的市场，可以毫不夸张地说，没有"倒爷"的最初创业，就没有对俄民间贸易今天的规模和水平。这种"倒爷"模式在中俄贸易中曾起到开路先锋的作用。[①]

最早到来的"倒爷"，当时还没有具体的经商场所，因为他们只是随身携带一些商品，货物不是很多，在火车上或者站台上就可以卖完，这样的贸易形式被称作为"站台贸易"。站台贸易的特点是集物流、仓储、销售于一体，贸易的全过程都在这条铁路线上完成。这样的贸易形式无须专门的仓储和零售空间，贸易的全过程只需一个人就可以完成，因此也可称作个体"倒爷"贸易时期。

（二）"批货楼"贸易时期

早期个人式的"倒爷贸易"模式产生了一些问题，俄罗斯方面也开始加强管理，严厉打击中国这些个体"倒包者"，对中国"倒爷"们的进入限制也日趋严格。1994年中俄双方宣布取消曾盛极一时的易货贸易，转而以现金进行交易。中国淘金者们开始进行一些新的探索，他们不再亲自奔波于中俄两地，而是积极在俄罗斯寻找固定经营场所。

同时随着中俄贸易的逐步正规化和分工化，专业运输公司开始出现，华商们也不必来回往返手提肩扛商品了，而是以"包机包税"的方式由物流公司进行运输和通关。商品也越来越多，不可能像以往一样很快被抢购一空。很多华人就在承租下来的住所中进行存放和批售货物，这种场所被称作"批货楼"，这种贸易又被称作为"批货楼贸易"。批货楼大多原是苏联时期的高校学生宿舍楼，苏联解体导致各加盟共和国派往俄罗斯的留学生数量锐减，造成许多学生宿舍楼闲置。一些资本雄厚的华商开始尝试租下这些宿舍

---

① 温锦华：《旅俄华商的地位、作用和前途》，《东欧中亚市场研究》2001年第7期。

楼，然后再转租给其他华商。华商不仅自己居住在楼内，也把货物囤积其中，人货混居，并开始在楼内批售货物，"批货楼"因此得名。[①]

"批货楼"中，几乎所有的房间里都堆着货箱或货包，有的一直顶到天花板，占据了大半个房间。紧挨着货包放着简易的木板床和桌子，桌子上放着电话、电视、锅碗盆勺。人们就住在这里，同时批货，样品挂在走廊。厨房、洗漱间都是公用的。[②] "批货楼"越来越专业化，形成了以楼为单位的专业市场，例如皮衣批发市场、鞋批发市场、服装批发市场等，每一栋"批货楼"就是一个独立的批发市场。"中国批货楼"就是这种集住宿、办公、仓储、销售以及生活等功能于一体，不仅条件恶劣，而且也很不安全，但的确是早期"倒爷贸易"之后华商在寻找固定经营场所中的一种尝试。

（三）"大市场"贸易时期

由于"批货楼"既作为居住场所又作为商业场所，较为混乱，同时警察也会经常以各种理由来检查。1998 年俄罗斯爆发金融危机，俄罗斯政府借机开始有系统地查封"中国批货楼"，整顿商业秩序，华商损失惨重。"批货楼"模式逐渐衰落，华商的居住区和交易区开始分离，货物的仓储和批售逐渐转移至当地政府指定的大市场里进行，这就是"大市场"贸易时期。

在俄罗斯的中国人聚集较多的大城市中，几乎都有一个甚至几个这样的批发市场，其中不仅有中国商人，还有越南、朝鲜及独联体国家的商人，当然由于中国商品质优价廉，中国商人在市场中占有重要地位。在这些大市场中，最著名的即是 1998 年后开始兴起与发展的在莫斯科市区东部的Измайловская 地铁站附近的一个市场，又因为"Измайлово"的俄语发音"伊兹玛依罗夫"酷似中文"一只蚂蚁"，中国人习惯用地铁站的名字来称谓市场，所以该市场又被当地华商称为"一只蚂蚁"大市场。由于市场内

① 王春来，《为什么赚了钱也没有地位——莫斯科华商的地位消解与地位获得》，北京大学 2009 年硕士论文。
② 宋晓绿：《中国楼——莫斯科的唐人街》，《光彩》1999 年第 11 期。

的大部分摊位是由废弃的集装箱改装而成，所以被称为集装箱市场。这个市场属于一个叫伊兹梅以洛夫的人，他是俄罗斯籍阿塞拜疆人。苏联解体后他买下了这块地，建起了大市场。集装箱市场划分为若干大区，每个大区又分为若干个小区，规模很大。早期市场采取做广告、给予优惠等方式来拉拢客户，逐渐参与的人也越来越多，箱位费也越来越贵，不仅全俄罗斯客户前来采购，独联体国家及东欧国家的客户也争相来订购商品，最终"一只蚂蚁"市场成为俄罗斯乃至欧洲最大的服装鞋帽等日用品批发市场。

华商开始逐步把商品从"批货楼"或其他经营场所转移到这种"集装箱"及相似类型的市场中，很多人承租或者买了箱位，"集装箱"市场就成为华商在俄的主要经营场所。"大市场贸易"和"批货楼贸易"相比，专业化程度有所提高，有专门的摊位进行销售，又有专门的库房储存商品，华商在市场周边寻找住宿房屋，住宿和贸易分开，应该说更加完善、正规了。这种方式虽然提高了成本，但对中国商人来说更加正式和便利，同时也方便了来自俄罗斯及整个东欧各地客户的采购。

华商的经营方式最早是无固定场所的个体"倒爷贸易"，逐渐发展为住宿和商业不分的"批货楼"贸易模式，后来就转变为较为专业的"大市场"经营方式。当今在市场上经营的华商已不同于早期"倒爷"，已有专门的物流公司进行运输，个人手提肩扛进行货物运输的方式基本消失，长期居住的华商比重越来越大，逐渐把家庭成员也带入进来，以华商为主体的俄罗斯华人社会初步形成。

三 俄罗斯华商的基本状况

（一）当前俄罗斯华商的概况与特征

在俄罗斯"大市场"中以华商为中心初步形成了一个华人社会，华商在其中的各种需要都可得到满足。市场中从事箱位经营的华商可分为从国内获取货源和代卖他人商品的两类商人，围绕着这两类群体形成了华人各种服务行业，包括为华商的货物运输和存储提供服务的各种物流和储运公司，为华商办理身份、签证、购买机票和提供咨询的各种中介服务公司，为华商提供信贷、外汇兑换和汇款等服务的个人非正规的信贷公司。此外，在市场上为华商所提供的各种生活服务也是十分齐全，不差于国内。为华商提供餐饮、住宿等服务的华人饭店、酒店，为华商提供医疗服务的华人医院和诊所，还有美容理发、保健按摩等服务。当地的出租车较少，市场上华人的租车服务则非常便利，随叫随到。还有专门为华商提供通信服务的手机网络公司及为丰富华商文化生活而创办的报纸。总之，在这里，一个不会说俄语的中国人也可以很自在地生活，可以享受到各种服务，除了周围的外国人多一些，华商在大市场内的生活和国内几乎一样。

与最初的"倒爷"相比，俄罗斯华商的国内来源地也发生了较大变化，早期"倒爷"主要以东北、北京还有内蒙古的一些小商人或兼职的一些人为主，他们实力不强，也没有形成规模化。现在则是沿海地区越来越多有实力的有自己公司的商人加入了对俄民间贸易大军，如浙江温州、福建的商人，他们观念新、信息灵、加工业发达、管理水平高、生产成本低、贸易规模大，其产品在款式、质量和价格方面具有很强的竞争优势，他们已成为对俄民间贸易的主力军团。在大市场，沿海省份的商人的竞争实力要超过原来的三北地区（东北、华北、西北）的老华商，市场上福建帮、温州帮的商人的实力已经超过了原来的东北帮和北京帮。此外，华商经济开始向"实业"化过渡，蔬菜种植场、各种食品加工厂、服装厂和制鞋厂等实体开始兴起，华人餐饮、住宿等各种服务行业在俄罗斯也逐渐兴盛起来。总之，华商的经营方式更加正规化和多样化。

俄罗斯到底有多少从事中俄贸易的商人呢？因为华商的流动性很大，所以一直难有一个准确的数字。1998～1999年俄罗斯中国问题专家曾对在莫斯科的华人进行了民意调查，并结合莫斯科华文报刊的发行量，认为在莫斯科居住着2万～2.5万名中国人，其中大部分是华商，这是较早的数据。2007年1月俄罗斯实施《外国人登记法》以来，关于中国移民的数据越来越明晰化了。到2007年6月为止，在俄罗斯正式登记工作的外国人中，中国人的数量占到所有外国劳动移民总数的 20%。当年俄罗斯劳动移民总数为 100 万人，其中中国劳动移民数量为 21 万人。① 但这仅指劳动移民的数量，在市场上工作的华商中很多人都是以旅游签证或商务签证入境的，统计的时候被漏掉了。因此，实际上很难有一个准确的统计数据。在莫斯科有一些老华商，他们往往会根据市场上中国箱位的数量估计出数据。根据访谈这些老华商后综合得出的数据，在莫斯科华商最多的时候约为 10 万人，但近年来经济不景气，现在市场上的华商约有 4 万人，再加上那些开公司的私营企业的商人，总量也不会超过 5 万人。在俄罗斯远东中国商人聚集较多的大城市，基本与莫斯科差不多，这样的大城市有五六个，再加上一些中小城市的中国商人，华商数量最多时也不会超过 100 万人。当前由于俄罗斯经济形势较差，华商总体数量不会超过 50 万人。

总体来说，俄罗斯华商与美欧和东南亚等地的迁入较早有着悠久历史的华商相比，历史较短，人员并不稳定。从进入俄罗斯至今，仅仅三十几年的时间。而不稳定的淘金环境使得他们的流动性很大，一些华商回国了，国内又有新的人员加入。人数也起起伏伏，时增时减，大部分华商当前只能在当地的市场中经营中国较有优势的轻工业品。他们来俄罗斯主要目的就是经商赚钱，表现为"旅居性"特征，"落叶归根"的心理较为突出，最终还是要回国的。总之，从华商的群体特征来看，本质上是一批跨国淘金者，是一批跨国倒买倒卖中国商品的生意人。转轨后的俄罗斯生产水平大幅下滑，迫切需要价格低廉的日用品。中国人利用了经济上的这种比较利益，把对方急需的各种中国商品带入莫斯科，在当地市场进行销售；同时把国内家乡作为根据地，为其提供经济和社会资源的支撑。华商主要通过这种不断跨越边界的活动，采取"跨国"生存的策略和方式在当地淘金赚钱。

（二）经济危机下华商面临的问题与选择

俄罗斯正处在一个转型时期，20 世纪 90 年代初的"休克"疗法造成了

---

① 强晓云：《移民对当代中俄关系的影响：非传统安全的视角》，时事出版社，2010。

俄罗斯生产的衰退，并使其经济变得异常脆弱，一旦产生世界和地区性的经济危机就会对其产生严重冲击，同时转型时期的俄罗斯市场制度及其相应法规还不十分健全，政策时常变动，这些使得在俄华商面临着不稳定的生存环境，特别是近年来产生的全球及俄罗斯内部的经济危机对在俄华商经营产生不利影响。

2008 年由美国次贷危机引起的全球金融和经济危机，对俄罗斯产生较大冲击，其影响一直持续至今。随着危机逐步蔓延，俄罗斯银行体系受到严重影响，企业破产和民众失业与日俱增。全球经济危机使俄罗斯能源产业更遭受了重创，很多实体产业也受到了影响，失业率升高。这次危机对俄罗斯的影响将是长期的，企业盈利能力降低势必影响民众的就业，造成民众的收入减少，消费能力下降。经济危机后，俄罗斯政府加强对中国商人的管理，以商品不合法等各种理由采取强制措施没收中国商品，甚至关闭市场。其中最典型事件即是 2009 年俄总检察院调查委员会和莫斯科政府又以商品不合法、市场卫生条件恶劣为由，关闭了中国人所称为的"一只蚂蚁"集装箱大市场。莫斯科政府突然关闭了这个大市场，引起了较大的轰动。这次事件给莫斯科华商造成了较大损失，很多中国商人的货物被当地政府和警察以不合法为由没收并销毁，并且一些华商还被遣送回国。"一只蚂蚁"市场关闭后，坚守的商人转战莫斯科周边的其他市场继续经营，主要有莫斯科东南部留步利诺（Люблино）地铁站附近的莫斯科商贸中心和不远处的萨达沃（Садовод）市场。虽然华商在新市场稳定下来，但近年来随着经济危机的持续影响及西方国家对俄罗斯的制裁，卢布大幅度贬值，再加上俄罗斯人收入减少，消费欲降低，对华商的经营影响极大。据市场上的一些老华商讲，现在市场最少得有一半华商返回国内。

留守的华商尝试进行经营转型，走出中俄贸易这种简单又不能获得合法地位的市场经营模式，开始探索在俄罗斯本土进行产品生产、加工和创建品牌进行销售，并以公司方式进行经营的新模式，采取逐步本土化的策略，以便更好适应俄罗斯的经商环境。如莫斯科著名华商企业家王书民，他在俄的经商转型较为成功。

王书民，河北人，60 岁左右，1995 年就来到莫斯科，后来在"一只蚂蚁"的集装箱市场买了箱位，在市场上经营了几年后，他就觉得这种形式没有前景，当时也有朋友提醒他，应该有自己的品牌，成立一个公司。在 2002 年左右的时候，他就开始着手办理创立公司的各种手续，以俄罗斯本土公司定位自己，取名为 Золушка（灰姑娘），如今已经成为俄罗斯家居产品市场最大批发中心之一，并是中国多家生产高品质清洁配件及用具工厂的独家代理，所有产品均获得了所需的许可证和卫生防疫鉴定证书。公司于 2009 年参加由俄罗斯质量检查局组织的欧洲日用品性价比拼赛，以俄罗斯品牌、中国制造的定位参赛，并获得一等奖，这给了中国制造很大的信心和鼓励。2009 年，在莫斯科开设第一个"灰姑娘"超市，主营家居产品，同时也作为公司品牌的一个宣传展示平台。2011 年，公司继续开展零售市场，制订走进商场的发展方案，已经在两个商场开设了自己的销售店，也在继续和各大商场洽谈合作事宜。2012 年为了确保公司产品供给充足，公司在莫斯科州收购了工厂。2013 年公司筹划新的项目——建立电子商务平台，并于 2014 年正式启动。电子商务将是公司未来发展的一个主要方向和支柱力量。

华商王书民是一个成功的转型者，凭借着商品的质优价廉和他同客户建立起来的良好关系，商品越来越有市场，到如今他的商品已经遍及全俄罗斯，甚至还涉及东欧国家。他在莫斯科也买了住房，妻子和孩子也都陆续来到莫斯科，王书民就经常两国跑，回国参加展会，寻找更好的商品货源，并积极开拓新市场，近期公司将更多精力投入电子商务发展中。近年来虽然卢布贬值，俄罗斯居民收入减少，但是对他的影响并不太大，特别是一些华商返回国内，他的商品更加紧俏。经济危机中，更多华商走出"大市场"，探寻新的经营方式，逐步本土化并融入当地社会。

四 "丝绸之路经济带"建设下的华商新机遇

2013 年 9 月中国国家主席习近平在哈萨克斯坦提出"建设丝绸之路经

济带"倡议，同年10月习近平主席在印度尼西亚提出与东盟建设"21世纪海上丝绸之路"的战略构想，被称作"一带一路"倡议，华侨华人将在这一倡议实施中起到重要作用。[①] "一带一路"倡议的提出为中俄关系特别是经济贸易发展提供了新机遇。中俄是"一带一路"建设中两个重要的国家，双方将分阶段推进并合作建设"陆上丝绸之路经济带"（"西丝带"）、已经列入国家规划的"中蒙俄经济走廊"黑龙江陆海丝绸之路经济带（"东丝带"）以及未来富有前景的"北极丝绸之路经济带"（"北丝带"）。中俄就"丝绸之路经济带"建设的重要现实意义、目标及合作思路方面越来越清晰，两国有关部门不断加强经济带建设问题的沟通和交流，在有关政策方面已经达成共识。中方支持俄方积极推进欧亚经济联盟框架内的一体化进程，并将启动与欧亚经济联盟经贸合作方面的协议谈判。俄方支持"丝绸之路经济带"的建设，愿与中方密切合作，并着力推动落实。这将有利于双方深化利益交融，更好地促进两国的发展振兴。"丝绸之路经济带"建设为中俄贸易发展提供了新机遇。自1992年以来，中俄贸易额已经从最初的56.8亿美元增长到2014年的952.8亿美元。在"一带一路"倡议与欧亚经济联盟成功对接等诸多有利因素的推动下，中俄双方将分享更多的共同利益，双方的经贸合作将更加畅通，再上新台阶，近两年双边贸易额将达到1000亿美元的预期目标。[②]

自2013年中国提出"丝绸之路经济带"概念以来，以中小企业为主的中俄两国间的贸易发展也进入了"快车道"。据不完全统计，2013～2016年三年间，中俄中小企业国际贸易额增长了近40%。如华商李跃辉近年来开始将俄罗斯的食品进口到国内，成立了耀辉进出口有限公司，该公司主要以进口俄罗斯、乌克兰啤酒为主营业务，同时也进口俄罗斯特色食品。公司发展速度很快，国内的需求量大幅增加。同时，他也明显感觉到两国之间的资金流动速度加快，货运运输的速度也提高较快，特别是俄罗斯商品进口到国

① 王子昌：《"一带一路"战略与华侨华人的逻辑连接》，《东南亚研究》2015年第3期。
② 姜正军：《中俄共同建设"一带一路"与双边经贸合作研究》，《俄罗斯东欧中亚研究》2015年第4期。

内，原来一些烦琐手续都取消了。随着"一带一路"建设的推进，中俄间政策上的沟通也在不断加强，均出台了相应政策，特别是简化了一些商品通关手续，为华商带来了通关上的便利。手续简化后，对物流要求较高的食品等进出口生意也迎来转机，华商不断寻找新的商机。

总之，在"丝绸之路经济带"建设下，中俄双方将不断完善双边经贸合作的配套服务，着力不断完善双边经贸合作的物流体系，大力发展中俄跨境电子商务，不断改善两国海关通关条件，努力实现两国经贸合作的资金融通。同时，"丝绸之路经济带"建设还促使中俄间贸易、旅游、文化交流、地区合作等合作模式都有量或质的变化，进而带动了中俄间教育培训、酒店服务、咨询、展会、法律服务等多个行业的发展，在合作中市场会自发产生新的商业模式，这些都将极大地为从事中俄贸易的华商群体提供更好的机遇和条件。

B.7
美国硅谷华商发展状况

刘天元　王志章*

摘　要：　本文简要概括硅谷华商的发展历史，从地域分布和行业分布两个维度评价华商企业发展现状，从企业管理能力和经济实力两方面比较分析硅谷华商与印商，选取三位得到美国主流社会认可和尊重的华裔企业家，简单介绍他们的成功案例。同时，本文立足当前的国际政治经济环境，探讨硅谷华商面临的复杂的内外部发展环境、逐年增长的运营成本和研发费用、激烈的行业竞争压力和华商人才断层对硅谷华商发展的影响。此外，本文结合美国"再工业化"的发展战略和中国经济持续强劲增长、中国和平发展的良好预期等多方面因素，展望和预测硅谷华商未来发展趋势，硅谷华商应顺势而为，主动融入美国主流社会，大力发展高新技术产业，在条件成熟的情况下回国投资或创业。

关键词：　硅谷华商　高新技术产业　发展环境

一　硅谷华商发展简要回顾

硅谷（Silicon Valley）是世界上第一个高新科技园区，它的主要部分位于旧

---

* 刘天元，武汉大学社会学系博士研究生；王志章，西南大学经济管理学院教授、博士研究生导师，曾在美国硅谷学习工作多年。

金山半岛南端的圣塔克拉拉县（Santa Clara County），一般是指该市下属的帕罗奥多市（Palo Alto）到县府圣何塞市（San Jose）一段长约25英里的谷地。

作为高新技术发展前沿的主要代表，20世纪50年代硅谷的诞生，对于华人有志青年的吸引力不言而喻。同时，美国民权运动的爆发、《排华法案》和条例的废除标志着美国对华移民政策的松动，趁着政策利好，华人有志青年开始大量涌入硅谷。20世纪50年代初期至60年代中期，大量华人青年留学美国，尤以台湾地区青年最为普遍和踊跃，其中相当一部分人完成学业后，前往硅谷创业或就业，如台积电（TSMC）董事长张忠谋等。在这段时期，移居硅谷的华人主要在IBM和Intel等公司就职。60年代后期，来自中国台湾的华人主要分布在硅谷国防工业领域。70年代后期，中国台湾经济发展速度逐渐加快，台湾地区新竹科技园建设落成，从台湾地区向硅谷迁移的华人骤减；中国大陆因为改革开放政策的落地，大量留学生赴美求学，其中有一部分人在美学有所成后选择在硅谷工作。至此，加之早期广东、台湾等地华人移民，最终构成了硅谷的华商群体。而此时的硅谷也迎来发展的黄金时代，以苹果电脑的兴起为代表，个人电脑（PC）和多媒体等科技企业应运而生，硅谷正式成为全球科技的中心，华人逐渐融入硅谷快速发展的浪潮中。根据史实基本可以断定，华人在硅谷的创业历程与硅谷的发展基本上是同步的[1]。

硅谷能够在短短几十年间一跃成为全球高科技圣地，毋庸置疑，其发展和壮大得益于擅长软件设计的印度人和精于硬件设计与整合的中国人。因而，也有一种说法，人们将依靠集成电路（Intergrated Circuit）发迹的硅谷称为IC，同时又赋予IC新的解读，I指印度人（Indian），C指中国人（China）。由此可见，华裔和印裔的精诚合作造就了硅谷（IC）。根据相关统计数据显示，硅谷目前有近10000家高科技公司，其中有3000家公司由华裔或印度裔工程师执掌要职，在硅谷的华人员工数达27万人；此外，约有20%的硅谷工程师是华裔。

---

① 符瑜：《美国华人与硅谷》，《八桂侨刊》2001年第3期，第35~39页。

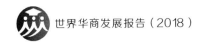

二 硅谷华商发展现状评价

（一）华商群体地域分布

华人移居美国的历史可以追溯到 19 世纪 20 年代，经过上百年的发展，华人分布在美国的各个州。根据美国移民局的相关统计报告显示，1961 ~ 1990 年将近 80 万华人（包括中国内地、中国香港和中国台湾）移居美国；1991 ~ 2000 年约有 53 万华人移居美国，2001 ~ 2013 年移居美国的华人人数高达 91 万。华人主要分布在美国西部的城市地区，在加利福尼亚州华人占美国华人总数的 36.2%，而该州也是华商发展最快、最好的地区；华人集聚的第二地区是纽约州，纽约州华人占美国华人总数的 35.1%，基本与加利福尼亚州华人人数持平；相较于加利福尼亚和纽约两大州，美国其他地区的华人人数都较少。

随着华人数量的不断增加，华商在美国也逐渐兴起，华人企业在美国企业界的地位日益突出。根据《世界华商发展报告（2017）》显示，2002 年在美注册华商企业 28.6 万家，约占美国企业总数的 1.2%；2012 年在美注册华商企业约 52.87 万家，约占国企业总数的 1.9%。经过 10 年的发展，在美华商企业激增 24.27 万家，增幅高达 84.8%，明显快于美国企业 20.2% 的总体增长速度。

就区域集中程度而言，华商企业分布与华人分布基本相同，主要集聚在美国的纽约州和加利福尼亚州，分别约有 20.53 万家和 10.56 万家，占在美华商企业总数的 38.8% 和 20.0%。此外，华商企业在得克萨斯州和新泽西州的数量基本持平，夏威夷州和伊利诺伊州的数量也基本持平。

（二）华商企业行业分布

经过上百年的发展，华商群体遍布美国的各个区域，而华商企业也分布在美国的各个行业，但总体来说行业分布相对比较集中，主要分布在"膳宿与食品服务"和"专业与科技服务"两个行业，前者是华商的传统优势所在，在这个行业华商具有悠久的从业历史，加之其属于劳动密集型产业，附加值不高，美国主流企业涉足较少，因此华商企业才可以发展壮大。此外，在美华商企业还广泛分布在零售贸易业、房地产和租赁业、健康护理与社会协助、批发贸易业、管理、支持与维护服务和其他服务（不包括公共管理）六大行业，在这六大行业中，华商企业数量均超过万家。

伴随科学技术日新月异的发展，在美华商巨头的商业版图逐渐扩展到高新科技行业；相较于日本华商、欧洲华商、新加坡华商等，美国华商更具高科技和创新优势，这种优势明显存在于硅谷的华商企业。据统计，硅谷高科技企业约有1万家，占据全美高科技企业的半壁江山，而其中硅谷华商企业是一股不容忽视的力量。根据"2015年度硅谷150强排行榜"（Silicon Valley 150）数据显示，共有9家华人上市公司进入150强排行榜，它们在2014年的销售额达到3573.6亿美元，创造利润约192亿美元。这上榜的9家华商企业多属于高新技术产业，其中，由华人黄德慈于1980年创办的Synnex公司连续多年雄踞硅谷10强企业排行榜。具体华商企业上榜情况见表1所示。

表1　2015年度硅谷150强排行榜华商企业排名情况

单位：百万美元

排名	企业	企业创始人	销售额	利润
9	Synnex	黄德慈	14015	187.94
21	Lam Research	林杰屏	4861	715.81
22	Nividia	黄健森、黄仁勋	4682	630.59
24	Yahoo	杨致远	4618	—
43	Super Micro Computer	梁见后	1748	85.23
45	Cadence Design Systems	黄炎松	1581	158.90
48	Omnivision	吴日正、洪筱英	1424	102.47
49	Atmel	吴聪庆	1413	31.20
52	NetGear	卢昭信	1394	8.79
总计			35736	1920.93

三 硅谷华裔与印裔分析比较

华裔和印裔作为硅谷高科技企业的中坚力量，两者的精诚合作为硅谷的发展和崛起奠定了基础。尽管华裔和印裔同处硅谷，但两者由于文化背景等现实情境的不同，他们在硅谷的发展呈现不同的轨迹。

一是企业管理能力的差距。硅谷高科技公司中华裔和印裔在技术方面不分伯仲，但是在企业管理能力方面，尤其是中高层管理岗位，印裔占绝大多数。在硅谷的高科技公司中呈现这样一种人事分布常态：公司 CEO 绝大多数为白人，公司中高层管理者大多数为印裔，一线工程师大部分为华裔。硅谷高科技公司经过了日新月异的发展，但是这种人事常态分布仍旧没有得到改变，相反趋势逐步增强，剪刀差日益扩大。

根据加州大学伯克利分校和斯坦福大学的一项针对华裔和印裔的综合研究发现，截至 2012 年，印裔在高科技企业中担任中高层领导的比例高达33.2%，而印裔仅占硅谷总人口的 6%；相反的是，华裔占硅谷总人口的28%，尤其是近年来清华系、北大系、浙大系等国内名校科技精英集聚硅谷，校友人数不断扩大，但是华裔位居中高层管理者的寥寥无几，与印裔在高管数量上差距大。

印裔在硅谷高科技企业中的发展势头如日中天，多家硅谷科技巨头都由印裔掌管。以互联网巨头谷歌为例，2015 年谷歌进行业务重组，原谷歌主管互联网业务的印度裔高级副总裁 SundarPichai 出任新谷歌首席执行官；以微软为例，2014 年微软任命印裔执行副总裁 Satya Nadella 出任首席执行官。根据美国标准普尔 500 强企业的一次权威调查发现，硅谷企业印裔领导 7 家巨头公司，甚至标准普尔都曾选取印裔作为首席执行官。

二是经济实力强弱明显。华裔和印裔另一个差距明显的方面是经济实力，经济实力的强弱主要体现在获得的收入和创造的价值两个方面。传统观点认为华裔在经济实力方面比印裔更强大，然而事实不是这样。根据 2013 年美国联邦劳工部公布的《全美亚太裔在萧条复苏后的经济地位》报告显示，亚太裔的薪资水平、受教育程度和就业率显著高于白人和其他少数族裔，其中尤以印裔表现最突出。在硅谷，76.1% 的印裔就业者拥有学士学位，华裔就业者拥有学士学位的比例为 56.8%；16 岁以上的印裔劳动者平均周薪达 1291 美元，华裔劳动者只有 1093 美元。由此可见，在获得的收入这一方面，印裔的经济实力稍强于华裔。

在硅谷工作的较为优秀的华裔和印裔经历过技术和资本的早期积累后，逐渐转向"自主创业"，但两者的创业模式完全不同。首先华裔大多愿意独立创办公司或是根据血缘关系建立团队，而印裔更倾向于团队创业。其次从创办公司的数量方面来看，根据加州大学伯克利分校和斯坦福大学的一项针对华裔和印裔的综合研究发现，截至 2012 年，印裔创办公司数量占硅谷所有公司总量的 15.5%，而在商业软件领域，这个数字可能更高。自 20 世纪 50 年代，华裔开始移居硅谷创业，经过几十年的积淀和打拼，华人中也涌现出一批杰出人才，在硅谷创造了不少"奇迹"，根据"2015 年度硅谷 150 强排行榜"（Silicon Valley 150）数据显示，上榜的华人企业有 9 家，涉及多个高科技领域。虽然印裔移居硅谷的历史较短，但他们却迅速成长为硅谷高科技界的中流砥柱并创办大量的有影响力的企业，总体来看，印裔的经济实力强于华裔。值得注意的是，印裔二代移民也逐渐登上硅谷创业的舞台，他们继承父辈善于沟通的特质，又沐浴美国文化成长，相较于父辈来说更容易取得成功。Apoorva Mehta 是印裔二代移民中的佼佼者，他于 2012 年创办的物流软件公司 Instacart 经过 5 年的发展目前估值达人民币 235 亿元。因此，有媒体报道称"印度人已统治硅谷"。

综上两个方面，华裔与印裔在硅谷不同的发展轨迹，究其原因是受祖籍国传统文化和政策的影响。相较于华裔，印裔在企业管理方面能力出众，主要是由于印裔具有较强的社交能力。华裔尽管也获得了较高的教育水平，IT 技术能力也与印裔相差不大，但受祖籍国传统的谦逊文化的熏陶，华裔不善于展现自己的优势，甚至有时会掩饰自己的长处；但印裔接受的文化中从小就善于表现自己，张扬个性，对于优秀的同事毫不吝惜自己的赞扬。华裔和印裔不同的社交思维使得双方在行为上也表现不同，而印裔的社交思维更契

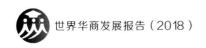

合美国人的思维，因此印裔通常能够获得公司高管的赏识和提拔。

华裔受祖籍国传统文化的影响做事情比较循规蹈矩，通常喜欢按照领导的指示去做，并且能够做出较好的成绩。但是华裔往往局限于惯性思维，不愿意承担风险去探索现在工作领域之外的项目，去做一些别人想不到的事情。印裔往往不满足于已有的安排，通常喜欢主动和别的团队的同事交流，喜欢挑战"分外的事"，因此在头脑风暴中，印裔能够打破常规，发现新的机会。

此外，相较于印裔，华裔的团队意识比较淡薄，硅谷华裔更喜欢单打独斗，对于本族裔的认同感较弱，缺乏团队合作和互相提携。印裔深受传统文化的影响，群居意识强烈，对于本族裔的认同感格外强烈。因此在竞争激烈的硅谷，印裔往往能够做到团结互助，一旦有印裔打破职业玻璃天花板，就会提携或扶持本族裔或者本团队成员。不过，近几年华裔也逐渐意识到在竞争激烈的硅谷要想生存，必须具备团队意识和相互帮助。比如，Facebook公司拓展部工程总监魏小亮在公司内部支持华人工程经理组织系列活动，帮助华人工程师们更好地获得职业发展；清华企业家协会组织的领航计划已成功举办了两期，探索华人在美国职场系统化"传帮带"的有效模式①。

四　硅谷华商成功典型案例

毋庸置疑，华商对推动美国经济及社会发展做出了重要的贡献，并且也得到了美国主流社会的尊重和认可。"亚裔50杰出企业家"奖是由美国亚美商业发展中心（Asian American Business Development Center）主办，被誉为"美国亚裔商界最顶尖的奖项"；作为亚裔商界最重要的评奖活动，该奖项旨在表彰为美国经济做出突出贡献的亚裔企业家、专业人士及各界精英。2016年美国"亚裔50杰出企业家"中，华商企业家高达22位；其中获最

---

① 搜狐网：《硅谷华裔VS硅谷印裔，孰强孰弱？》，http://www.sohu.com/a/138269712_355029，2017年10月2日。

高奖"顶峰奖"的苏姿丰是全球 500 强企业 AMD 的首位华裔女性首席执行官，也是华裔在硅谷科技界的传奇人物和典型代表。

苏姿丰出生于中国台湾台南市，3 岁随父亲移居美国，24 岁就获得麻省理工学院电机工程博士学位，并于 2002 年获选麻省理工学院"Technology Review"100 位杰出青年创新者。博士毕业后，苏姿丰曾在得州仪器公司 (Texas Instruments) 半导体制程与元件中心（SPDC）担任技术专员；随后她进入 IBM 工作长达 13 年，在多个工程和业务部门担任过领导职位，包括半导体研究与发展中心副总裁，负责 IBM 硅技术战略发展方向、参与开发联盟关系以及半导体研发运营等重要工作。2007 年，苏姿丰作为首席技术官加盟飞思卡尔公司，带领公司拟定技术发展蓝图并负责相关的研究发展。2008 年被提拔为网络与多媒体部高级副总裁兼总经理，负责嵌入式通信和应用处理器业务的全球战略、市场营销、产品管理以及工程等事务。2012 年，她正式加盟 AMD，主要负责包括战略制定、产品定义、业务规划等工作，推动与软件开发商的联盟和合作，促进完整软件生态系统的发展，以充分运用 AMD 差异化产品组合的优势。

黄仁勋是硅谷科技界华人创业的典型代表。黄仁勋出生于中国台湾，之后随家人移居美国，在斯坦福取得硕士学位。硕士毕业后，他先后任职于 AMD 以及 LSI Logic，取得了丰富的技术经验，并对他日后创业奠定基础。1993 年，黄仁勋和其合伙人创建了 NVIDIA，致力于制造速度更快、画面感更加真实的特制芯片。当时，这个领域的前景并不明朗，但他们却坚信特制芯片的未来。1995 年，NVIDIA 发布第一代 NV1 芯片，可惜销售情况并不理想，迫不得已黄仁勋解雇了将近 70% 的员工，只留下核心人员。1997 年，NVIDIA 发布了第三代芯片 RIVA128，这款芯片终于得到市场和消费者的认可，NVIDIA 从此走上高速发展的道路，并在激烈的市场竞争中得以存活，与 AMD 一起成为仅有的两家大型 GPU 公司。

当前，NVIDIA 的主要核心业务是人工智能（AI），且被广泛应用于深度学习领域。谷歌、微软和 Facebook 等巨头公司依赖于 NVIDIA 的产品，特斯拉的自动驾驶技术也需要借助 NVIDIA 的 GPU。此外，NVIDIA 的 GPU 广泛应用于 VR 产品中。在全球 3000 多家 AI 初创公司中，大多数公司选择将自己的各类产品建立在 NVIDIA 的平台上。在人工智能领域，NIVDIA 的市场份额高达 70%，甚至超过老牌 AI 巨头英特尔、IBM 以及新入局的互联网巨头 Google，成为当之无愧的行业老大。

在硅谷高科技企业中，华人杨致远创建的 Yahoo! 所取得的成绩和对整个人类社会带来的影响不容忽视。杨致远出生于中国台湾，10 岁时全家移民美国。在斯坦福攻读博士学位期间，他发现"网站越来越多，但彼此孤立，互相没有链接，找起信息来特别麻烦"，于是他想按照图书整理的模式，将独立的网站分门别类地链接，正是这一突发奇想催生了 Yahoo! 的诞生。1995 年，杨致远和合伙人费罗创建了 Yahoo!。早期的 Yahoo! 只是将数以万计的讯息分类整理，方便使用者快速查找信息。后来，随着 Yahoo! 的逐步成长，其建立了集搜索引擎、电子邮箱、即时通信、网页广告和网站建站平台于一体的生态系统，是全球第一家提供互联网导航服务的网站，开创了互联网免费模式，即内容免费、广告收费。Yahoo! 的每一次创新和发展，都深刻影响人们生活的各个方面。后因管理层的频繁变动与更换，公司内部的摩擦内耗等问题，2016 年美国通信巨头 Verizon 宣布以 48.3 亿美元收购雅虎。

五 硅谷华商发展面临的困境

（一）复杂的内外发展环境

毋庸置疑，硅谷华商在技术研究和硬件设计与整合方面做出了巨大的贡献，并且也取得了一定的成功，但是在企业的运营管理方面却不尽如人意。"玻璃天花板"（Glass Ceiling）是指虽然公司高层的职位对某个群体来说并非遥不可及，却无法真正接近，这种现象普遍存在于硅谷华商群体中。据统计，在硅谷高科技公司中，亚裔从业人数占硅谷从业人数的一半，但能够进入公司高层管理团队的仅有 11%。华商在技术研究方面的惊人天赋和才能可以很快获得升迁，但越往后发展华商成长的瓶颈越加明显，以致华商很难升迁至企业的高层运营主管。独立创业的华商也面临着这一难题，当初创企业达到一定规模后，企业在战略规划和经营管理方面的弊病很容易暴露，而结局不外乎是分家或被大企业兼并，更有甚者在风险资本的冲击下，失去企业的经营权和所有权。此外，美国政治环境的变化，对华商企业稳定发展也会产生影响。当前，美国新一届政府出台的有关难民、移民等禁令逐渐倾向保守，无法预测未来美国是否会限制华人流动，但这在一定程度上，对硅谷华商的长期持续发展造成困扰。

（二）运营成本逐年攀升

硅谷集聚苹果、谷歌等科技巨头企业，自由创新开放的硅谷精神和移民文化奋斗精神吸引了来自全世界的各类型人才，世界顶级名校斯坦福大学的教育研发与高科技产业紧密结合，这些因素聚集促使周边房价不断攀升。据2014年《福布斯》杂志公布的一份统计显示，全美房价排名前两位的地区分别是位于硅谷的 Atherton 和 Los Altos Hills，两地房价的中位数分别高达670万和540万美元。硅谷的房租水平在全美也是稳居前三，美国房地产网站 RealFacts 的统计数据显示，2014年硅谷 Santa Clara County 平均每月房租为2321美元，相比上年增长9%；而同一时期该地区的家庭收入的中位数为9.35万美元，即对于一个租房家庭而言，每年房租支出占家庭总收入的30%。硅谷高昂的房价，对于处于创业初期的华商而言是一项巨大的挑战，也在一定程度上制约了华商在硅谷的发展。同时，伴随着日趋激烈的高科技产业的竞争，高新技术企业的研发投入也逐年增加。对于初创的华商企业而言，为了研发新产品和开创新项目，往往是倾其所有地投入，但并不是所有的投入都会得到回报，一旦新产品或新项目的研发失败或滞后于竞争对手上市，华商企业就有可能面临破产或被收购的局面。

（三）行业竞争压力巨大

当前，美国经济增长乏力，失业率居高不下，消费低迷，企业投资消极，楼市疲软，金融系统裁员严重，一系列由金融危机和债务危机衍生出的经济社会问题，使美国经济市场神经更加敏感，经济复苏前景黯淡。据《硅谷指数》报告显示，在爆发金融危机的 2008 年，硅谷地区就业岗位同比下降 1.3%，第四季度商业办公场所面积 4 年来首次下降；人均收入也出现 2003 年以来的首次下滑；此外，硅谷以创新为本的产业结构出现裂痕，风险投资较上年同期减少 7.7%，公开上市企业数量骤减。美国经济下行压力对硅谷最显著的影响是加剧了高科技行业内的竞争，为了最大限度地降低成本，维持企业的正常运营，硅谷高科技企业通常采取的做法是裁员，只留下资深的技术中坚，在裁员指标中华裔首当其冲。

相较于资本雄厚的美国本土企业，硅谷华商企业规模较小，大多数属于中小型企业，没有雄厚的资金支撑和大额的市场占有率，面对日趋激烈的行业竞争，如果公司不能尽快革新或推出新产品，企业很容易陷入举步维艰的境地甚至破产。此外，由于硅谷超强度的劳动，华裔工程师常常受困于健康问题。根据相关新闻报道，在硅谷工作的超半数的华裔每周工作时间高达 50 个小时以上，超负荷的工作以及工作中的紧张和压力使其面临严重的健康问题。

（四）华商人才出现断层

美国自 2008 年爆发金融危机后，2011 年上半年又爆发债务危机，信贷评级下调，近年来尽管美国政府出台多项政策力图恢复经济增长，但从现实情况来看，效果并不显著，硅谷华商企业发展步履维艰。然而，近年来中国经济快速发展，国内互联网等高科技领域迎来黄金发展期，北京、深圳、上海等地的科技园区积极出台优惠政策和条件，吸引硅谷高科技人才回国创业。在硅谷的优秀科技人才，尤其是硅谷的中高层管理人才纷纷选择回国创业，致使硅谷华商发展出现较为严重的人才断层现象。比如早期的李彦宏、张朝阳等硅谷大佬回国创业创建了百度、搜狐等大型互联网科技公司。根据中华工商报的报道，截至 2016 年，我国留学回国人员总数达 265.11 万人，2016 年回国 43.25 万人，回国人数由 2012 年的 72.38% 增长到 2016 年的

82.23%。其中，硅谷华裔人才回流趋势明显，国内的科技企业使出浑身解数在硅谷争夺人才，阿里巴巴、携程、京东等国内科技巨头在硅谷开设专场招聘会招聘华人工程师回国就业。

创业是硅谷科技人才的终极目标，华裔也不例外。相较于硅谷竞争激烈的行业氛围和各种隐性压力等，中国市场发展虽然尚不完善，存在寡头垄断，但依然有广阔的市场空白和创业机会。因此，在硅谷的华裔看准了回国创业这一趋势，当国际猎头向他们抛出橄榄枝后，权衡之后大都会带着硅谷标签回国创业或加入国内巨头公司。大量华裔的流失，使得硅谷华商人才出现断层。除了十多年前华裔创办的几家成功的企业外，近年来很少有华裔在硅谷科技行业实现突破，这与硅谷华裔人才的流失和人才断层密切相关。

六　硅谷华商未来发展展望

（一）主动融入主流社会

经过上百年的发展，硅谷华商在美国具有一定的经济社会地位，但从华商企业数量、规模和创造的社会财富方面来看，硅谷华商仍然只是美国经济发展的补充者。为了寻求更好的发展，获得更多的发展机会，硅谷华商应积极加入美国商会，主动融入美国主流社会。美国商会作为一支非政府组织力量，对于在美企业的发展具有一定的推动作用，并用其极具包容的兴办理念吸引各族裔商人的加入。华商积极参与美国商会和华人商会等组织，可以获得组织内提供的各类信息和资源，如出席商会举办的市场发展分析研讨会，以非政府组织成员身份更便捷地获得法律援助等。同时，华商还可以借助美国商会的平台与美国各级政府或官方组织等对话沟通，获得更多的政策支持或者政府订单，帮助华商扩大产品市场。此外，华商可以依靠美国商会的力量，加强与美企间的沟通交流合作，学习美企正规的经营模式和管理方式，弥补自身在管理能力方面的不足，为华商企业产品进入主流市场奠定基础。

（二）紧乘"再工业化"浪潮

20世纪七八十年代以来，美国通过国际产业转移，实现经济的"去工业化"，美国经济发展逐渐依靠金融服务等虚拟经济。2008年金融危机的爆发使美国不得不重新审视经济转型，从虚拟经济转向实体经济，从而兴起"让制造业回归美国，实现美国再工业化"的浪潮。随着美国新一届政府的上任，越发重视"实业回归"。但当前的"实业"又区别于以往，主要是以科技创新为依托，大力发展先进制造业和新能源产业、环保产业、生物技术产业和信息技术产业等高新技术产业。硅谷华商企业应紧乘"再工业化"浪潮，根据自身实际情况不断加大企业研发投入，以科技创新为目标，主要聚焦高新技术产业，发挥华商在技术开发方面的天然优势，推动产品更新换代，创造新的经济增长点，不断提升自身实力，推动企业实现转型升级。

（三）华商回流中国趋势明显

随着美国经济的疲软、中国经济的持续强劲增长和中国和平发展的良好预期，硅谷华商回归祖籍国或回国创业的趋势逐渐明朗。根据加州大学伯克利分校李安娜教授对2000名硅谷移民的最新调查发现，有43%的硅谷精英愿意在目前或未来回国工作，其中45%选择回归上海；77%的硅谷华人称自己已有一个以上的朋友或同事回国。英特尔公司投资总经理DuangKuang预测，在未来的5~10年中，从硅谷和世界各地回来的华人创业者将给中国带来5~100个产值达10亿美元的公司。同时，中国出台一系列"招贤引智"政策，如试点改革绿卡、居留、签证以及出入境制度，降低海外人才获得中国"绿卡"门槛等，吸引海外高层次人才和华裔回国创业。因此，硅谷华商充分利用中国经济转型升级和实施"一带一路"等战略的契机，紧紧把握中国巨大的发展市场，发挥好自身优势（即与中国的天然关系，同时又具备较为先进的技术和管理方法和理念，了解和熟悉海外市场和环境，拥有较多的商业信息和资源等方面优势），积极寻找与中国合作的机会，准确研判国内商机和机遇，通过回国投资或者合资兴办公司或者投资项目等方式拓展与中国企业的合作，开拓华商企业新的利润增长点。

参考文献

陆月娟：《美国华商的历史变迁》，《上饶师范学院学报》2002 年第 1 期，第 86 ~ 90 页。

林联华：《美国华商现况探析》，《亚太经济》2010 年第 5 期，第 112 ~ 115 页。

林联华：《美国华商发展概况、投资特点及未来展望》，《东南亚纵横》2011 年第 6 期，第 92 ~ 95 页。

王志章、王启凤、谢永飞：《美国硅谷华人与印度人之比较研究》，《重庆邮电大学学报》（社会科学版）2008 年第 6 期，第 90 ~ 96 页。

许素琨：《知本之鹰——硅谷四位华人的创业故事》，《经营管理者》2000 年第 8 期，第 43 ~ 44 页。

徐海燕、何健宇：《美国经济霸主地位的衰退趋势研究——基于 GDP 比重分析的视角》，《复旦学报》（社会科学版）2013 年第 5 期，第 108 ~ 115 页。

徐晞：《美国华人商会对促进中美关系的作用与效应分析》，《中国软科学》2016 年第 9 期，第 53 ~ 63 页。

杨刚、王志章：《美国硅谷华人群体与中国国家软实力构建研究》，《中国软科学》2010 年第 2 期，第 14 ~ 24 页。

龙登高、张洪云：《多元族群视野下的华人特性——美国亚裔六大族群的比较》，《华侨华人历史研究》2007 年第 1 期，第 10 ~ 24 页。

邵玫：《机会多多　硅谷精英大批回归》，《沪港经济》2017 年第 3 期，第 36 ~ 39 页。

苑帅民、高京平、孙倩茹：《美国经济的困境与复苏的努力》，《社会科学家》2013 年第 6 期，第 66 ~ 70 页。

B.8
海外华人家族企业历史与特点

陈凌　章迪禹*

摘　要：　海外华商受中国独具特色的家族、家族制度和家族文化影响，
　　　　　家族企业形式占有很大比例。本文分析了华人家族企业发展
　　　　　的三个阶段，即古典家族企业时期、家族企业内部股份制时
　　　　　期和家族企业社会化时期。之后进而探讨华人家族企业的治
　　　　　理特点和文化传统。华人家族企业不同于发达国家的大企业
　　　　　和企业集团的主要特征就是，家族牢固地拥有并经营企业集
　　　　　团。华人家族企业治理机制的一个基本特征是非结构性的垂
　　　　　直治理，主要表现在两个方面，一方面，企业中的委托人与
　　　　　代理人之间责权约定的保证是双方的私人关系，而不是法律
　　　　　契约；另一方面，拥有企业实际控制权的管理者，并不是真
　　　　　正意义上的职业经理，他的代理人地位，主要不是由于其管
　　　　　理才能而得到的，而是基于其在公司中的控股权地位。最后，
　　　　　分析了华商企业在发展过程中形成的一系列具有华商特点的
　　　　　国际化战略和多元化战略。

关键词：　海外华人　家族企业　国际化　多元化

"有海水的地方就有华人，有华人的地方就有华商。"尽管华商分布在

---

* 陈凌，浙江大学管理学院教授，企业家学院院长；章迪禹，浙江大学管理学院企业家学院研究助理。

世界各地，其经济是所在居留地的一部分，但是，在历史、文化、地缘、亲缘等方面都与中华民族有着不可隔断的联系。在漫长的历史长河中，中国形成了独具特色的家族、家族制度和家族文化，对海外华商产生了重要影响，具体表现在家族企业形式在华商中所占有的巨额比例上。当然，随着工业化浪潮的兴起、经济全球化的发展和西方文化影响的加深，华商的家族观念和家族伦理也发生了一定的变化。

一般来说，所谓华人，是对民族概念上中国人的另一个称呼，其又可被分为海内华人和海外华人。海内华人一般指中国大陆及港、澳、台华人。海外华人则主要指移居国外的华人及其后裔。

从各地华人家族企业的存续角度而言，中国大陆的家族企业由于进行过社会主义改造，历史上存在的家族企业大都消失，因此改革开放以后不断涌现的民营企业是全新的，只有极少数企业可追溯至1978年以前；中国香港的华人家族企业多是20世纪40~50年代自中国大陆迁徙而来；中国台湾地区的华人家族企业则于二战后逐渐产生和发展，60年代后，随着台湾地区经济的发展而壮大，诸多企业也发展成大型的企业集团。

在海外，东盟国家是华侨华人的主要聚集地区，自20世纪70年代末始，东盟国家中诸如印度尼西亚、菲律宾、马来西亚、新加坡等相继发展出劳动和资本密集且面向出口的工业，形成了一批新兴华人企业集团。但其他东南亚国家如越南、老挝、柬埔寨、缅甸，则因其经济体制僵化，华人经济主要集中在第三产业领域，工业制造业实力很弱。总之，在东南亚地区，华人企业的经济地位较高，而政治地位较低。欧美发达国家的老一代华人家族企业多以传统贸易生意为主，但随着科技时代的到来以及新一代华人的渐渐融入，一些由华人创立的科技型企业在逐渐增多。

如今，华商是世界上一支重要的经济力量。其中，新加坡、泰国、马来西亚、印度尼西亚和菲律宾等东南亚地区仍是大型华商企业的集中地。与东南亚聚集着大量的老华商不同，在北美和澳大利亚等地出现了大批以新移民为主的运营中小企业的新华商，他们突破了老华商以"三把刀"（菜刀、剪

刀、剃刀）为主的传统产业，大多从事现代服务业，部分还投资科技型企业。另外，经过亚洲金融危机，港台华商资本实力反超东南亚五国华商。福布斯 2016 年全球富豪榜上的港台富豪资本总额 2805 亿美元，远高于东南亚五国华商富豪 1557 亿美元的资本额。

在本文中，笔者将主要为大家介绍华人家族企业（非中国大陆）的历史和发展阶段，进而探讨华人家族企业的治理特点和文化传统，最后分析其国际化、多元化战略。

一　华人家族企业的历史

华人家族企业在世界各地所创造的奇迹是有目共睹的，至今仍然充满活力。华人家族企业经历了一个不断发展的过程。关于海外华商的起源，主要有两个。一是 1840 年以前，因明清两朝长期迁界禁海，私人海外贸易成为古人移居海外的动力。在西方殖民者势力扩展到南洋地区时，中国人主要作为中间商和劳动力。二是从 1840~1949 年这段时间，是中国历史上规模最大、分布最广、产生影响最深的海外移民时期。由于国内外双重原因，劳工成为移民主体，随后他们为了谋生，开始在当地从事农业和手工业等经营活动，其中的佼佼者即成为今日世界各地的知名华商。

在华人家族企业发展阶段的问题上，相关学者们基本达成共识，即华人家族企业的发展路径大致经历了古典家族企业、家族企业内部股份制和家族企业社会化三个阶段。

（一）古典家族企业时期

古典家族企业时期既是华人企业的创业时期，也是华人企业家族治理的初始时期。早期的中国移民，除了在矿场和种植园充当劳工以外，他们的创业一般是从小商贩和小工匠开始的。到他们有了自己的小杂货店或小作坊的时候，也只能由自己的家人来经营。后来随着业务量的不断增加和企业规模的逐渐扩大，人手日显不够，才开始将自己的兄弟或其他亲戚找来帮工或者协助创业者经营管理企业。由于早期华商沿袭中国传统的家族制度，企业所有权表面上完全由创业者独自控制，实际上由整个家族所共同享有，但又未实行股权分配，而企业的经营管理权则基本上由创业者独自掌管，家族其他成员尚处于帮工或协助管理、经营的地位，尚未出现明显的管理权分工。这一时期，华商经营的领域大多是小商小贩、小旅馆、小饭店以及家庭作坊式的各种小型加工厂等，业务范围也都在某一城镇之内。

早期华人企业的这种古典家族经营形式，是在特定的环境和历史条件下形成的。正如前文所述，因为国内外的因素所导致的移民潮，这些华人大多没有受过正规的学校教育，所以在海外谋生的手段最初都是出卖自己的体力。随后他们利用自己多年克勤克俭的积蓄，才能够经营一些小商店或者小作坊，这时他们唯一可以依靠的就是自己的家庭成员。可以说，中国人的传统伦理道德观念对这些早期移民的家庭经济活动方式产生了巨大影响，而他们在社会经济活动中所扮演的家族经营的角色，又恰恰加强了这种传统的家族关系的纽带。在早期中国移民历史上，家族中的一个人在某地站稳了脚跟，其家族成员、亲属乃至同乡都会纷纷去投靠，许多著名的福建籍华人大企业家如陈嘉庚、郭鹤年、林绍良等的创业过程都大致如此。另外，在早期经营的时候，由于地方法律、社会制度和管理规则等方面的不完善，华人利用家族关系保障其资本安全与经营顺利发展也是必然的选择。

（二）家族企业内部股份制时期

第二个阶段是家族企业内部股份制时期，这一时期也是华人家族企业的发展时期。华人家族企业由股权单一化时期向家族内部股份制演化发生在20世纪50~60年代。第二次世界大战结束后，国际经济社会环境发生了很大变化，华人企业获得了战后发展的独特机会。在东南亚各个国家和地区，华商企业一方面收购西方殖民者在东南亚的资产，另一方面与当地政府或原住民合资合作，迅速扩展自己的事业，企业步入了战后发展的快车道。产业领域已转向金融、连锁式酒店、旅游、房地产、大型制造业、大型商场，并已经出现了多元化的势头。经营地域已扩大到全国范围，也有少数发展较快的企业将业务扩展到邻国。原来由创业者独资控制所有权的配置方式就有些不适应企业成长的需要了，在企业里帮工或协助创业者管理企业的兄弟或其他亲戚，以及已经长大成人、参与企业经营管理的第二代都开始要求与创业者分享企业股权。同时，经过几十年的艰苦创业，第一代华商进入了退休年龄，甚至离开人世。于是也出现了二代子女不满足原先的家族共有制度，要求分配股权甚至自立门户。于是，华人企业开始由股权单一化时期向家族企业内部股份制时期演化。创业者对企业所有权进行分割，将过去由自己单独控制的股权按一定的比例分配给自己的妻子、子女和兄弟等亲属。例如，新加坡著名的家族企业——杨协成企业集团的转手可能就是一个经典的例子。这个企业最初只是经营酱油的小商铺，通过家族成员的努力，其业务扩展到维他奶、鸡精、菊花茶等，进而成为驰名东南亚的企业集团，此时其控股公司以杨氏家族48名成员为股东。

与此同时，创业者的成年子女和兄弟及兄弟的成年子女也开始要求分别掌管家族企业集团的某一方面业务。由于华人的传统家庭观念是多子多孙，一些华人大企业家族往往都拥有比较多的后裔。在一般情况下，长子是企业的主要继承人，其他子嗣则分别主管各个企业或部门。这样，家族企业的管理分工就出现了，从而建立了比较完备的家族企业管理制度。华人家族企业的经营管理权在家族内部由创业者独自控制转向了多元化配置。应该说，家族内部股份制的出现是华人家族企业发展的重大突破。

（三）家族企业社会化时期

第三个阶段大约是从20世纪70年代至今。在这个时期，华人家族企业经营的产业层次不断提高，多元化经营范围进一步扩大，也开始转向传统产业与高科技相结合，涌现出一批实力雄厚的企业集团和跨国公司。许多大型华人家族企业开始采用了跨国公司战略，经营业务的国际化程度不断提高。同时，随着居住国经济的迅速成长，法律制度的日趋完善，以及逐步激烈的国际性商业竞争，华商传统的家族企业面临严峻挑战，传统的华人商业模式由此也开始发生变化。

最重要的变化是华商中的上市公司数量不断增多，华人家族企业公众化和社会化程度不断提高。但是，就企业的股权来说，它们的占有和分配情况有所不同。某些华人大企业集团的股权基本上仍然掌握在家族手中，虽然他们会任用外人来担任一定的管理职务，但企业的发展方向和方针大计，只能由他们决策。在印度尼西亚，最大的香烟生产企业，即蔡云辉家族的盐仓集团和林生智家族的森普纳集团都属于这类性质，基本都仍然保持着家族垄断的模式，所有权比重都在80％以上。

华人家族企业的另一个变化是逐渐形成了现代型的、规范的家族企业制度。来自家族以外的高层管理者越来越多，家族成员也开始部分地退出企业。在这一时期，企业的家族治理开始与社会资本相结合，家族管理制度与现代管理制度相结合，开始出现股东大会、董事会和家族委员会这些组织，家族成员的退出机制也开始建立。还有一些华人大企业集团虽然保留家族企业的形态，但集团如今所属企业的所有权实际上已经分散在家族成员的手中，各自独立经营，例如新加坡的丰隆集团和马来西亚的光华集团等。

二　华人家族的文化传统与治理特点

（一）中国的家族文化

中国基层社会，自古以来长期聚族而居，家族成为社会基本单位，人们大都被网罗在宗族系统之中。宗族是具有高度凝聚力的群体，它依靠祖先崇拜的信仰与情感机制，以父权的权威为核心，纵向对家族进行维系和整合，家族内部既强调家庭成员对父权的服从和忠诚，也强调父权对家庭成员的义务和责任。以家族为基础建立的企业，在内部继续按照传统习俗维持。企业领导对不确定性的未来做出重大决策之后，整个企业齐心协力，将内部的摩擦减少到最低限度，保证长远的高效率和稳定性。显然，当今东南亚的许多华人企业集团就是这样的家族式组织，虽然它们的所有权关系的具体形式多种多样，但它们不同于发达国家的大企业和企业集团的主要特征就是，家族

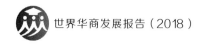

牢固地拥有并经营企业集团。

本文所谓文化，是指社会共有知识，即行为者认为属真的观念，最能体现观念的内容当属制度。所以在我们考察文化的时候，应该把主要注意力放在制度考察上。一般而言，家族制度是指规范家族活动的规则和习俗，中国传统的家族制度一般由宗祠、族田、族谱、族规、墓地等因素构成。长期以来，中国古代社会都依靠宗法制来治理，而后宗法制又与儒家文化相融合，形成了独具特色的中国传统家族文化特征，具体如下。

1. 浓厚的家族观念

与西方人相比，中国人具有很强的家族观念，由此使得中国人对家族有很高的期望，也使得家族在中国人的心目中具有很高的位置，所以中国人普遍具有家族本位的思想。这种观念首先表现在家族利益至上方面，即指个人以家庭为出发点，家庭优先于个人的一切。由此激励个人为家庭而努力工作，另外也使得人们倾向于从家庭寻找归属感。其次，人们普遍追求大家庭，诸如四世同堂的理想状态，继而聚族而居，组建家族组织，获得升级的帮助和生命的安全。再次，因为在农业社会状态下，家族之间的往来较少而且也没有必要，所以长期与家族内部成员互动的过程使得家族内部信任程度非常高，而对外人的信任度则较低。由此形成了费孝通先生所谓的差序格局，即以家庭为中心，随着亲密程度的降低，信任也随之递减。最后，中国人不仅强调家族发展，还会强调家族延伸，当家族以外的团体进入家族后，通常会将这些团体的关系予以家族化，即把公共关系变成家族关系。

2. 严格的家族伦理

所谓家族伦理，是指规范家族成员之间相互关系的道德准则。中国是一个以父系制血缘家族为本体的社会，强调家族永续不绝。因此，父子关系是家族关系的核心。同时，家长制也是家族凝聚力的核心来源。家族有严格的等级秩序，成员角色行为取决于辈分。同时，家族成员应该互相帮助，抱团取暖的观念也深入人心。此外，自从汉武大帝定立诸子均分制以来，中国就此形成了通过该方式来进行代际传承的惯例，因此家产总是越分越少。

（二）华商对传统家族文化的扬弃

华人虽然离开故土，前往世界各地，但是中国传统文化对华人的影响仍然巨大，上述家族文化特征均可以在他们的行为方式和人物性格中找到例证。但是由于华商在海外成家立业，面临着社会经济环境和西方工业文明的冲击，其家族文化也相应地进行着调整和适应，发生了一些变化。

首先是农业宗族转变为工商家族。农业社会的宗族聚居是一种常态，但是由于海外工商社会的需要，华人家族企业更倾向于采用共财同居的小家族形式。这有利于早期工商业资本的积累与集中。其次，在迈向工商家族之后，回归故土大家族的概念会逐渐被追求小家族独立发展的意识所取代。即这些小家族扎根于当地，不会再希望有朝一日回到家乡生活。再次，华商对于家族的依附性将在经商过程中被个人对家庭的责任所取代。因为在海外，他们只能依靠自己和身边的家人，由此建立起来的责任感逐渐变成了个人独立自主的个性和能力追求。最后，家族固有的血缘封闭性逐渐因为开放性的商业而开始松动，但与此相对应的，华商在诸如家族利益至上、遵守家族秩序、服从家长等家本位理念方面仍然会恪守不易，因此这是一种类似差序格局的开放性，因人远近而易。

总体而言，海外华商的家本位理念并没有改变，但在移民环境和商品经济环境下对家族观念进行了扬弃也是不争的事实，家族对华商凝聚力的作用仍然存在，但是封闭性、依附性和宗法制度遭到了淘汰，这也是其适应现代工商业和市场经济的需要。另外，随着新生代华商的接班，其家族观念日趋淡化，传统家族伦理受到冲击，他们多追求个人主义的特点也愈加明显。

（三）家族文化对华人企业的影响

家族企业是海外华商共同采用的经营组织形态，其特点主要有以下几方面。

1.华人家族企业形式普遍存在

以家庭网络为支点拓展生活空间，是华商经营创业的便捷通道。不论在欧美、东南亚，还是在港台地区，无论是规模庞大的企业集团，还是小店小铺，华商企业一般都是家族企业。一个家族经营一个企业或企业集团，或者几个家族共同经营。马来西亚首富郭鹤年曾有过一段妙语描绘其企业："就我个人的意见认为，寻求良好的管理必须要从个人的家院和花园开始着手，相同文化，诸如语言、举止、形态，以及教育制度，可以对建立起早期的内聚管理工作队伍做出巨大贡献。当集体协作及团队精神建立起来后，方能引荐其他具有不同文化背景的才能之士进来。"

2.华人家族企业网络及其扩大

表面上，华人家族企业在市场经济的大潮中，独自参与市场竞争。其实不然，企业所需的资金、人才、信息等资源要素，部分是由家庭或家族网络进行流通和配置的，这张网络不仅将华人家族企业连接成一个无形的整体，而且紧密地与企业所处社会环境和西方国家企业集团联系起来，为其企业的运作营造出良好的企业生态环境。正如雷丁所指出的，华人家族企业之间的网络关系弥补了家族企业组织自身的软弱和不足。因此，随着家族企业的扩大，这张无形的网络也随之扩大，尽管在外人看来这张网并不透明，但是在国际化时，该网络依旧提供了华商之间能够相互联系的生意圈，从而为企业发展提供不可或缺的条件。

3.华人家族企业的传承

中国社会"子承父业"的传统，在港台地区和东南亚的华人家族企业集团中比较普遍地得到了保留，事实上这条规则至今仍无人突破。即便有多个儿子，总会有一个人成为企业领导权的唯一继承者，接班人选择顺序一般是"先儿女，后子侄""男女有别，以长为先"，有时也会更看重道德与才能。除了"子承父业"之外，"诸子均分"也是华人家族企业传承的核心特点，除指定一人接手企业领导权外，其他财产则平均分配，其他子女要么管理企业其他部门，要么另起炉灶、自行创业。根据统计，中国台湾95%的董事长或总经理都会优先让自己的儿子作为直接接班人。对于传承教育，长辈都会非常重视，一般从小就会对其进行勤俭等中国传统的教育，随后将子女送到欧美著名学府学习现代工商管理知识和科学技术。因此，海外华人的新一代大多接受了西方教育，既具有良好的专业素质，又受到华人特有的家庭文化教养的熏陶。再者，他们在家族企业中从业还有一个共同特点，即一般从基层做起。例如台湾地区的"经营之神"王永庆，就要求其毕业于英国的化学博士儿子王文洋从基层一步一步做起。目前，东南亚以及中国台湾华人家族企业普遍成立时间长，企业家年纪大，接班由二代进入三代。中国大陆家族企业仍多在第一代创业家手中，少部分开始由第二代接班。香港地区方面，华人企业有极大比例为第一代创业家经营，但亦有少部分高龄企业仍在高龄的一代或二代企业家掌握中。

4. 华人家族企业以中小型为主，且多两权不分

华人家族企业以中小型为主，这种现象在港台地区尤甚。台湾地区中小企业占制造业总数的 99% 左右，雇用人数占劳动力总数的 70% 左右，出口占台湾地区总出口的一半左右。这是因为华人企业大多参与的是劳动密集型和技术密集型产业，规模效应并不明显。华人家族企业多数是两权不分，即所有权和管理权高度集中。

5. 家族追求对企业的绝对控制

一般而言，绝对控制企业的特点主要表现在华人家族企业总体上是家长式领导，所有权和管理权高度集中，而且华人家族企业多倾向于不上市，家族企业的特点本来就是不愿意向外人扩股融资，大多数华人也会认为不是同一家族的人难以合作，更不希望"肥水流到外人田"。在马来西亚丰隆集团旗下 200 家企业中，上市的只有 12 家；印尼金光集团拥有的 400 多家企业，仅有 5 家上市。其实就算是上市公司，在股权上也绝对要控制在华人家族成员手中。可以说，较高的持股比例本身就是家族文化的一个突出体现。当然，近年来，随着企业经营环境的变化，其市场要求企业在研发、供应、生产、销售和售后服务各个环节之间的协调必须更加密切，资金、信息、技术和生产之间的配合也必须更加紧密，企业之间的互相依赖程度和相互牵制程度由此大大提高。因此，华人家族企业的产权安排做出了相应的调整。目前比较典型的方法就是建立内部职工股。例如，台湾地区的宏碁集团就要求任何担任重职的员工都必须入股，以此来促发员工的创造性和凝聚力。

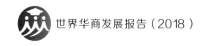

6.华人家族企业与部分行业性质存在固有的矛盾

家族企业通常具有长期导向，对于发展速度很快、更新换代更快的行业则凸显出自身的不适应。这方面表现尤其明显的就是 IT 行业，例如美国王安电脑有限公司，通过创始人王安的努力，在 20 世纪 80 年代成为世界上最大的字处理机生产商。但在传承问题上，王安不顾众多董事和高管反对，任命 36 岁的儿子王烈担任公司总裁。他的理由充满着中国家族理念的味道，即"因为我是公司创始人，对公司拥有完全的控制权，所以我要让我的子女有机会证明他们的管理能力"。结果，大批追随王安多年的高管挂冠而去。到 1988 年，公司亏损高达 4.24 亿美元，病危中的王安只得令儿子辞职，并请知名经营专家爱德华·米勒力挽狂澜。但是在王安病逝后两年，该公司仍然只能申请破产保护。其实 IBM 也只传承了一代，所以笔者观察到在这些高科技且变化很快的行业，诸如 IT 业，家族企业的数量也在逐渐减少。

（四）华人家族企业的治理结构特点

所谓治理结构，主要是指在两权分离公司中，股东和债权人对公司管理层的监控和激励的结构，是有关所有者、董事会和高级执行人员即高级经理人员三者之间权力分离和制衡关系的一种制度安排，表现为股东大会、董事会、监事会和经理人员职责和功能的具体界定。董事会作为股东权益的代理人，既是决策机构，也是监督机构。从本质上讲，公司治理结构是企业所有权安排的具体化。

华人家族企业治理机制的一个基本特征，就是非结构性的垂直治理，主要表现在以下两个方面。

第一，华商企业中的委托人与代理人之间责权约定的保证是双方的私人关系，而不是法律契约。家族企业的治理原则通常更倾向于亲缘、血缘以及地缘关系，重要职位依照关系密切程度进行取舍，总经理、董事长这样的职务大多具有父子、兄弟、配偶等血缘或亲缘关系。

第二，拥有企业实际控制权的管理者，并不是真正意义上的职业经理人，他的代理人地位，主要不是由于其管理才能而得到的，而是基于其在公司中的控股权地位。华人上市公司的企业控制人，一般都在公司中拥有很高比例的股权。早在 20 世纪 90 年代的一项调查显示，香港股票市场 54% 的资本被十个家族财团控制，其中有七个是华人家族。

另外，需要补充的是，即使实行员工参股的企业，其治理结构也带有明显的家族治理特征。员工参股的核心是老板与员工之间在多年的协作中建立了信任和良好的私人关系，同时老板本身的商业信誉和个人人格极具魅力，某种程度上替代了现实的契约，成为公司主要凝聚力的来源。

董事会是现代公司内部最重要的治理机制。它代表所有者监督管理当局。而对于华人家族企业的董事会而言，更应该被称为家族董事会，家族外部人员的发言权较小。因此，对于华人家族企业来说，全体董事会的作用通常会弱于家族临时召开的一些会议甚至聚会，这也就是很多学者诟病家族企业治理不够透明的主要论据之一。同样的问题还包括经理层，其进入标准仍然是血缘和亲缘，而非"德才标准"。但是随着时代发展，现在的华人家族企业已经越来越多地通过德才标准引入外部高管，并且经常采纳其决策建议，从而很大程度上缓解了这种家族治理的弊病。

最后，我们再来谈谈华人家族企业对于高管人员的激励问题。一般而言，如果高管是家族成员的话，那么就可以很大程度上避免西方管理理论中最为强调的委托代理问题，毕竟作为家族成员经营自己的公司，甚至董事长总经理是创业者自己，根本就不存在信息不对称的问题。即便两职并非一人兼任，家族内部的父系权威也有利于约束所谓的机会主义行为，家庭利益至上的共同信念更可以抑制搭便车行为。此外，家族声誉远比金钱更能够成为家族成员努力工作的动力，血缘关系还可以把家族成员整合在一起，大幅度降低委托代理问题的危害。再者，华人家族企业的诸子均分传统本身就是最好的激励机制。

对于非家族经理来说，他们大多是具有专业才能的专家，尤其在华人家族企业发展的社会化阶段对企业的发展发挥了极其重要的作用，没有这些人才，华人家族企业就不可能有今天的繁荣态势。但是，外部专家永远意味着成本提升。为此，华商们通常会采用一些正常企业所采取的措施，例如重视

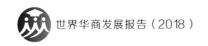

能力和业绩表现，实行较同级别公司更高薪酬的制度。同时也会对其进行有限授权，并用感情甚至亲情来加固私人关系。

总的来说，随着时代的发展，外部环境的变化，以及华商二代、三代阶段的到来，华人家族企业中家族的意味正在变淡，正式契约的治理作用正在逐渐加强，华人上市公司的所有权也在逐渐分散。笔者认为，从未来大趋势而言，将外部经理人发展为华人家族企业的合伙人似乎更符合未来的大趋势。

三　华人家族企业的主要战略

随着东南亚各国、台港澳地区和世界其他地区工业化的发展，华商企业得到比较快的发展。其中，不少华商企业成长为大型企业，建立了庞大的商业王国。在华商企业发展过程中，形成了一系列具有华商特点的发展战略，本文着重为大家介绍华商企业普遍存在的国际化战略和多元化战略。

（一）以华人网络为纽带的国际化战略

20 世纪 80 年代以来，华商企业的海外投资急剧扩张，在世界经济中迅速崛起。从历史角度看，从华商企业急剧扩张至今主要经历了两个阶段。

第一个阶段是从 20 世纪 80 年代至 1997 年亚洲金融危机，是华商企业跨国经营发展最为迅速的阶段，华商企业全面顺应全球化的潮流，积极参与国际分工和开展跨国经营。例如，李嘉诚 1986 年斥资 36 亿元港币购入加拿大赫斯基石油公司 57% 的股权，1988 年又联同郑裕彤、李兆基斥资 120 亿港币投资温哥华世界博览会旧址，将其发展为商业及住宅中心，等等。

第二个阶段是 1998 年至今，即华商企业跨国经营的调整和复苏阶段。显然，亚洲金融危机使东南亚、台港澳地区等的华商企业受到严重影响，强如印尼三林集团，其在香港的上市公司市值在一年之内骤然下降了 58.9%。面对这样的情况，华商企业不得不收缩投资规模和领域，实施债务重组，同时也对经营方向和投资结构进行了调整，转而积极投资高科技产业。例如，马来西亚郭氏兄弟集团所属的香港嘉里建设公司大力发展电子商务的物流服务，建立物流和电子商务网站。通过上述调整，华商企业的发展再次转好，直至今日，已经完全复苏并继续释放着自己的上升势头。

华商企业跨国经营也具有自己的特点，首先是以中国香港为基地的拓展跨国经营。香港地区地理位置特殊，北靠中国内地，南望东盟，而且经济发达，是世界第三大银行中心。除港人资本以外，它还汇聚了世界各地的华商资本，尤其是东南亚地区、中国内地以及台商资本。尤其是 20 世纪 80 年代以来，华人企业集团旗下的公司纷纷在香港挂牌上市，菲律宾陈永栽集团、新加坡远东机构的信和集团、郭鹤年的郭氏兄弟集团等均在香港有几十亿美元的投资。

华人家族企业国际化战略的第二个特点，即以华商网络为投资纽带。华人历来注重道义交情，着眼于营造人际关系，并以亲缘、地缘、商缘等关系为线索，编织着广泛的人际关系网络，每个企业都处于这种网络之中，并且都在不断扩大或维持这种网络。哈佛大学 John Kao 教授曾做过统计，华商企业国内业务的 52%、海外业务的 39% 是在华商企业之间进行的。华人经济网络增强了华商企业集团海外投资的优势。可以说，位于东南亚、港台地区的华人形成了一种无形的网络，成为穿越政治和非关税壁垒的天然孔道，进一步加强华商企业集团之间资金、信息、业务上的联合，起到传递信息，融通资金，降低交易费用，规避风险等作用。

这里对于企业网络，中国家族企业的组织形式更是由于其不同的发展阶段、所处产业的技术特点和所处区域文化背景的影响，呈现极其复杂的多样性。雷丁根据对中国台湾、中国香港及海外华人企业的实证研究，揭示了华人企业家和企业组织行为的文化源泉。他对华人企业组织行为的重要结论是"弱组织和强网络"（"weak organization and strong linkages"）。所谓弱组织指的是华人企业以家庭企业为主要形式，而家庭企业与现代企业组织形式相比，是难以与之匹敌的，是软弱的；而强网络指的是华人企业之间以信誉为基础的联系具有长期稳定的特点。雷丁认为，以家庭企业为主的华人经济能够取得成功的原因是企业之间的网络关系弥补了组织软弱的不足，他的这一

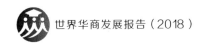

结论基本得到了大量有关东南亚华人企业组织研究的验证。

第三个特点即以东亚和东南亚为主要投资区域。华商企业的投资固然遍布世界各地，但是由于地缘、人缘和文化等方面的影响，东亚和东南亚是华商跨国投资的主要区域。有学者对东南亚华商企业集团对外直接投资（FDI）区域分布进行了分析，在36个样本中，投向中国香港、中国内地、新加坡和其他东盟国家的华商企业集团分别占总样本数的86%、78%、44%和75%。具体到每个企业集团，也多呈现以东南亚—香港为轴心的投资格局，例如马来西亚的郭氏兄弟集团控制和拥有的企业超过200家，主要分布在东亚和东南亚各地；再如印尼的三林集团，尽管其跨国投资已经扩张到北美、欧洲等世界各地，但该集团深具"亚太概念"，其中资本分布的2/3和盈利的60%~70%来自东南亚和香港地区。

华商企业跨国战略的第四个特点为家族控制。在华人跨国公司中，往往呈现父在香港、子在纽约、叔在台湾的局面，有学者称之为"小小的家族联合国"。例如印尼力宝集团的创始人李文正卸任后，次子李白全面主持印尼的业务，三子李宗则在香港主持海外业务。事实上，华人家族企业即便在海外子公司招聘经理，也经常会选择有关系的华人，这有利于家族控制子公司的经营并降低代理成本，还有利于增强子公司的当地适应性。

（二）华商企业的多元化战略

所谓多元化经营是指企业集团通过新建、收购、兼并或其他合作形式参与相关或不相关行业领域。华商企业多元化经营是伴随着华商企业规模扩大和实力增强而出现的。20世纪70年代之后，较多的华商企业开始采用多元化战略。一般来说，华商企业都有一个发家的"基业"，早期主要是农业、流通业和金融业。随着经济的迅速发展而涌现出许多投资机会，华商企业就不断向新领域进军，扩大事业范围。

一般来说，华商企业的多元化产生主要有三种情况。其一，由于产业间的相关性而产生。通常一个企业所经营的多元化产业之间多存在不同程度和不同形式的关联，这些关联为企业进行多元化经营提供了条件。例如，菲律宾华商郑周敏的核心业务是金融，以此为依托就更方便他从事土地开发、房地产等行业。其二，由企业未利用资源而产生。企业的经营活动，就是利用各种经营资源创造具有附加值的产品或服务的活动。但是由于各种原因，企业内总会存在未利用资源。例如，菲律宾华商施至成充分利用其鞋业公司的经营资源，建立大商场和百货公司。其三，由产业结构升级而产生。随着国际产业分工转移和国内产业结构升级，华商企业集团进入的产业也呈现从低级产业到高级产业的演变。印尼三林集团的林绍良在二战前从事贸易业，战后开始由商转工，先后创办了肥皂厂、纺织厂、铁钉厂和自行车零配件厂。20 世纪 70 年代后又涉足汽车贸易，并大力发展银行业。进入 80 年代，他又开始经营钢铁、煤炭、石油、化工、电器、通信、房地产等行业。这个过程其实就是印尼产业结构升级的过程，也是政府政策导向变化的过程。

当然，多元化是把双刃剑。过度、盲目地进入一个陌生的领域，或是过度的多元化同样可能给企业带来负面影响，损害企业现有的市场竞争能力。由于企业的业务涉及多个产业类型，增加了企业内部管理的复杂性，从而提高了对企业能力和资源的要求。此外，多元化可能让企业的代理问题更加突出，进而产生无效率投资，损害企业竞争力。因此适度多元化，包括合适的产业数量、合适的业务比例，是企业多元化战略成功的关键。

目前，华商企业的多元化经营是一种有所侧重的多元化，每一个企业基本上有自己的主导产业和拳头产品。根据主导产业的差异，华商企业的多元化，大致可以分为四类：产业型、金融型、服务型和综合型企业。由于各个国家产业结构和政策的差异，马来西亚、菲律宾、印尼和泰国等国华人的产业型企业发展较快，新加坡则以金融型和服务型企业居多。当然随着外部环境的变化，占据主导地位的企业类型也会随之变化。如今，面对全球范围内的高新技术产业发展，华商企业积极向高新技术产业投资，在通信、互联网、电子商务、电子信息产品制造、生物工程等领域都得到很大的发展，相信随着中国"一带一路"倡议的实施，华商的多元化发展战略会更加重要。

另外，由于华商企业普遍是家族企业，所以家族控制在一定程度上还是会对多元化产生影响。一方面，家族管理意味着家族对亲密管理模式的偏

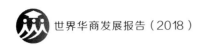

好，而有限的家族规模意味着家族人力资源池的局限性，有限的优秀家族管理人才限制了企业多元化战略的开展与实现。另一方面，多元化还是家族企业传承时有利于诸子均分制度的具体实施。

参考文献

康荣平：《华人跨国公司初探》，《世界经济》1996年第5期。

康荣平：《多元化经营的战略模式》（上、下），《企业改革与管理》1999年第6/7期。

康荣平、柯银斌：《华人跨国公司的成长模式》，《管理世界》2002年第2期。

庄国土、王望波：《东南亚华商资产评估》，《南洋问题研究》2015年第6期。

陈凌、王河森：《华人企业集团家族治理模式演进研究——以印尼哥伦比亚集团为例》，《东南亚研究》2011年第3期。

陈凌：《文化与企业组织——论中国家族企业的成长和组织变革》，浙江大学2002年5月"文化与经济"国际研讨会论文。

王辉耀、康荣平主编《世界华商发展报告（2017）》，中国华侨出版社，2017。

〔英〕雷丁：《海外华人的经营管理思想》，上海三联书店，1993。

林善浪、张禹东、伍华佳：《华商管理学》，复旦大学出版社，2006。

中国民（私）营经济研究会家族企业研究课题组编《中国家族企业发展报告2011》，中信出版社，2011。

贾益民等编《华侨华人研究报告（2015）》，社会科学文献出版社，2015。

王辉耀、苗绿：《海外华侨华人专业人士报告（2014）》，社会科学文献出版社，2014。

谭天星：《历史的思考》，清华大学出版社，2015。

B.9
欧洲华人经济发展特点与问题

张甲林 *

摘　要： 欧洲华人经济的发展经历了中餐业经济形成期、百货批发零售业与中餐业并存发展期和华人新兴产业萌动期三个阶段。本文分析了欧洲华人经济的特点，其基本特征就是"行业高度集中，资本高度分散"；2008 年全球金融危机和欧债危机后，欧洲华人经济出现了新的特征，华人企业本地制造和中国制造的同行业竞争加剧，同时，华商的低价营销传统与本土商家的低价战略相竞争；在金融危机中，有实力的华商也已悄然进入扩张期。当前，欧洲华商既面临危险，也面临着机会，例如，用网络＋的模式，来指导第三次欧洲华人经济的转型，改造华人传统的商业模式，具有特别重大的意义。

关键词： 欧洲　华人经济　金融危机

一　欧洲华人经济发展三个阶段

（一）1984～1992年，中餐业经济形成期

中餐馆在欧洲的出现，可上溯到 100 多年前，但是成为一个华人经济的产业，应该是在 1984～1992 年时期形成的。在这个时期，据不完全统计，

---

* 张甲林，全球化智库世界华商研究所研究员、西班牙 Sigfila 集团董事长。

英国有中餐馆 9000 家，荷兰有 2200 家，法国的中餐馆超过了 5000 家，西班牙中餐馆达到了 3000 多家[①]。这个时期的中餐业，几乎成为华人的唯一产业。这种高密度集中的同一产业，导致中餐馆恶性竞争，出现一些兄弟反目、父子成仇，甚至有法不依、降价降质的现象。引起各国执法部门的严加查处，把历史上名誉天下的中餐美食，搞得成了低档消费的代名词。1992年笔者在西班牙首家华文报发表了《突破中餐瓶颈，向多元化经济发展》一文，引起了媒体的注意。

（二）1992～2014年，百货批发零售业与中餐业并存发展期

1992 年，笔者和青田籍吴建雄、温州籍的金女士，分别在西班牙巴塞罗那市中心服装批发区德拉法格大街先后开了三家服装批发店。在欧洲各大城市里，也零星出现了经营服装、箱包、日用小百货的批发和零售商店。这标志着，华人经济在欧洲开始步入多元化时代。

经历 20 多年的发展，从巴塞罗那到整个西班牙，乃至欧洲，以日用百货为主体的批发零售业，遍及欧洲各大、中、小城市，与中餐业共同成为欧洲华人经济的支柱产业。欧洲华人经济的总量也达到历史的最高水平。2007年，笔者做的一个调查显示，华人经济到 20 世纪末进入了多元化经营时代，也促使华人经济达到了空前高涨。从行业上看，餐饮业、服装业和皮革加工业依然是华人经济的支柱产业。华人的皮革加工业在南欧，尤其在意大利、法国占据重要的位置。仅意大利就有华人经营的大小制衣厂近千家。在巴黎有华人开的制衣厂 300 家。进出口贸易在华人经济当中所占的比重越来越重，仅西班牙马德里的一个区就有华人服装批发店 1500 多家，小商品销售店 300 多家。塞尔维亚也有很多小的商品批发市场，零售店 1000 多家。俄罗斯的华人华侨也是中俄贸易中的重要力量，所进入的行业也基本上与西欧一样。在整个华人经济中，金融、高新技术、律师、会计等行业尚未形成规模。

---

① 张甲林：《面临转型的华人经济》，人民日报《中国经济周刊》第七届中国经济论坛。

（三）2015年至今，华人新兴产业萌动期

2008年全球金融危机和欧债危机中，华人经济遭受重创。在第二次经济转型中，静静地实现着粗放的扩张。而在2014年欧洲经济整体缓慢复苏的过程中，萌动了许多以第二代华人和留学生为生力军的新兴产业。旅行社、律师事务所、房产经纪人、会计师事务所、网购代理、快递物流、金融公司、理发按摩美容院、医疗服务机构、翻译社，以及各种各样的文化体育公司，中文学校、外语学校、各种专业讲座等各式各样的教育机构，数不清的食品商店、酒吧、咖啡甜品店、快餐店都出现了华人自己的连锁品牌。在这些具有现代经营管理方式的新兴产业带动和示范下，老产业也加快了转型的步伐。今天的欧洲华人经济，正在复苏中发展，在发展中步入现代。每当笔者进入今天的华人经济社区，目睹着繁忙的景象，倾听着华人经济的脉动，都会在心中呼喊"万岁，中国人"。

二 欧洲华人经济的特点

（一）"行业高度集中，资本高度分散"的基本特征

资料显示，遍布世界的华侨华人，通过几十年的积累，他们掌握的财富总量相当于中国一年GDP总量。海外华人经济的价值和地位是不可否定的，成为中国经济持续发展的重要力量。它是当地经济的一部分，也是中国经济在海外的延伸，是中国商品对外输出最大的渠道，是中国吸引海外资本的重要途径，是中国经济一个重要而特殊的部分。但是，华人经济的基本特征表现在行业上高度集中于几个传统行业，而在资金上高度分散。前者说明华人经济多元化的程度不够，产业结构不够合理，后者描述了华人经济基本上是以家庭为单位的经济体，经营管理模式较为原始。当然，各地区华人经济历史不同，分别表现出自身的特点，但我们仍然能在经济活动中看到上述所描绘的基本特征。

随着华人经济进一步发展，这个特征给华人经济带来的负面影响越来越突出。第一个表现在同行业的恶性竞争，以及粗放经营方式，迫使商家通过降低价格和品质维系，这破坏着华人的稳定和团结。第二个表现为，为了生存，华商进行不规范化的经营，甚至违法经营获取灰色利润。虽然这不代表华人社会的主体，但确实是华人社会存在的一个极其严重的现象。这就破坏了与当地政府和民众的关系。这些年来针对华人和华人商品发生的各种突发事件都传递了这个信息。第三个表现是，本土商家与他们的现代管理及资本的强势，终究会挤压华人经济的发展。

（二）全球金融危机时期受到冲击，呈现新的特征

2008 年拉开序幕的全球金融危机，对旅欧华商的冲击，其影响范围之大，伤害程度之深，已是不争的事实。危机加强了欧洲国家政府和民众的排外意识，他们把国内失业率的增加，部分地归罪于华人经济的存在和发展，把他们原来可以容忍的某些华商经营中的不规范行为放大，不惜动用行政甚至国家暴力的手段进行打击。最突出的案例如下。

2008 年 9 月 11 日，俄罗斯总检察院侦查委员会突然对莫斯科切尔基佐夫斯基华商市场采取强制行动，共查封集装箱约 6000 个，重量约 10 万吨，货物总价值约 20 亿美元，并且永久关闭。在这次事件中，6 万名华商直接经济损失达 400 多亿元人民币。

2010 年 7 月，罗马尼亚欧罗巴市场遭警方检查，部分华商店铺被封，罗马尼亚中国城被"强拆"，据当地华商估计，这次"浩劫"将导致他们损失上亿欧元，其中浙商损失在 5000 万欧元以上。

2009 年 6 月 16 日上午，在西班牙巴塞罗那省马达罗市，750 名西班牙警察包围了当地 72 家中国制衣厂，逮捕了 77 人，并关闭了这些工厂，许多原本住在工厂里的工人不得不露宿街头或海滩，给马达罗市造成了一定的社会问题。至于以交通管制、城市治理为理由，对华商集中区域设置障碍，更是在西班牙和意大利各大城市频频发生。

根据中国新闻社《2008 年世界华商发展报告》课题组估算的"2008 年

世界华商企业总资产 2.5 万亿美元的水平"，与"2007 年世界华商企业总资产的 3.7 万亿美元水平"比较，实际缩水了 1.2 万亿美元。如果按人口比例来计算，欧洲华商的总资产缩水粗略计算为 4392 亿美元。"行业上高度集中，资本上高度分散"的华人经济基本特征，在 2007 年后，突出显示了它对华人经济发展带来的破坏力，使华人经济面临第二次重要拐点。

2007 年 6 月 15 日，在人民日报中国经济周刊组织的中国经济第七届论坛上，学者专家们一致认为，欧洲华人经济"行业高度集中，资本高度分散"的基本特征，是海外华人经济的总病根，因此呼吁"改造我们的经济"。人民日报和海内外媒体同声宣传，使"华人经济亟待改造"的认识深入人心。

从华人经济多元化，到第二次转型期（1992~2017 年），是一个漫长而痛苦的迄今还没有完成的过程。2008 年突来的金融危机和欧债危机，又增添了第二次经济转型的复杂性和艰巨性。这个时期欧洲华人经济出现了新的特征。

1. 华人企业本地制造和中国制造的同行业竞争加剧

以意大利的华人手工加工业为代表的欧洲华人小型作坊，分为成衣加工、皮包加工、制鞋、家具制作，等等。过去订单主要来自意大利本土企业，而现在直接与以经销中国制造产品为主的进口批发商发生了竞争关系。21 世纪初，华人企业凭借廉价的劳动力优势，几乎让所有的意大利企业退出了这个行业。由于珠三角地区的生产成本不断攀升，近年来，很多华商又返回意大利进行加工。而华人加工厂却趁机填补了这个空间，使意大利制造变成了华人意大利制造，由于起用了本土的设计人员和制造的监控机制，使商品品质来了个华丽转身，加以经营方式灵活，很快得到发展。尽管普拉托一带的制衣工厂和佛罗伦萨省赛斯杜－弗洛伦蒂诺一带的皮包工厂，在 2016 年下半年的大检查中几乎遭受了"灭顶之灾"。但是当它经历一些自我整顿后，一定会重新崛起，而一些传统的进口商，也开始在当地建厂走产销结合的道路。这无疑会使被中国加工成本上涨和汇率波动搞得焦头烂额的华人进口商雪上加霜。

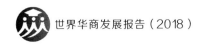

2.华商的低价营销传统与本土商家的低价战略

据西班牙欧浪网报道，在巴塞罗那某知名娱乐商场里，一家由本土商人新开的 2000 多平方米的大型廉价服装超市已腾空而出。2~10 欧元一件时装、6 欧元一双皮凉鞋、7 欧元一条男士牛仔裤、2 欧元两条女士皮带、1.5 欧元一包耳环或一大捆发圈……这些价格对华人零售商来说，简直就跟买进价没有区别。这也就凸显了这家集团巨大的经济后盾和其名牌廉价的战略。这家商店引发的火爆景象，使一些西班牙人用中国货跟中国商人打价格战，让以廉价闻名的华商感受压力。其实现在采取低价策略的，并不仅仅是西班牙人的服装廉价超市和零售店，一些国际性大型连锁超市如 CARREFUR、ALCAMPO、PIMIKE 等，低价商品和销售策略更是大行其道。其实这种现象在欧洲其他国家也出现，使以价廉打遍天下的华商瞻前景不寒而栗。

（三）金融经济危机中华商悄然进入粗放扩张期

在危机的冲击下，全欧华商承受了极大的打击。基础好的企业勉强坚持，中等的商家苦苦支撑，小商家则关、停、并、转，华工失业倍增，一片萧条景象。但是，我们却在危机中看到有实力的华商悄然进入粗放扩张期。

据西班牙《欧华报》报道，就在西班牙经济形势一片灰暗，大量公司和商户倒闭的时候，中国老板数量却在 2008 年出现了令人不可思议的增长。西班牙劳工部的数据显示，2008 年，购买老板保险的中国人数目增长了3504 人，目前在西班牙的中国老板数目已经达到了 24005 人。

更有西班牙当地一家媒体大篇幅报道，以中国商人协会为首，目前正与马德里一家濒临破产的商业中心谈判，打算收购这个马德里著名商业中心。另据《加利西亚之声》报道，一家华人公司在该自治区 Vilagarcía 地区开设一家巨型的中国百货超市，此超市的规模将成为那个地区同行业之首。在瓦伦西亚 MANISES 仓库区，有一条新的商业批发街，目前批发街两侧的连体式大型仓库大部分也被华商租赁，将打造一条具有中国特色的新的商业批发街。西班牙华人企业 Amigos 文具公司收购西班牙第二大扫帚制造公司 Plastidon。Amigos 文具公司已正式入主 Plastidon，完成了收购计划和资源整合。

最近一年，巴塞罗那华商趁着经济危机，为占据巴塞罗那商业街的黄金区位重金投资，开设 500 平方米以上甚至 1000 平方米以上的服装店及高级百元店零售业。而大型的服装店在巴塞罗那各个地段被华商乐此不疲地复制着。除大型服装店以外，大型百元店也争先问世，其装修讲究，摆设漂亮，讲究货源精美和质量，一改旧式百元店的杂、乱、低廉、质差等缺点，深受当地人欢迎。

据意大利统计，2008 年和 2009 年，意大利华人企业增长了 7.8%，主要在皮埃蒙特、伦巴第和威尼托，分别增长了 12.2%、9.5% 和 8.9%。当跨国企业纷纷离去的同时，小型华人企业却雨后春笋般遍地出现。

西班牙个体户协会主席 Sebastián Reyna 在谈到这个现象的时候啧啧称奇："我们仿佛看到在西班牙做生意的中国人不会受到经济危机的影响。"在 Sebastián Reyna 看来，中国人应该是经济危机的受益者。毋庸置疑，全欧华商经历了惊慌、困惑、挣扎、拼搏和调整，出现了新的发展势头，我们更欣慰地感受到，华商已悄然进入粗放扩张转型期。

在金融危机中搭乘"经济航母"，一些华商加盟连锁店。马德里 ALACALA 地区、市中心 LEGAZPI 地区相继有华商与本土大公司联营。在危机加剧中，加固自己的经营阵地，生意基本上没有受到经济危机影响，而且还稳中有升。

在葡萄牙，新兴巨型百货店逆市突围，自从 2009 年年中以来，围绕着葡萄牙首都里斯本、北部和南部地区接连开张了数个营业面积达上千平方米的华人零售店，大部分是由几个华商合资经营，凸显出旅葡华人经营零售店的两个新思路，即整合与升级。

在西班牙，出现了多种股份制公司雏形，一是以宗亲关系为前提的股份制，二是以劳资关系为纽带的股份制。这些股份制公司，为华人企业实现规模经营和连锁经营提供了资金与人力资源的保证。

三　当前欧洲华商面临的危险与机会

在华人经济处于急速转型，发展势头极好的今天，我们看到，一个巨大的危机逼近了。如果说，我们的危机在前三十年是"资金高度分散，行业高度集中"的产业结构和陈旧的管理模式带来的；而如今的危机，却是由科学技术的进步、电商的崛起和国际资本尤其是中国资本的大量涌入所致。这一危机迫使华人经济在还没有完成第二次经济转型，便面临第三次生死存亡的拐点。

（一）国际资本尤其是中国资本大量涌入，对欧洲华人资本产生挤压

以西班牙为例，随着中国和西班牙经贸关系的发展，到西班牙进行商务游的中国游客越来越多。据西班牙旅游组织所公布的数据，2016 年西班牙共接待了 37 万名中国游客，其中 14% 的游客是因商务目的而来。在中国商务游客增多的背后，是中国和西班牙的贸易额不断刷新历史纪录。据西班牙对外贸易发展局的统计数据，2016 年西班牙对华出口贸易创历史新高，出口额较前一年增长了 14.8%，首次突破 50 亿欧元大关，达到 50.32 亿欧元，其中农副产品的拉动作用最大，实现了 58% 的增长，仅猪肉制品的出口贸易额就达到 7 亿欧元，出口量达 42 万吨，橄榄油对华出口增长 14%，葡萄酒增长 23%，啤酒增长 45%。西班牙成为欧盟内对华出口贸易增长最快的国家。

在西班牙对华出口增加的同时，中国对西班牙的出口和投资也创下新高。2016 年中国对西班牙的投资额达到了 17.08 亿欧元。这也让西班牙在欧洲国家中成为排名第九的中国投资接收国。中国的投资领域除了以前的房地产、食品等领域以外，也扩大到了基础工程、体育娱乐等领域。此外，中国对西班牙出口额达到 196.36 亿欧元，增长 0.2%，占其进口总额的 7.1%，提高 0.1 个百分点。近年来，西班牙的猪肉已经日益成为出口中国

的拳头产品，与红酒和橄榄油一起成为西班牙对华出口食品的三大支柱。中国对西班牙猪肉产品的需求量大，主要是因为西班牙企业特别重视食品安全，并且能够根据中国市场的特殊需求调整产品。据统计，在 2017 年的第一季度，西班牙已经超过德国，成为中国最大的猪肉产品供应国，猪肉产品对华出口额达到 1.79 亿美元，同比增长 49%。① 不过，令人遗憾的是，旅西华商在猪肉对华出口的参与度上是非常低的，远不及在红酒和橄榄油出口上所占有的比例。究其原因，还是与西班牙企业往往会到中国去直接开拓市场有关。

旅西华人生活在西班牙，"横跨"中国和西班牙两国之间，对两国情况都很熟悉，是促进中西经贸往来的良好"桥梁"。然而，随着中国商务游客的大量到来，中国企业和商人就会与西班牙方面建立更加直接和紧密的联系。如此，旅西华人的"桥梁"作用就会相对地被弱化，甚至是省略，这就让其处境显得有些尴尬。实际上，近年来，在中国和西班牙之间新兴的贸易和投资领域中，已经很少能看到旅西华人的身影了。究其原因，除了旅西华商实力和信息均非常有限以外，更由于西班牙政府"走出去"招商引资的策略。在这种情况下，到西班牙来的中国商务游客多了，相应地，旅西华人的机会就少了。

虽然近年来，旅西华人一直在提转型和寻找新行业，但总体来看，还是没有走出以往餐馆、百元店、食品店和服装店的老路。面对中国和西班牙经贸关系的不断紧密和所取得的巨大成果，旅西华人只能空有一身"横跨"中西两国的优势，作中西经贸大发展的看客。从目前的情况来看，旅西华人如果想最大可能地参与到中西经贸发展中去，最急需解决的问题就是如何壮大自己的实力，如此才能获得信息和机会。只有有了强大的实力，才能抓住到手的机会。那么在短时间内如何才能壮大自己呢？走团结的道路，强强联手，靠"舰队"出海，应是最有效的办法之一。

---

① 资料来源：《西班牙欧华报》，2017 年 6 月 2 日。

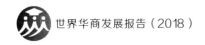

（二）跨境电商的崛起，将导致华人传统商业模式的衰败

互联网思维就是在（移动）互联网、大数据、云计算等科技不断发展的背景下，对市场、用户、产品、企业价值链乃至对整个商业生态进行重新审视的思考方式。不经意间，跨境电商的崛起，很快攻占着市场份额，加剧了传统商业模式的衰败。

当前世界贸易增速趋缓，为开拓市场、提高效益，越来越多的商家开始着力于减少流通环节、降低流通成本、拉近与国外消费者距离，而跨境电子商务正为此提供了有利的渠道。2014 年中国跨境电商交易规模达到 4.2 万亿元，增长率 35.48%，占进出口贸易总额的 15.89%。跨境电商平台企业超过 5000 家，境内通过各类平台开展跨境电子商务的企业超过 20 万家。

目前，中国跨境电商行业体现出三个特征：跨境电商交易规模持续扩大，在中国进出口贸易中所占比重越来越高；跨境电商以出口业务为主，出口跨境电商有望延续快速发展态势；跨境电商以 B2B 业务为主，B2C 跨境模式逐渐兴起且有扩大的趋势。同时，国家政策对跨境电商的扶持力度大幅提高，体现出其作为发展催化剂的重要作用，这为跨境电商未来的发展提供了必要的内生性动力。

跨境电商打破了传统外贸模式下国内外渠道如进口商、批发商、分销商甚至零售商的垄断，建立了生产企业与个体批发商、零售商乃至终端消费者的直接联系，有效降低了商品流转成本。贸易中间链路的缩短意味着企业有了更大的盈利空间，也让终端消费者获得更多的实惠。随着跨境电商的崛起，华商传统进口和出口商业模式势必衰败。

（三）欧洲本土电子商务对华人传统零售商业的挤压

欧洲电商市场潜力巨大。据估算，2015 年接近 2/3 的人使用互联网购物，其中衣服和运动相关产品是互联网购物中最普遍的品类。在欧洲，不同国家对互联网的使用情况和网上购物有显著区别，英国最普及，2015 年个人网上购物率达到 81%。2014 年欧洲电商的增长率达到 18.4%。2015 年达到 18.6%。英国、德国和法国占欧洲网上市场的主导地位，占据整个欧洲市场份额的 81.5%。欧洲本土电子商务对华人传统零售商业造成巨大的挤压。

（四）用网络时代思维统率华人经济发展

用网络时代思维及网络＋的模式，来指导第三次欧洲华人经济的转型，改造华人传统的商业模式，具有特别重大的意义。

1. 推广"全渠道零售"策略

欧洲零售商，越来越多的销售在网上进行，实体店起到的是一个类似"展示厅"的角色。目前 90% 的西班牙零售商以及 80% 的荷兰零售商已经建立它们的网上商店渠道。根据这种经验，华商可建立自己的"全渠道零售"模式，即仓库（商品库房和物流基地）—零售商店（商品展示）兼—网上购货。

2. 对传统华商零售业进行改造与整合

建立"全渠道零售"模式，需要对传统华商零售业进行改造与整合。首先是要建立库存、零售店及网络的商品体系，确保商品的品质和品类的完整。其次商店要注入文化艺术的元素，在展示商品的同时展示人文精神，以吸引客户，开展线上线下的双线销售活动。

3. 零售业直接面对消费者，需要打造品牌商店

很多华人媒体在谈及规模经营与连锁经营时，都十分强调采购成本的下降和经营成本的下降，这无疑是正确的，但往往忽略了打造知名品牌商店的作用。人名不等于名人，牌子不等于品牌。一个华商拥有多家同行业的产业只能说明他开的店数，而只有他使用了现代连锁业的理念，对该商店群进行科学的改造与统一管理后，才会成为真正意义上的连锁店。任何整合与改造，其灵魂都是品牌问题。品牌最本质的含义，就是这个品牌区别于同类产品的特质。想到这个品牌，就想到它的特点，想到它的经营模式，想到其企业文化，乃至想到这个企业服务。

4.走向股份制，提升华商投资能力

目前华商的股份制公司，以宗亲关系为前提的股份合作制为主要形式。随着华人经济的繁荣，出现了以劳资关系为纽带的股份制雏形。提倡以投资为目标的股份制公司出现，将对华商产业结构调整做出积极的贡献。对于西欧华商，以投资为目标的股份制公司出现，是非同寻常的事情，华商股份制公司的出现，新兴巨型百货店的崛起，推动着华商经营逐步向规模化、专业化、连锁化、品牌化发展，具有里程碑的意义。这是欧洲华商经营思维和模式的转型，最终改变整体欧洲华商的产业结构。

5.寻找投资新领域，改变华人产业结构

笔者认为，把资本聚集到一些战略性资源领域里面是长期的、安全的。海外华人分布在世界各个国家，像非洲、南美洲这些地方有很丰富的资源。不妨把资本集中在一起，投入石油、铁矿、铜矿等一些资源性领域，与国内冶炼行业和制造行业联起手来，这既是服务于祖国，又能获得利润，还可以服务于当地的经济发展，一举三得。

B.10
海外粤商研究

谢 俊　申明浩*

摘　要：　自古以来，粤商就在中国商界中占据主要位置。自秦汉时期
　　　　　"海上丝绸之路"开始，粤商就已开展着艰辛的海外贸易商
　　　　　旅。本文对海外粤商的定义进行了详细阐释，采取间接的统
　　　　　计分析方法，依据2017福布斯华人富豪榜，分析了海外粤商
　　　　　的规模、行业分布与影响力。指出了海外粤商所面临的最大
　　　　　挑战是家族传承难题，即"传给谁""传什么""怎么传"。
　　　　　总体而言，海外粤商与内地粤商的互动网络可成为中国"走
　　　　　出去"的桥梁，有效研究和发挥粤商网络的作用具有重要的
　　　　　战略意义。而研究海外粤商如何成功演化为具有世界影响力
　　　　　的跨国经营集团，对目前21世纪海上丝绸之路建设和中国企
　　　　　业"走出去"战略的借鉴意义也非常重大。

关键词：　海外粤商　历史脉络　海上丝绸之路

一　粤商的定义与历史

（一）粤商定义

自古以来，粤商就在中国商界中占据主要位置。自秦汉时期"海上丝

---

*　谢俊，广东外语外贸大学粤商研究中心副教授；申明浩，广东外语外贸大学粤商研究中心主任，教授。

绸之路"开始，粤商就已开展着艰辛的海外贸易商旅。近代史上，"粤商"与"徽商"和"晋商"鼎足而立，成为著名的商帮之一。粤商始于贸易业，广州"十三行"曾是中国与世界通商的主力，在中国经济史和世界贸易史上，都留下了令人瞩目的印迹。随着西风东渐，粤商在大力传承传统文化的同时，也受到西方商业思想的影响。岭南地区粤商包容性强，容纳吸收了西方商业文明的结果。近现代香山地区（泛指珠海、中山、澳门等地）的粤商创办的先施公司、永安公司、新新公司、大新公司，成为现代中国百货业和集团公司的先驱。现当代的李嘉诚、霍英东等著名粤商，成为中国企业家效仿的楷模。

改革开放后，广东商人依靠天时（先行一步）、地利（毗邻港澳）、人和（华侨港澳同胞）之优势，大批现代工商企业应运而生，从发展"三来一补"企业、外资企业到创办个体企业、私营企业，从搞活国有集体企业到探索混合型企业、股份制企业，再到互联网时代的新经济新模式，粤商都发挥了至关重要的作用。时下的何享健、李东升、马化腾等，正是在这一时期涌现出的粤商杰出代表，他们引领着新一轮粤商振兴的潮流。2017年福布斯全球富豪排行榜中，共有486位华人富豪上榜，在全球富豪总人数中占比23.8%。而在榜单排前二十的华人富豪中，有9位祖籍来自广东。粤商企业家的创富能力与影响力可见一斑。

依据广东本地的广府、潮汕和客家三大族群及其差异化方言，粤商又可细分为广商、潮商和客商三大商帮。广府族群是三大族群当中影响最大的一支，其方言（当地叫白话）也就是通常我们所知的粤语，集中分布于珠三角地区，此外还广泛分布于广东省中西部地区的东莞市、佛山市、肇庆市、清远市、阳江市、茂名市、云浮市等。以广州为中心的珠三角及周边地区，是海上贸易的重要口岸，滋养了一代代的广府商人。潮汕族群（人类学称福佬族群），相较于广府人，潮汕人稍后才到广东境内，占有了潮汕平原，濒临大海，商贾活跃，那里曾被恩格斯称之为"最具有现代商业意味"的港口，其商品意识早已形成。客家族群的迁移最为复杂，与其他族群交错分布的情况也最为常见。客家族群经过长年累月的变迁和繁衍，一方面保留了中原文化主流特征，另一方面又容纳了所在地族群的文化精华，目前主要分布在梅州、河源、韶关等地。潮汕商人在历史上几乎就是粤商的代表，很能吃苦、非常团结、移民众多，遍布各地的潮汕会馆是其精神传载平台；广府商人以现在的珠三角为主，是最具开放性的商帮群体，善于吸收、摹仿、融合，接触世界先进文明较早；客家商人在南粤大地异军突起，节俭、勤劳、崇文、重教是其鲜明特色。

粤商内部三大商帮天然形成于三大族群，具体原因是，数量庞大的粤籍商人或企业家，有着相同或类似的性格特征、价值取向、经营理念和行为模式，他们来自同一个文化共同体，即同一个族群，他们基于语言和文化背景形成的思维习惯对其经营行为都具有一定的共性影响。近现代以来，粤商能够垄断中国外贸百余年，鸦片战争后粤商能够开风气之先，民族工商业能够在广东率先兴起，粤商创造出近现代中国商业史无数第一，都有一定的族群共通性。中国式企业遵循的基于族群内部的信任和学习机制导致了某种业态高度集中于某一族群内部，香山走出的四大百货，缔造出中国商业第一街等案例皆为佐证。

如何定义粤商，是粤商研究中不可回避的问题。目前学者对粤商的定义纷争较多，无法统一。从地理区位划分者认为粤商就是指广东商人，即出生于广东或者籍贯是广东的商人；从广义和狭义划分者认为，广义的粤商泛指所有从事工商业活动的人，狭义的粤商则指以零售业经营者为代表的商贸流通业的投资者或经营者；从时间维度划分者则认为，粤商包含两个时代，一是近代以来在广东创业和经营的人士，二是改革开放以来在广东创业与经营的人士。

上述界定均有偏颇，粤商概念不应局限于地域、时间等单一层面，而应是包含地域维度、行业维度和文化维度三个方面。粤商概念应该具有更大的内涵和更广阔的范畴，不能局限于传统商贸流通业，而应与现代产业体系发展同步，涵盖现代工商业的各种业态。所以，首先要认识到粤商不是完全不相关的一群人，而是有着共同点的商人形成的一个商帮，这个共同点应该是超越了时间和地域、不限于某行某业的文化和价值取向。所以，粤商的定义可统一为：认同广东文化（岭南文化）的"粤地商人"或"粤籍商人"，包括广东出生和在广东经营，或广东籍贯在外地经营，且价值观与岭南文化呈现高度相关的企业家群体。与此相一致，海外粤商则指广东出生或原籍广东，但在世界各地发展，拥有鲜明的粤商印记，但又有海外特色的企业家，其中不少人在广东或内地有投资，在经商中仍能传承粤商话语，如李嘉诚等香港商人群体、东南亚和欧美的广东籍商人等。

（二）粤商崛起的历史脉络

广东濒临大海，是我国海岸线最漫长的省份，特殊的地理环境孕育了广东发达的海洋贸易。早在汉代，广东沿海已形成多个海上丝绸之路始发港，其中雷州半岛的徐闻因商货云集而成为天下最富庶的地方，民谚有"欲拔贫，诣徐闻"之说。南北朝时期，广州的富裕又引出"广州刺史但经城门一过便得三千万"的民谣。唐宋以降，广州因外贸的发达，素有"金山珠海，天子南库"之称。官府对进驻广州的海外商人专门设立市舶司加以管理，外商居住的"番坊"在广州大量涌现①。

明清以来，广东商人充分发挥临海的"地利"优势，架起了中国与西方商业文明之间的桥梁。粤商依托地理优势，获得发展的先机，在近代迅速崛起。1757年，乾隆皇帝选择广州实行对外一口通商，规定中外贸易只能集中于广州一口进行交易，并在广州专设商馆，作为外商食宿、交易的重要场所。此时，广州十三行也在1757年开始成为清政府指定的全国唯一专营对外贸易的"半官半商"垄断机构。至1842年中英签订《南京条约》时止，广州独揽中国外贸长达85年，十三行也成为当时中国的首富。以行商为代表的广州商人，已如同其印度、美国商人伙伴一样，成为国际性的商人。华商以输出中国的茶叶、棉、丝、糖等商品，而同各国的国际商人联结在一起，同时利用他们的关系在亚洲以外的地区营运其商业资本。后来，国内多个沿海城市作为通商港口之后，广州的商业、文化开放地位仍然突出，

---

① 刘正刚：《话说粤商》，中国工商联合出版社，2008。

成为外国经济贸易、文化信息传入中国大陆的交汇点。可以说，近代是粤商崛起与发展的重要时期，海外贸易的冲击促使粤商接触现代工商业，也使得早期粤商所涉及的行业以与外贸有关的行业为主。伴随外贸活动的自主经营，粤商积累了生存与发展的原始资本。面向内地与海外的商贸活动，则扩大了粤商的社会影响力。这样，粤商作为具有重要地位、受到社会关注的独立群体正式获得应有的社会地位。

（三）海上丝绸之路与粤商

几千年的中国海上贸易历史当中，粤商始终是举足轻重的群体。众所周知，唐朝在其历史进程中曾经有过全盛时期，即所谓大唐盛世。在这个时期广州的对外贸易也十分繁盛，开辟了一万多公里的"广州通海夷道"。汉武帝时期，开通了"经南中国海过马六甲海峡，入印度洋，到波斯湾、阿拉伯半岛以及非洲东海岸"的"海上丝绸之路"。与中国途经西北地区的陆上丝绸之路相比，这条海上丝绸之路的航行更为艰巨，风险更大，但船舶的容量更大，利润更为可观，因而吸引了大量的粤人从商，粤商的海外贸易经营从此展开。近代因为清政府一口通商的政策，广州得天独厚地垄断了中国的对外贸易，外国客商都必须经过"十三行"从事与中国的贸易，粤商成为闻名天下的商帮，承接西方各国工商业产品转销内地，及内地陶瓷、茶叶、银钱转销海外的业务。随着业务的扩大和新一批通商口岸的建立，粤商也逐渐转型，开始走遍全国各地进行交易，并前往海外进行贸易，甚至已经直接投资于欧美各地，成为国际性商人。他们的商业网络与国际贸易网络相交织，穿越传统的南海水域延伸至欧美各地。"十三行"著名行商伍秉鉴的怡和行就是一个跨国大财团，不仅在国内拥有店铺、地产、房产、茶山和巨款，还直接投资美国证券、铁路和保险等。时过境迁，"十三行"的繁荣早已不在，但粤商却以前所未有的姿态和一如既往的力量，穿越民族国家的疆域边界，扫除建立世界市场的障碍。

20世纪50年代，中国大陆经历了资本主义工商业的社会主义改造，民营资本退出了大陆的经济舞台，而粤商继续发扬其外向型风格，在港澳东南亚一带做出了惊天的伟业，一个现代华商崛起的年代到来了。这一时期的代表性人物有霍英东、李嘉诚、曾宪梓。三人不仅仅代表着粤商的地理属性划分，即广商、潮商、客商。他们也代表了中国商帮在清朝、民国之后的辉煌，而他们更能代表的是中国商人在国际上的巨大影响力。

2013 年 10 月，国家主席习近平在印度尼西亚国会上阐述了与东盟国家携手建设中国—东盟命运共同体的战略构想，并明确提出，中国愿同东盟国家加强海上合作，发展好海洋合作伙伴关系，共同建设 21 世纪的"海上丝绸之路"。广东湛江徐闻县正是中西方海上丝绸之路最早始发港，以"十三行"为代表的粤商从这里走向世界。"海上丝绸之路"沿线各国是海外粤商的聚集区，也是海外华商经济最发达的地区。经过几代人的艰苦打拼，目前，数千万的华侨华人在"海上丝路"沿线地区扎根，并打下了坚实的事业基础。从这些华商企业产业结构来看，除了中小型华人家族企业的产业分布相对复杂外，大型华商的产业主要集中在房地产业、金融业、贸易、制造业及农产品加工行业，对当地的经济社会发展举足轻重。随着中国经济的强势崛起和 21 世纪海上丝绸之路战略的实施，将有越来越多的海外粤商担当中国企业走向国际舞台的引路人。

二　海外粤商的规模、行业分布、影响力及挑战

（一）海外粤商的规模、行业分布与影响力

由于涉及统计口径及取样的困难，海外华侨华人的统计一直是极为复杂的工作，尤其是对于海外粤商的数量、规模及影响力，向来缺乏权威的统计数据可以反映。本文根据海外粤商的定义，采取间接的统计分析方法，依据 2017 福布斯华人富豪榜进行海外粤商的搜索与筛选。福布斯这一榜单的入榜门槛是净资产 10 亿美元以上的华人富豪。依据这一标准，2017 年共有 486 位华人富豪上榜，占福布斯全球富豪榜总人数的 23.8%。华人富豪总净资产达到 13425 亿美元，占全球富豪榜总资产的 17.5%。榜单显示，华人

富豪主要分布于中国大陆、中国香港及中国台湾地区。中国大陆人数最多，达到 334 位，占比 69%；中国香港、中国台湾分别占比 14%、6%。此外，在前十名华人富豪中，有四位来自中国香港地区，其余均来自中国大陆。

为进一步分析海外粤商的规模、行业分布与影响力，本文依托 2017 福布斯华人富豪榜，选取排名榜前 100 的华人富豪进行海外粤商的筛选。具体筛选标准为：一是国籍为中国大陆以外；二是籍贯为广东省。按照这两个标准，笔者通过谷歌、百度等搜索引擎筛选出在华人富豪榜排名前 100 位的 20 名海外粤商，样本情况如表 1 所示。

表 1　2017 年福布斯华人富豪榜排名前 20 的海外粤商

全球华人富豪排名	姓名	净资产（亿美元）	财富来源	国籍	祖籍
2	李嘉诚	312	多元化经营	中国香港	广东潮州
5	李兆基	244	房地产	中国香港	广东顺德
8	郭炳江、郭炳联	150	房地产	中国香港	广东中山
8	刘銮雄	150	房地产	中国香港	广东潮州
13	吕志和	121	赌场	中国香港	广东江门
24	郭炳湘	73	房地产	中国香港	广东中山
32	吴清亮	65	涂料	新加坡	广东潮州
38	蔡志明	59	房地产	中国香港	广东揭东
48	罗家宝	53	房地产	中国香港	广东顺德
53	朱李月华	49	金融服务	中国香港	广东东莞
55	郑鸿标	47	银行	马来西亚	广东潮阳
55	潘苏通	47	房地产金融	中国香港	广东韶关
61	李泽楷	44	电信	中国香港	广东潮州
66	何超琼	42	赌场	中国香港	广东宝安
69	梁安琪	41	赌场	中国香港	广东三水
76	侯业顺	39	保险, 医疗	泰国	广东汕头
95	谢正民	33	多元化经营	泰国	广东汕头
95	谢大民	33	多元化经营	泰国	广东汕头
95	梁绍鸿	33	房地产	中国香港	广东顺德

资料来源：作者通过 2017 福布斯华人富豪榜筛选，http://www.forbeschina.com/review/list/002373.shtml。

对表 1 进行描述性统计可见，排在华人富豪榜前 100 的海外粤商共有 20 位，净资产最低值为 33 亿美元，最高值为 312 亿美元，总净资产为 1635 亿美元，平均值为 81.75 亿美元。从净资产的相关统计指标可见，这批活跃在海外的粤商具有强大的创富能力。从行业分布来看，进入华人富豪榜前 100 的这 20 位海外粤商大部分集中在房地产行业，其中主业为房地产的有 8 位，再加上多元化经营中所涉及的房地产，共有 11 位之多，这一数据也与整体样本的分布相一致。由此可见，无论是中国大陆，还是海外地区，过往的数十年中房地产是最造富的行业之一。

按地域来划分，籍贯为潮汕地区的海外粤商数量有 10 位之多，占 50%，而来自广府地区的海外粤商共 9 位①。由此可见，目前活跃在工商业界的海外粤商群体仍是以潮汕人、广府人为主，客家商帮力量稍弱。这一统计分析结果也与以往的资料相一致。例如，根据《世界华商发展报告（2017）》所评选的世界十大华商，祖籍来自广东的海外粤商有四位，分别是长实集团李嘉诚（祖籍广东潮州）、新世界集团郑家纯（祖籍广东顺德）、正大集团谢国民（祖籍广东汕头）、TCC 集团苏旭明（广东汕头）。由于本文只是统计了进入华人富豪榜前 100 的海外粤商，如果将整个榜单纳入统计范围或依照其他机构的华商排名榜，海外粤商群体将进一步浮现，其所显示的资产规模及影响力将更为惊人，部分知名的海外粤商也将在这些榜单中出现。例如，谢瑞麟珠宝创办人谢瑞麟（祖籍广东南海）、金利来董事局主席曾宪梓（祖籍广东梅州）、美心集团创办人伍沾德（祖籍广东台山）、利丰集团董事总经理冯国纶（祖籍广东鹤山）、李锦记集团主席李文达（祖籍广东江门）、英皇集团主席杨受成（籍贯广东潮安）等。

而从国籍及所在地来看，进入华人富豪榜前 100 的香港地区粤商占了大多数，共有 15 位，而来自泰国、新加坡、马来西亚的共有 5 位，欧美地区并未有粤籍商人进入华人富豪榜前 100。由此可见，较大规模的海外粤商企

---

① 表 1 中潘苏通籍贯为广东韶关，该地区既有客家人群，也有广府人群，搜索后难以区分，故不做界定。

业大部分分布在港澳地区以及东南亚地区，这也与以往的一些研究结果相吻合。香港是一个移民城市，开埠以后，便有不少华人从内地到香港居住，其中尤以广东人居多。二战后更是不少广东人逃离到香港居住，而中华人民共和国成立后几次逃港潮中，广东人也占了绝大多数，因此香港地区许多富豪原籍来自广东。而东南亚地区则是由于地理上的毗邻，明清时期开始便有大量的广东人为了谋生计或改变个人的命运到东南亚地区谋生，俗称"下南洋"。"下南洋"的这些广东人，凭借着勤劳和努力，成为当地经济开发的主力军，不仅改变了所在国经济落后的状况，还彻底改变了自己与家族的命运，许多人成为当地显赫的富豪。以往一些统计资料也显示，全球华商企业资产约4万亿美元，其中东南亚华商经济总量为 1.1 万亿~1.2 万亿美元[①]。泰国是东南亚第二大经济体，也是东盟的重要成员国之一。2017 福布斯泰国富豪榜前十位中，华裔就有六位。这六位华裔富豪中，除两位祖籍来自海南，其余四位祖籍均来自广东，分别是排在泰国富豪榜榜首的正大集团谢氏兄弟（祖籍广东汕头）、排第二的泰国最大啤酒酿造商苏旭明（广东汕头）、排第六的泰国大城银行主席李智正（祖籍广东汕头）、排第七的泰国保险、饮料巨头侯业顺（祖籍广东汕头）。这几位海外粤商的业务分布于金融业、食品饮料业、农业、房地产业、百货零售及其他各类服务业，是泰国的重要经济支柱。例如，谢氏兄弟的正大集团目前是泰国最大的多元化跨国企业集团，全球雇员超过 25 万人。

综上所述，本文通过对进入 2017 年福布斯华人富豪榜前 100 名的 20 位海外粤商进行统计，分析了其净资产、行业分布、地域分布等指标，从侧面了解了海外粤商这一群体的财富规模及其影响力。然而，值得指出的是，由于海外粤商这一群体规模庞大，分布于世界各地，现有的富豪排名榜只能从一个侧面揭开海外粤商的神秘面纱，而无法窥探海外粤商的全貌。例如，福布斯排名榜中排名前列的大部分为中国香港、东南亚地区的粤商，然而还有

[①] 《"南洋"经济的领跑者》，http://www.xinhuanet.com.sg/2016－05/12/c_128977866.htm，2016 年 5 月 12 日。

大量的海外粤商足迹遍布于美国、澳大利亚、加拿大、欧洲等地。例如法国华商界的著名粤商，有巴黎士多有限公司的郑辉（祖籍广东潮阳）、嘉华进出口公司的陈顺源（祖籍广东普宁）等。凭借着务实耐劳、拼搏创新的精神，一代代的海外粤商继续在世界各地创造着一幕幕的财富神话，成为当地经济的主力军。

（二）海外粤商的家族传承挑战

除了企业经营受所在国或地区的政治环境影响外，众多的海外粤商所面临的最大挑战是家族传承难题，即"传给谁""传什么""怎么传"。海外粤商企业大多采用家族化经营模式，家族几代成员均参与到企业治理中，家庭与企业密不可分，现代公司治理体系难以真正发挥作用。正如 Astrachan 和 Bowen（1999）所言，传承决策犹如悬在每一位家族企业所有者及其家族成员头上的达摩克利斯剑，随时都可能给企业造成灾难性的打击。海外粤商家族企业作为家族与企业的结合体，不仅追求企业盈利的最大化，还具有代际传承实现"家业长青"的需求。对于这些粤商家族企业而言，企业能否在家族几代人之间实现代际传承甚至超越了企业本身的经营目标。然而，麦肯锡一项关于家族企业的研究结果表明，全球范围内家族企业的平均寿命只有 24 年，其中只有大约 30% 的家族企业可以传到第二代，能够传至第三代的家族企业数量不足总量的 13%，只有 5% 的家族企业在三代继续生存。不仅如此，对于海外粤商来说，继任还远远不只是一般企业老领导人的退出和新领导人的进入这么简单，代际传承的整个过程需要运用到所有权、家庭及公司的发展原理，其领导人的继任显示出独有的复杂性，而且影响也会更为广泛。

香港地区的李嘉诚一直被看作海外粤商的代表人物，他在接班人培训上也是煞费苦心。为了培养孩子独立生活的能力和掌握现代科技，李嘉诚将 2 个儿子都送到美国留学。次子李泽楷的零用钱是他通过课余兼职挣来的。兄弟二人完成学业后，李嘉诚并没有让他们直接回到自己的企业工作，而是让他俩去了加拿大。他们一个搞地产开发，一个去投资银行，在异国他乡小有业绩后才回到香港。之后，兄弟俩先后进入李嘉诚的长实、和黄，并逐渐担任重要职务。长子李泽钜先后担任执行董事、副董事长、总经理等职，而李泽楷则在和黄工作一段时间后，出去另创电讯盈科，并在之后的收购战中一举成名。

在传承方面值得一提的还有香港的利丰集团。利丰集团第 2 代接班人冯汉柱 1911 年出生于广州，毕业于香港有名的官立学校。他有 2 子 3 女，全部都在美国受过高等教育。大儿子冯国经 1945 年出生，1966 年于美国麻省理工学院取得电机工程硕士学位，1970 年取得哈佛大学商业经济博士学位。曾在美国万国宝通银行和哈佛大学任职任教。二儿子冯国纶 1949 年生于香港，早年也留学美国普林斯顿大学和哈佛大学，分别获工程、电脑和工商管理硕士学位。冯氏家族的第 4 代也茁壮成长，冯国经的子女都毕业于美国哈佛大学，良好的高等教育能够使接班人形成良好的专业知识技能和管理理论素养。

综上而言，海外粤商普遍面临着家族事业"传给谁""传什么""怎么传"的难题。家族企业的传承远不止是传位子或传股份那么简单，还涉及接班人的栽培等问题。叱咤风云的粤商企业家除了在政商界纵横捭阖外，还必须有意识地训练接班人，"苦其心志，劳其筋骨，饿其体肤，空乏其身，行拂乱其所为"，并且让接班人早入江湖、建功立业，才能让人心服口服。"李杜诗篇万口传，至今已觉不新鲜。江山代有才人出，各领风骚数百年。"我们也期待海外大量的粤商家族企业在代际传承中能再创辉煌。

三　结语

回顾历史不难发现，海上贸易历程向来不是一帆风顺的，粤商的发展也始终伴随着巨大的自然风险、政治与法律风险、市场风险及管理风险。同时，粤商也不断通过组织创新与技术创新来规避风险，通过学习乃至创造科学的经营与管理方法来控制风险，不断发展壮大。强大的海内外关系型网络与流动性产业资本的经营控制偏好是粤商繁衍壮大的关键。海外粤商对金融业的投资偏好非常明显，这种偏好是海外华人长期面临所在国经济与政治的不确定性的结果，在形势发生剧变，华人遭受突然打击时，只有流动资产是可以随时移动的，控制流动性资产可以保障资产的安全性。而且海外粤商在一些不稳定的政治经济环境中，很难从当地银行借款，只有创办华人银行才能解决关系网络中粤商的融资问题。这种差序格局式的关系型网络有助于形成商业联盟，产生网络外溢效应，帮助粤商在某地域、某产业集聚，迅速扩大市场份额，提升企业整体实力。

海外粤商不仅在复杂的政治经济环境中得以生存和壮大，并且不断转型升级，成功实现了代际传承，百年老字号品牌不计其数。归纳和总结其经营治理模式，不仅可以为国内企业渡过危机提供借鉴，还能够补充和完善我国的公司治理理论，对于我国民营企业正在面临的代际传承问题也具有重要的指导意义。粤商发展繁衍千年，作为影响近现代中国最主要的商业力量之一，不仅演化时间远长于当代企业，而且走出了一条中国式的跨国经营道路，抗市场风险能力也比较强。值得提出的是，当前中国企业参与国际分工恰恰是借助华商尤其是海外粤商网络建立起来的，从吸引外资到加工贸易、后来开拓国际市场进行国际并购，粤商网络功不可没。

新时期中国提出建设 21 世纪海上丝绸之路，不但要借助国内的政治经济文化优势，也要借助国外的一些力量。其中，凭借粤商和粤商网络独特的优势，可以克服建设 21 世纪海上丝绸之路过程中的一些阻碍。近 30 多年来，粤商网络促进了我国进出口贸易和对外投资。

总体而言，海外粤商与大陆粤商的互动网络可成为中国"走出去"的桥梁，有效研究和发挥粤商网络的作用具有重要的战略意义，符合国家的政治、经济利益。而研究海外粤商如何成功演化为具有世界影响力的跨国经营集团，对目前 21 世纪海上丝绸之路建设和中国企业"走出去"战略的借鉴意义也非常重大。粤商网络资源同所在国的经济结合在一起并在全世界范围内流动，促进了所在国与世界各国的经济互动，特别是对广东经济与世界经济的融合发挥了中介和桥梁作用。充分利用好这种社会资本，可以为广东企业开辟新兴市场，化解国际金融危机的影响提供极大的帮助，海内外粤商联动甚至可以为中国企业"走出去"战略的实施另辟蹊径。因此，未来学界与业界应当继续深入探讨海外粤商及其网络对中国企业"走出去"的积极影响，从而为中国企业更好地打造全球价值链，创造可持续竞争优势发挥借鉴意义。

B.11
印尼华商经济近况：总体特征与发展趋势

杨宏云*

摘　要：　华人经济在印尼国民经济中占据重要地位，经营的行业已经遍及印尼经济的第一、第二、第三产业，分布在餐饮、零售、房地产、纺织、渔业、农业、旅游业、金融、建筑、地热发电以及石化等行业，对印尼经济发展有着举足轻重的作用。纵览印尼华商的经济状况及其财富来源与分布，印尼华商经济与经营呈现诸多特质，如，立足印尼丰富资源，做大做强做精企业；多元化经营；跨国化、全球化经营；实业与银行有效结合等。面对全球化以及互联网经济与智能化科技的时代，印尼华商也在利用自身优势，积极探索和应对。如，尝试介入互联网科技产业，并开始运用智能化技术提升管理；陆续涉足电子商务，推动华商产业转型升级；积极践行企业社会责任，增强社会影响力投资；有序推进企业传承与接班；探索与中国在"一带一路"建设的合作共赢机遇。

关键词：　印尼华商　行业分布　多元化　全球化　互联网科技产业

一　印尼华商有关的经济数据

在东南亚，海外华人最多的是印尼。根据印尼官方统计（2010年），华

---

* 杨宏云，福州大学闽商研究院副教授。

人人口 280 万人，占印尼总人口的 1.2%。但是，华人团体表示"实际人口应达到 500 万~1000 万人"。① 其中，印尼广肇总会主席陈伯年认为印尼华人华侨数量高达 1000 多万，占到印尼总人口的 5% 左右。

尽管华人总人数在印尼仅达 5% 左右，但是几乎掌握印尼经济命脉的50%。② 对此，亦可透过印尼知名华商林文光得以印证，他认为，印尼华商中约 170 位拥有大财团或集团企业；约 5000 多位为中型以上企业老板，且资产数额大；还有近 30 万经营商贸的小企业主。③ 在印尼销售额占前 20 位的企业集团中，有 18 个企业集团为华人企业。华商已在印尼全国城乡建立了最广泛的营销网络。④

而历年的《福布斯》亚洲富豪榜上，华人数量居绝对多数。2011 年福布斯发布的年度全球富豪榜中，印尼富豪共有 15 人上榜，其中华裔占 8 人，上榜富豪总资产 373 亿美元，华裔富豪占据了一大半，达到了 229 亿美元。⑤2013 年，《福布斯》首次对印尼 50 名最富有人士进行排名，其中华裔富豪最多。据台北《环球亚洲》杂志 2013 年 6 月发表文章称，印尼 40 大富豪总资产累计达 1010 亿美元，而前 10 名富豪几乎都是华人。⑥《福布斯》2015年印尼富豪排行榜中，前 50 人中有近 40 人为华人。而在雅加达股票市场的总市值中，前 50 名的约 40% 为华人系企业。⑦ 可以说，华人经济在印尼国

---

① 《中国印尼接近的背后有华人企业》，日经中文网，2015 年 3 月 27 日，http：// finance. sina. com. cn/stock/usstock/c/20150327/113821825934. shtml。

② 《印尼富豪榜 2011》，排行榜世界，2011 年 4 月 24 日，http：//www. 138top. com/cflphb/ ydnxysdfh_ 1311. html。

③ 参见林文光先生在第三次世界华人论坛上的发言，http：//2008. vodvv. com/07/t5_ 2. htm，转引自庄国土、王望波《东南亚华商资产的初步估算》，《南洋问题研究》2015 年第 2 期，第 2 页。

④ 《走近在贵州投资的东南亚著名华商》，多彩贵州网，http：//www. chinaguizhou. gov. cn/ system/2011/04/01/011053056. shtml。

⑤ 《印尼富豪榜 2011》，排行榜世界，2011 年 4 月 24 日，http：//www. 138top. com/cflphb/ ydnxysdfh_ 1311. html。

⑥ 《印尼 10 大富豪福建籍华商占 8 席》，福建侨网，2013 年 6 月 20 日，http：// www. fjqw. gov. cn/hqwh/hrsj/201306/t20130620_ 60453. htm。

⑦ 《中国印尼接近的背后有华人企业》，日经中文网，2015 年 3 月 27 日，http：// finance. sina. com. cn/stock/usstock/c/20150327/113821825934. shtml。

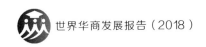

民经济中占据重要地位。由此，英国《卫报》2016 年援引国际救援组织乐施会（Oxfam）报告称，印尼最富有的四大家族掌握了超过 250 亿美元的总财富，其规模相当于印尼 2.5 亿人口中 40％ 贫穷者的财产总和。①

二 印尼华商的行业分布及其概况

印尼华商雄厚的经济实力，源自他们长期以来扎根印尼，艰苦创业，勤劳累积而成。据印尼广肇总会主席陈伯年介绍，80％ 的印尼华人华侨都有自己的产业，分布在餐饮、零售、房地产、纺织、渔业、农业、旅游业、金融、建筑、地热发电，以及石化等行业，经营的行业已经遍及印尼经济的第一、第二、第三产业，对印尼经济发展有着举足轻重的作用。按照《印尼华裔企业文化研究——基于中爪哇华裔》作者 HILYATU MILLATI RUSDIYAH（美娜）的分析，华裔经济活动以商业为主，广泛涉猎包括各种制造业、建筑业和银行业等在内的多种经济领域。经济状况居中的印尼华裔多从事商业活动、经营批发和零售商业，其商品种类包括了所有与衣食住行有关的商品。这部分印尼华裔人数最多，遍布印尼各大小城市。上层印尼华裔所经营的产业包括银行、纺织、木材加工、造纸及纸浆、食品加工、家用电器、汽车与摩托车装配和房地产等行业。大财团大企业数目虽少，但他们资本雄厚，通过其经营的银行，集中了华裔世界大部分的资金。② 华商所从事的生意用"五花八门"形容并不为过。

（一）农、渔、矿业等资源开发与加工产业

1. 棕榈、椰子、橡胶等农业经济作物种植与加工

印尼土地肥沃，盛产油棕、橡胶及椰子等农业经济作物。印尼华商便依

---

① 毕亚军：《印尼的这四家福建人　财富多过本国一亿老百姓》，腾讯财经，2017 年 2 月 27 日，http://finance.qq.com/a/20170227/015736.htm。

② HILYATU MILLATI RUSDIYAH（美娜）：《印尼华裔企业文化研究——基于中爪哇华裔的案例分析》，南昌大学硕士论文，2015 年，第 11 页。

靠种植与出口棕榈、橡胶、椰子等农作物及其加工品获取财富。

根据 2009 年《国际日报》（印尼）报道，印尼最主要的 11 家棕榈种植企业，有 9 家属于华商企业，2008 年棕油产量排名前三位的企业都是华商企业。[①] 其中，金光集团拥有的棕榈种植面积达到 48 万公顷，每年产量近 300 万公吨，以规模而言，是印尼第一、世界第二。[②] 椰子种植和加工为属下比莫利公司所有，该公司建有十多座椰油厂，所产椰油约占全国总产量的 60%，为黄奕聪赢得"椰油大王"的称誉。[③] 黄氏家族持有近半数股权的金光农业资源，更是一家股票市值约 31 亿美元、总资产超过 150 亿美元的跨国大企业。20 世纪 80 年代初，公司通过"亚沙直发展有限公司"的收购活动，使园丘占有面积扩展到 23000 公顷，成为全国最大种植集团之一。[④] 2011 年，黄奕聪所属金光集团资产激增，从而排名《福布斯》印尼富豪榜首位，即是因属下金光集团大规模扩展油棕生意所致。据估计，该年金光集团属下棕榈种植场面积超过百万公顷，仅棕榈种植园就值 80 亿美元。[⑤]

而黄惠忠、黄惠敏兄弟拥有的针记集团，下属印尼哈托诺种植公司（Hartono，HPI）在加里曼丹和苏门答腊拥有超过 12 万公顷的棕榈园，年产 60 万吨的棕榈原油。2011 年，该集团拨出 15 兆盾的资金，把棕榈园面积增加至 50 万公顷。另 HPI 附属公司 PSP 在坤甸的南布伦（Purun Selatan）也拥有 5321 公顷种植园。[⑥] 陈江和的金鹰集团拥有 250 万亩棕榈油种植园，年产毛棕榈油超过 100 万吨，位居亚洲最大的毛棕榈油生产商之列。[⑦] 吴氏家

① 《印尼主要棕榈企业资料》，《国际日报》（印尼）2009 年 4 月 28 日，B7 版。
② 郑明杉：《金光农业资源主席黄荣年谈环保：做好每个细节，远离魔鬼》，联合早报网，2016 年 3 月 13 日，http://www.zaobao.com/finance/people/story20160313 - 592093。
③ 黄意华：《海外称"大王"的闽籍华侨华人》，《炎黄春秋》2014 年第 1 期，第 16 ~ 18 页。
④ 廖大珂：《二战后马来西亚的闽商》，《闽商文化研究》2013 年第 2 期，第 72 页。
⑤ 《金光集团黄奕聪高居印尼富豪排名榜首》，中国新闻网，2011 年 5 月 31 日，http://money.163.com/11/0531/15/75D2B1KH00253B0H.html#from = relevant。
⑥ 《祖籍中国福建晋江潘湖黄惠忠与黄惠祥兄弟财富 167 亿美元》，2015 年 8 月 15 日，http://www.xiyiji.org/xiyijijishu/387.html。
⑦ 《福建省代表团访问金鹰印尼科林奇生产基地》，新浪公益，2012 年 5 月 28 日，http://gongyi.sina.com.cn/greenlife/2012 - 05 - 28/115734658.html。

族的丰益国际和林天宝家族的杉朴纳农业公司也分别拥有 21.8 万公顷和 16.9 万公顷的棕榈种植园。① 黄双安则另在印尼东部海岛种植有数万公顷的油棕园，并建立起世界上产量最大的硕莪粉生产基地。林联兴也因所拥有的种植公司 Bumitama Agri 赴新加坡上市，使他 2012 年首次入围福布斯印尼富豪榜前 40 名。其他还有印尼棉兰的吴和敬，在苏门答腊岛拥有广大的棕榈种植园和椰油加工厂。尼亚斯岛所产精油种植和提炼，亦为华商所掌控。

另外，印尼泗水的何善照，一生致力于橡胶业，是印度尼西亚著名的企业家。王景祺则因为其父早年经营农产品贸易，在 1968 年就介入种植咖啡豆、树胶、茶叶、棕榈等。到 20 世纪 80 年代，企业曾控制了印尼出口到中国咖啡豆的 70%。目前公司在印尼爪哇、加里曼丹岛还拥有面积达 52.5 万亩的农场。②

2. 渔业及渔产品加工业

清同治年间（1862~1874 年），翔凤十三都（今厦门同安县新店乡洪厝村）洪思返、洪思艮等 11 人，便已经来到苏门答腊东部海岸的港口巴眼亚比开发渔场。经过一代代苦心经营，到二战结束前，该港口已成为世界第二大渔港。20 世纪 70 年代，林子金投资捕虾业，不仅购置了机动渔船，还聘用日本技术人员组成捕捞船队，并在印尼十多个岛上建立了冷冻厂，冻虾运销日、美、欧洲，一年可为印度尼西亚赚回上亿美元外汇。陈金瑞则在巴利岛开设有沙丁鱼罐头厂和鱼粉加工厂，运销新加坡、中国香港。黄双安于 20 世纪 80 年代在印尼北马鲁古省瑟兰岛兴建了一个大规模的木业城。在木材业取得巨大成功的同时，他独具慧眼，开始进军渔业，将该岛建成为现代化的渔业基地和海产加工中心。黄世伟另辟蹊径，利用印尼得天独厚的优势，围绕印尼地方特产虾片发展产业，做大做强。其所控实嘉集团拥有的 FINNA 商标，几乎成为印尼虾片的代名词。集团年产虾片可达 1 万吨，成为印尼最大虾片生产企业，更成为东南亚和世界最大虾片供应商。黄世伟因

---

① 《针集团投资 3 亿美元进军棕榈业》，《国际日报》（印尼）2009 年 4 月 28 日，B2 版。
② 《从小商人到大企业家："印尼船王"王景祺的三级跳》，新浪新闻，http://news. sina. com. cn/o/2006 - 02 - 15/13478213538s. shtml。

此享有"印尼食品之父、世界虾片之王"之誉。作为一家业绩卓越的跨国公司，实嘉集团已发展为印尼水产及农产品加工出口行业的领头鹰，成为世界 500 强企业之一，并连续四年获得印尼政府颁发的最高荣誉奖状。①

3. 木材加工及造纸行业

作为群岛之国，印尼森林资源蕴藏丰厚。这为华商从事木材加工及造纸产业提供得天独厚的机会。黄双安即由此取得巨大的商业成功。他创建的印尼材源帝集团，除渔产养殖外，主要的行业是木材加工。集团拥有加里曼丹森林独家开采权，林地广达 1000 万公顷，从事伐木的子公司就有 40 多家。公司生产的木材制品远销世界各地。黄双安因此成为饮誉全球的"木材大王"②。李尚大也于 20 世纪 60 年代投入木材业。在他的勤力经营之下，也发展为东南亚最大的木材加工商之一。后来，还兼营钢铁厂、房地产、棕榈油等行业。郭明星早年就进入其父所创的郭国兴公司，并协助其父向印尼政府标下 5000 万公顷森林开发权，转营木材业，后在新加坡、印度尼西亚及中国香港、中国台湾地区建立十多家企业，经营伐木、运输木材、木材加工和贸易、造林。其父去世后，他在新加坡注册成立郭氏控股私人有限公司，控制家族企业，出任董事会主席，走向多元化经营。公司分别在新加坡投资房地产和高档家具制造业，兴建了郭国兴大厦；在印度尼西亚投资房地产业，建商业中心、度假胜地。2001 年之后，集团摆脱了危机，年营业额超过 2 亿美元。③

而彭云鹏是可与黄双安媲美的木材业华商，亦是被印尼经济界公认的新一代"林业大王"和"胶合板大王"。他所创立的"巴里多·太平洋木材公司"在 10 年间先后建起 68 条胶合板生产线，6 家公司和一些岛屿的森林经营权。集团麾下拥有 20 家木材分公司。金融危机后，企业又向石化业、银

---

① 《世界虾片王引导消费潮流　黄世伟：该出手时就出手》，联合早报网，http://www.zaobao.com/zfinance/personalities/story20161002－673102。

② 凤栖：《黄双安：敢为人先"森林人"》，《中华儿女报》2014 年 8 月 5 日，http://elite.youth.cn/gnb/201408/t20140805_5597050_1.htm。

③ 福建省志·华侨志编纂委员会：《福建省志·华侨志（1991~2005）》（送审稿），2015 年，第 33 页。

行业、房地产业等发展；还在中国建有胶合板厂和承包高速公路工程。至今，彭云鹏的巴里多太平洋集团仍掌控木材加工、石油化工和纸浆三大企业的运营，年营业额达 17 亿~25 亿美元。据不完全统计，他的太平洋集团总资产达 45 亿美元，在印尼 200 家最大企业集团中位居 22 位，近几年来排位更是不断靠前。①

因木材资源丰富之便利，印尼华商在造纸行业也首屈一指。金光集团下属的 APP，全名为"亚洲浆纸业股份有限公司"，资产值达 150 亿美元，旗下拥有 20 多家造纸、制浆与林业公司，分布在亚洲的中国、印尼、马来西亚与印度，年产 200 多万吨短纤浆与 600 多万吨纸，为亚洲最大的纸业集团公司，世界纸业十强之一。陈江和领导的金鹰集团也于 1973 年投资三夹板厂，并取得很好的效益。20 世纪 80 年代初，陈江和又将其业务转向棕榈油、纸浆和纸品工业扩展。1993 年，金鹰集团在印尼科林奇地区兴建当时世界最大的林浆纸一体化生产基地。经过几十年的发展，金鹰集团在印尼科林奇地区已经造林数千万亩，建成并年产 280 万吨纸浆、80 万吨纸的大型现代化工业基地。② 张清泉是印尼光彩造纸浆有限公司拥有者，资产 25 亿美元，员工 1.8 万人，是一个实力雄厚，正处在上升期的多元化、集团化、国际化大公司。公司生产的白板纸、卡纸、无碳复写纸、轻涂铜版纸等各种纸张，年产量达 40 余万吨。此外，公司还在国外经营房地产业、旅游娱乐业、电脑业、金融证券业等，开设有 100 多个公司。③

4. 煤炭及其他矿产开发

印尼矿产丰富，华商以此而致富亦大有人在。如被誉为印尼"煤炭大王"的纪辉琦，创建有哈隆能源公司（Harum Energy）。他于 1976 年投身煤炭行业至今，已经将年产 3 万吨煤的小公司发展成为年产 1800 万吨的煤炭

---

① 胡小莉：《彭云鹏：世界上最大的夹板生产商》，凤凰财经，2011 年 9 月 30 日，http://finance.ifeng.com/leadership/glgs/20110930/4727101.shtml。

② 《福建省政府组团访问金鹰国际集团印尼科林奇基地》，中国网，2012 年 5 月 28 日，http://www.china.com.cn/photochina/2012-05/28/content_25489578.htm。

③ 刘文峰：《他从千岛之国来——访印度尼西亚光彩集团董事长张清泉》，《中国经贸》1997 年第 8 期，第 74~76 页。

"帝国"。他还是首位把印度尼西亚煤炭出口海外的印尼企业家。① 截至
2014 年，纪辉琦的身价达到 3.5 亿美元左右。② 另一煤炭巨头则为刘德光
（Low Tuck Kwong）和巴米公司（Bumi）的董事长陈砂民（Samin Tan，音
译），合并阿达罗能源公司（Adaro Energy）的山迪阿卡·乌诺（Sandiaga
Uno）为第四位煤炭业大亨。③ 而经泰集团创办人、印尼华裔总会前会长许
世经拥有的永德矿业集团有限公司（上市公司）是东南亚最大的高岭土生
产厂家，规模居亚洲第二。其企业生产的优质高岭土远销世界各国。此外，
经泰集团旗下还有国际金融、证券、电子、船务、制造、贸易、实业开发等
十几家企业。④

（二）加工工业

1. 烟草及食品加工业

印尼丁香烟制造由来已久，印尼华商进入也较早，且成就斐然。其中，
蔡云辉领导的盐仓集团，是印尼首屈一指的"丁香烟大王"。续后，其子蔡
道行接班，除扩大烟厂规模外，还创办有烟草种植场及烟纸、印刷等 200 多
家关联企业。集团在谏义里郊外的苏里亚西萨制烟纸厂占地达 21 公顷。马
都拉岛、外南梦分别有烟叶种植园和丁香种植园。甚至，盐仓厂群内拥有 4
辆救火车的消防队和 730 辆货车的运输队，还配备了 3 架直升机，这在印尼
大企业里是绝无仅有的。⑤ 近年来，盐仓集团围绕丁香烟制作产业链推进多
元化，在蔡道行、蔡道平兄弟的带领下，集团依然保持着印尼最大烟草集团

---

① 《印度尼西亚"煤炭大王"纪辉琦的"中式家训"》，《闽商杂志》2014 年 9 月 10 日。
② 《2014 印尼富豪榜：丁香烟巨子蔡道平大翻身》，《中金在线》，2014 年 12 月 5 日，http://news.cnfol.com/shangyeyaowen/20141205/19625362.shtml。
③ 《2012 印尼 40 富豪榜：首富之子被称雅加达网管》，网易财经，2013 年 2 月 11 日，http://money.163.com/13/0211/19/8NF61QQE00254STC.html。
④ 福建省志·华侨志编纂委员会：《福建省志·华侨志（1991~2005）》（送审稿），2015 年，第 23 页。
⑤ 《蔡道行及其家族简介》，新浪财经，2004 年 6 月 24 日，http://finance.sina.cn04：49。

的称号，并在印尼 200 家大型企业集团中排行第 5 位。① 而与其一直共存、曾连续占据《福布斯》印尼首富位置的针记集团，在黄氏兄弟主政下，公司已建立起一个业务范围囊括烟草、纺织、家用电器、造纸、房地产、棕榈油等多元化的大型企业集团。继承人黄惠忠的财富也因销售"针标"香烟而致富。今天"针标"被称为印尼最大的卷烟生产商之一。另外，林瑞灵的三宝娜集团，总部设在泗水，也有经营丁香烟，并在继承人林天宝、林天喜的经营管理下，丁香烟已成为三宝娜集团的重要收入来源。

此外，林绍良创建的三林集团也在烟草领域有涉足，但食品加工业一贯是该集团的重点产业。在林绍良掌控时期，印多食品公司以加工经销面粉为主，在印度尼西亚有"面粉大王"之称。后逐步发展成面粉加工下游企业，即面食、糕点饼干、儿童婴儿食品制造企业，成为三林集团最重要的丰厚利润来源之一。1993 年，该集团属下的各种食品制造及营销子公司已有 18 家，营销总额达 11000 亿盾（约合 5 亿美元）。根据 1995 年香港《亚洲周刊》的国际华商 500 强排名榜，印多食品列第 33 位。② 自林绍良长子林逢生继承掌管三林集团后，在经商方面更是拥有自己一套模式，并成功创出一个家喻户晓的品牌印多面（Indomie）。

林逢生于 1997 年金融危机后掌控三林集团，采取收缩和归核化战略，专注食品工业及消费产品营运，并精心发展第一太平洋有限公司（First Pacific Company Ltd）和印多福食品有限公司，使之成为印尼消费品公司中的巨头。其中，第一太平洋有限公司，以经营食品和投资为主。印多福食品有限公司则着力打造速食面品牌和其他产品，如酱油、食用油、牛奶、番茄酱和人造黄油等。而且，印多福收购了百事可乐印尼集团，在印尼生产七喜和百事可乐；继之，又收购了瓶装矿泉水品牌 PT Tirta Bahagia，并引进两家马来西亚知名饮料品牌 Cafela Latte 和 Ichi Ocha，从而进军饮料业。为了推动和提升印多福产品销量，林逢生与雀巢公司合作，成立了 PT. Nestle

---

① 黄意华：《海外称"大王"的闽籍华侨华人》，《炎黄春秋》2014 年第 1 期，第 16~18 页。
② 蔡仁龙：《印度尼西亚华人企业集团研究》，香港社会科学出版社有限公司，2004，第 16 页。

Indofood Citarasa Indonesia。该企业有外资投资，金额达 500 亿盾，各占股份 50%。[1] 而今，印多速食面出口到澳大利亚、美国，乃至美洲、中东、亚洲、欧洲与非洲各国，并成为速食面的通用名称，广受欢迎。

另外，在楠榜当地活跃的华人食品企业 WONGCOCO 也是印尼最大的跨国食品企业之一。企业最重要的高端产品是"龙情燕窝"，同时也生产芦荟汁、冰咖啡、椰果汁等饮料。企业领导人李敏吉对燕窝的制作非常"痴迷"，主导制定了不少相关企业规范。目前，该企业也开始探索其他商品的生产与销售，其中包括利用苏门答腊岛上出产的橡胶等原材料制造汽车零部件等。

丹绒槟榔的蔡裕盛是印尼茶叶的大商家。在雅加达国际茶叶拍卖市场，蔡裕盛是印尼的五大买家之一。每天，在丹绒槟榔厂房生产需要的茶叶多达八九公吨，半自动化机器的三条生产线平均可生产六百多万包净重两克的小茶袋。如以箱计算，就是每天生产、包装 5000 箱，每箱是 50 大包，大包则装有 25 小包，数量之多可说是廖内群岛之最。与此同时，蔡裕盛也积极在寻找各类有发展潜能的商机。在民丹岛上，公司建有天然气添加站、码头，以及航运公司，并在峇淡投资建造 Cammo 工业园。目前，蔡裕盛创建的 PRP 集团公司的一年营业额超过 2 亿新元，2016 年的增长尤其快，增长率达 25%。[2]

此外，游继志创立的永安药业集团公司，也以生产三脚牌系列药和犀牛牌健康系列饮料出名。该集团用无色无味纯蒸馏水配制的"降火王"，在热带、亚热带国家非常畅销。

金光集团在食用油领域也取得不错成就。20 世纪 80 年代初，公司顺应印尼政府推动棕榈油成为传统椰油之后第二大民生用油需要，在雅加达兴建新油厂，并负责策划、行销"比摩利"（Bimoli）牌子食用油。当时，"比

---

① 《已故印尼富豪林绍良长子林逢生，"虎父无犬子"，商场创造奇迹》，2017 年 10 月 9 日，大橙报，http：//www.bigorangemedia.com/17732。
② 郑明杉：《廖内群岛上大展拳脚——印尼茶叶大买家蔡裕盛经营 2 亿元生意》，联合早报网，http：//www.zaobao.com/finance/people/story20170423-752136。

摩利"已是印度尼西亚最大的食用油工厂。1990年，比摩利品牌出让给三林集团后，黄家随即另创品牌"菲尔玛"（Filma）食用油。在公司无孔不入的凌厉攻势下，菲尔玛也很快打开市场，投入运营后的第一季度，平均每月销售量递增40%，第一年就有盈利。到了1992年，产品已从爪哇岛市场扩展到全印度尼西亚各地。①

2. 服装纺织行业

纺织、服装行业是印尼华商从事甚早的领域。二战后，祖籍福清的印尼华商群体，在万隆近郊马查拉亚珍投资兴办了数十家中小型纺织厂，并把这座小村镇打造为一座远近闻名的纺织城。而分布在爪哇岛一些重要港口城市经营纺织业的福清籍华侨，则在该行业中形成了一个产销联营的网络。② 由此，陈大江早年亦从纺织服装业起家，并与日本合资创办印染布厂，又创立"大江"成衣厂。到20世纪80年代，大江成衣厂已发展为一个拥有17000名员工、近50家零售商店、50多个世界名牌服装的专利制造和营销权的现代化跨国企业——"大江集团"，成为印尼最大服装企业。其产品不仅内销印尼各地，而且还出口欧美及亚洲。陈大江本人也因此被视为印尼纺织成衣业界的先驱和翘楚，并于1993年被评为印尼全国优秀出口商，获得总统亲自颁发的出口奖励杯，于1997年12月3日又荣获总统颁发的社会福利勋章。③

印尼玛龙佳集团创办人郑年锦，也以经营纺织品贸易起家，后发展为印尼最大的一家纺织品原料供应公司，并向世界各地近40个国家和地区输出各种纺织品，到1996年，公司资产总额达95亿美元，营销总额达34.5亿美元，子公司54家，职工总数2.2万人。④ 陈水云家族的Indah jaya集团制造的毛巾供应了印尼市场70%的需求，并成为东南亚最大的毛巾出产商。

① 郑明杉：《金光农业资源主席黄荣年谈环保：做好每个细节，远离魔鬼》，联合早报网，2016年3月13日，http：//www.zaobao.com/finance/people/story20160313 - 592093。
② 杨力、叶小敦：《东南亚的福建人》，福建人民出版社，1993年，第117页。
③ 李京淑：《侨界贤达，华商楷模》，华商名人堂，http：//www.hsmrt.com/chendajiang/1199.html。
④ 李壮：《低调的巨人》，华商名人堂，http：//www.hsmrt.com/zhengnianjin/6924.html。

目前，通过持续改进和努力，公司已成功打进全球名牌市场，中国和美国都能买到其产品。① 互益纺织有限公司的董事长宋良浩，也被称为印尼"纺织大王"。其公司亦是东南亚最大的纺织企业之一。宋良浩出生于福建闽侯，少时漂洋过海到台北市迪化街，以制作成衣发迹。20 世纪 70 年代，他在中国台湾纺织业极盛时期创办家和纺织，之后赚得上百桶金，陆续在印尼二度创业，并在中国广东、江苏、河南以及澳大利亚等地，投资设厂、开枝散叶，博得"世界纺织大王"威名。② 陈森爵的 PT Batik Keris 也在纺织服装行业占有一席之地。

3. 钢铁制造行业

1969 年，郑年锦的玛龙佳集团与日本三井公司及日本钢铁公司联营，开始生产建筑材料镀锌板，成为印尼首批与外资联营的企业之一。20 世纪70 年代，他又相继在铝业、钢铁业等产业通过合资引进世界先进技术，建立了一批重工业企业。1978 年，集团公司与日本丸红财团共同投资 4000 万美元新建钢铁厂，采用日本技术，以废钢为原料，自动控制炼钢。而今，玛龙佳集团钢铁产量位居印尼钢铁业产量第一。郑年锦在印尼也被誉为"纺织大王""钢铁大王"。③ 2004 年，吴孝忠也看准时机投资钢铁生产。2005年，他与人合资兴建了华联钢铁公司，很快又更新设备，扩大规模。接着，吴孝忠又继续增股扩权，并且买下了公司百分之百股份。2008 年，华联公司再次投入 5000 万元，完成了二期扩建工程，生产线由半自动更新为全自动流水作业，月产钢坯、钢筋 7000 吨，年产量达 10 万吨。到 2012 年，华联钢铁月产量已增加到 13000 吨。目前工厂一座投资 3.5 亿元的现代化新厂已建成投产，月产量达到 4 万吨以上。④ 此外，棉兰华人苏用发所拥有的苏钢集团，也是印尼大型钢铁集团之一，还在生物发电领域有大型投资。

---

① 《福清哥白手起家打造在印度尼西亚的纺织业王国》，《福清侨乡报》2012 年 1 月 16 日。
② 《印尼纺织大王宋良浩家族　来台狂扫房地产》，　《工商时报》（台湾），http：//www.chinatimes.com/cn/newspapers/20151207000900－260202。
③ 李壮：《低调的巨人》，华商名人堂，http：//www.hsmrt.com/zhengnianjin/6924.html。
④ 《印度尼西亚钢铁巨贾——吴孝忠的创业和公益之路》，《福清侨乡报》2013 年 8 月 20 日。

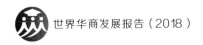

4. 五金加工及其他制造业

印尼华商在五金加工制造业方面的成功，则属林文光拥有的金锋集团。林文光自其父的"爪哇五金厂"起步，1971 年成立了金锋集团。经过两代人的艰辛拼搏，公司已发展成一个跨国集团，涉足工业、金融（银行）业、房地产业等多个行业的多元化企业。仅在泗水金峰就拥有五个工业区，占地750 公顷，员工 2 万多人，产品 8000 多种，吸引了诸如杜邦、三星等一批著名跨国公司入驻。[①] 何文金的金饰加工厂，是拥有 1500 多名工人的现代化的金厂。他也被誉为印尼乃至全球的"金饰大王"。他的"哈多诺"黄金、钯铂金不但在印尼本土赫赫有名，而且远销中国大陆、新加坡、美国、中国香港、阿拉伯等许多国家和地区。许金聪则于 1997 年金融危机后，第三次下南洋，与 19 岁的儿子许佳铭一起赴印尼做起了机械配件、农机、医疗器械及承包电信工程的业务，并创办了印尼宇宙集团。吴孝忠的三宝垄三星塑胶有限公司，以生产塑料袋制品为主，日产量达 700 多吨，是同类工厂中产量最大的企业，产品在印尼广受欢迎。[②] 叶晟源为东南亚最大的彩色镶嵌玻璃商。林益建也因制造业累计可观财富，于 2016 年在《福布斯》印尼富豪排行榜上，资产达到 33 亿美元，居第七位。[③]

（三）服务行业

1. 银行金融业

20 世纪初，印尼华商就已学习西方殖民企业，涉足银行业。如印尼"糖业大王"黄仲涵家族所属的"建源贸易有限公司"，就是一个包括制糖业、银行业、航运业等诸多产业的现代企业王国。二战结束后，印尼迎来发展的黄金时期，华商亦获得巨大经济利好。华人银行也有了飞速发展。其

---

① 《世界福清同乡联谊会常务副主席林文光》，福清网，2014 年 8 月 21 日，http：//www.fqlook.cn/fuqing/fuqingmingren/2014 – 08 – 21/145265.html。

② 《印度尼西亚钢铁巨贾——吴孝忠的创业和公益之路》，《福清侨乡报》2013 年 8 月 20 日。

③ 《福布斯：印尼十大富豪资产共 516 亿美元，华裔占据多数》，《国际日报》（印尼），2016 年 8 月 16 日，http：//www.ccpit.org/Contents/Channel_ 4114/2016/0816/683988/content_ 683988.htm。

中，林绍良在泰国盘谷银行创始人陈弼臣的协助下，于 20 世纪 50 年代创办了中央亚细亚银行，1960 年又改名中亚银行，是二战后较早涉入银行业的华商。1975 年，林绍良邀请李文正加盟，自此中亚银行业务取得迅猛发展。到 1996 年为止，中亚银行已有分支办事处 449 家，全国 27 个省的大、中、小城镇设有自动取款机 831 个，客户达 600 万户以上，[①] 并被公认为东南亚最大的银行。除此外，20 世纪 60~80 年代，林绍良家族还先后参加了一些银行、保险、财务、租赁等金融企业的投资与联营。此一时期，白德明控制的大松银行，也从一家不起眼的国内市场银行，升格为外汇银行，并发展成为集储蓄贷款、外汇结算、投资信托、提供信用证服务及担保等多项业务的综合性金融机构。鼎盛时期，大松银行在印尼 150 多家私营银行中的资产额和知名度均位于前 10 名以内。而且，白德明由金融业开始的对外合作，使大松集团迈出了国际化的重要一步。而银行只是其多元化产业的一部分，他的集团经营范围此时已包括制造业、房地产、酒店、矿业、仓储、国际贸易等多个领域，他本人作为银行家和企业家也因此声誉鹊起。[②]

当然，鼎鼎有名的"亚洲钱王"李文正个人也一直在银行领域巧妙经营。早年他便巧妙借助印尼政府的《民族私有银行合并条例》，将印尼工商银行、泗水银行和繁荣银行合并为泛印度尼西亚银行，李文正拥有 30% 的股份，并担任执行总裁。经过 4 年的努力，这家银行发展成印尼最大民营银行之一，资金达 376 亿印度尼西亚盾。1975 年，李文正加入中央亚细亚银行后，使中央亚细亚资产飞速增长。后来，他又与林绍良合作创办力宝集团，业务范围包括金融、房地产和制造业等，而力宝银行亦是集团主要支柱之一。[③] 而今，力宝银行在东南亚地区的金融界中举足轻重，已发展成以银行为核心的跨国金融集团。以力宝银行为核心的印尼力宝集团已是世界 500

---

① 蔡仁龙：《印度尼西亚华人企业集团研究》，香港社会科学出版社有限公司，2004 年，第 25~34 页。

② 《总统的岳母》，印华企业家白德明的博客，http://blog.sina.com.cn/s/blog_c43271b70101irjc.html。

③ 《莆田李文正：没有银行的银行家》，腾讯·大闽网，2014 年 12 月 21 日，http://fj.qq.com/a/20141221/010991.htm。

强企业。集团总资产超过 200 亿美元，旗下上市企业 20 多家。① 而李文涛因 1950 年与李文正相识，在其带动下创立了工商银行，1974 年又创办了海外快捷银行，并很快发展成为大银行，总资产达到 5 亿美元。1978 年，在海外快捷银行被国家银行合并成为国营银行后，李文涛又抓住机遇，与李文正等人携手，先后合资创办了巴哈利银行和美罗国际银行，也取得了巨大的成功。②

除此以外，陈大江领导的友光集团也下辖有印尼大华银行。他还于 1996 年担任巴厘银行董事局主席，使巴厘银行成功走向国际银行业界。翁俊民的国信集团也于 1990 年创办了国信银行。蔡氏家族所属盐仓集团的金融机构则是印尼哈利银行。三宝娜集团也兼营银行、金融等多种行业。而针记集团的两家银行分别为 Bank Hagakjta 和 Haga Bank，其属下有近百家分行，遍及印尼全国。而且，黄惠忠还是当今中亚银行的业主。据《亚洲周刊》2012 年发布的"亚洲银行 300 排行榜"，中亚银行总资产已达 435 亿美元，年利润达 12 亿美元，资产回报率和股东权益回报率分别为 2.8% 和 25.8%，在亚洲银行中排名 118 位，在印尼排名第三，是该国最大的私有银行。中亚银行现已成为黄氏兄弟最大的收入来源。③

2. 酒店、旅游及娱乐业

近年来，向服务业转型已成为印尼华商经济的重要着力点。旅游及休闲产业即是方向之一。俞雨龄，自 20 世纪 80 年代初的彩票生意壮大后，审时度势，进军旅游业，并将购买已久的印尼巴厘岛地皮建造为一个包括海滨的高尔夫球场和五星级酒店。陈秀明则着力发展印尼万豪和丽兹酒店。陈明宗控制的英丹集团致力于经济型酒店——城市酒店的扩张。曾国奎也在巴厘岛

① 李壮：《买卖"信用"》，华商名人堂，http：//www.hsmrt.com/liwenzheng/6905.html。
② 《天涯游子的家国情怀——莆田侨贤录》，莆田文化网，2014 年 11 月 6 日，http：//www.ptwhw.com/? post = 9656。
③ 《印尼首富，低调的华人两兄弟》，凤凰新闻网，2014 年 1 月 27 日，http：//news.ifeng.com/shendu/hq/detail_ 2014_ 01/27/33412518_ 0.shtm。

大兴土木，打造了超级奢华大酒店度假村。其投资 4 亿~5 亿美元的新酒店共有千间客房，开业一周年就入选 2014 年世界最大旅游网站 TripAdvisor "旅行者之选"的世界最佳酒店。近年，集团公司还在海外投资兴建了多家五星级酒店，仅在中国大陆就有多个投资项目。2013 年，《福布斯》印尼富豪前 50 排行榜上，曾国奎还以 11.5 亿美元名列第 26 位。[①] 对此，盐仓集团也有涉猎。集团不仅拥有数家国际星级大酒店。而且，近年来，蔡道行领导着盐仓集团推出不少新的构想，计划在泗水兴建大型货仓，在新加坡拓展旅游业，势头相当强劲。

对于旅游休闲产业，力宝集团也不甘人后。为迎合印尼主流中产阶级不断扩大的需求，集团正在向医疗保健、零售领域进行扩张，并动工建设了一系列电影院。目前，力宝集团已经营着床位总计 4800 床的连锁医院 Siloam Hospitals，并取得不俗业绩。[②]

3. 电视、报纸等传媒行业

在亚洲金融危机中，MNC 集团创办人陈明立不仅毫发未伤，反而创建并发展壮大了自己的媒体帝国，并由此赢得"印尼媒体大亨"的称誉。他利用亚洲金融风暴收购了前总统苏哈多次子班邦在 Bimantara Citra 公司的股权，在短短的 14 年内为自己打造了总值达 72 亿美元的企业王国。据官方数据显示，陈明立媒体业旗下免费电视台所占市场份额达到 38%，排在第一位。此外，他也拥有印尼最大的付费电视公司 PT MNC Sky Vision。截至 2012 年 5 月，该公司的订户人数已达到 140 万人。而且，随着新媒体近年迅速发展，陈明立的目光不再局限于传统媒体。他已开始计划发展或收购社交媒体平台以及在线游戏网站，转向新媒体发展。目前，他所属的 MNC（Media Nusantara Citra）集团转型为拥有多家电视台、电台、报纸、杂志、出版及电讯等的多媒体集团。据印尼媒体《环球亚洲》

---

① 郑明杉：《印尼第 26 富曾国奎　慧眼识商机的潮商巨富》，联合早报网，2014 年 10 月 26 日，http://www.zaobao.com/finance/people/story20141026 - 404704。

② 《印尼力宝集团创办人李文正金融业起家、不动产界扬名》，中时电子报（台湾），http://www.chinatimes.com/cn/newspapers/20160403000046 - 260203。

估计，陈明立的身家高达 17 亿美元。[①] 另外，熊德龙 1998 年以来也在致力于发展中文传媒业。他一手打造的中文报纸《国际日报》系列，奠定他在印尼中文传媒业的龙头地位。继后，该报纸为翁俊民的国信集团旗下媒体公司取得控制权。其公司拥有福布斯印尼（FORBES INDONESIA）的经营许可。这也为国信集团在传媒产业赢得一定地位。其他还有李卓辉创办的《印华日报》，以及棉兰林荣胜创办的《迅报》、邱怡平的《好报》与《正报》和泗水的《千岛日报》等，皆是华商在纸媒体事业的创业业绩。

4. 船舶运输及造船业

在归属物流行业的船舶运输业，印尼华商成就亦十分显著。林天宝、林天喜经营管理的三宝娜集团，不仅在烟草行业占有一席之地，还于 20 世纪 90 年代末创办了自己的运输船队。2002 年，他的船队已拥有 150 多艘船只，除承担自己的产品在印度尼西亚境内运输外，还承装客户的产品运输业务。[②] 王景祺则于 1974 年在香港成立大亚船运公司，并以 276 万美元购买了第一艘 6500 载重吨（DWT）的专运原木船，运输印尼出口的原木；又于 1976 年在雅加达成立另一家专运干货散装船公司。1981 年，随着印尼政府推出相关准证，王景祺遂成立 Berlian Laju Tanker（BLT）液货船务公司，并购得两艘 6000 载重吨的成品油船，长期租给印尼国营石油公司。1986 年，BLT 又购入第一艘化工轮投入运营。1990 年，BLT 在雅加达上市，2006 年在新加坡上市，2007 年 10 月收购全球十大不锈钢化学品液货船船行之一的 Chembulk Tankers。由此，经过多年拼搏，王景祺已将 BLT 发展为世界第三大不锈钢化学品液货船船行，集团市值为 14 亿新元。在 2007 年《福布斯》印尼 40 富豪榜上排名第 23 位。[③] 而另一称得上"船王"的吴其顺，于 1974

---

① 《特朗普集团在峇厘岛建奢华酒店惹非议》，联合早报网，2017 年 1 月 27 日，http：//www.zaobao.com/news/sea/story20170127 – 718324。

② 福建省志·华侨志编纂委员会：《福建省志·华侨志（1991~2005）》（送审稿），2015 年版，第 24 页。

③ 《从小商人到大企业家："印尼船王"王景祺的三级跳》，新浪新闻，ttp：//news.sina.com.cn/o/2006 – 02 – 15/13478213538s.shtml。

年组建印尼士志（Soechi Lines）集团，从事油气基础设施的承建和供应。1979 年，吴其顺兄弟又进军船运业，拥有了第二艘油槽船，船重 6500 公吨，船价 200 多万美元。自 2000 年取得重大突破后，集团的船队规模在短短 15 年内增至 40 艘，其中两艘还是吨数达 30 万的霸级大型油轮，集团船队总吨数达 150 万，高居印尼之首。2000 年，当亚洲金融风暴结束，士志集团就开始快速扩张，并于 2014 年底在雅加达股票交易所挂牌，筹集到将近 1 亿美元的资金。据估计，目前士志集团的股票市值约 5 亿美元，集团旗下有八家子公司，吴家三兄弟拥有 85% 的股权。目前，全世界最大的超级油轮是 33 万公吨，印尼全国只有三艘 30 万公吨的油轮，其中士志集团就拥有两艘，各为 30.8 万吨及 33 万公吨，可运载上百万桶原油。此外，士志集团还在吉里汶岛兴建造船厂，并于 2010 年已开始造拖船和驳船。浮动船坞和上下船平台已在 2016 年启用，船厂员工达 3000 名。[①]

此外，许锦祥任总裁的国际环球（印尼）集团有限公司（Global Putra International Group）也从经营货运公司开始，直到经营国际航运公司，最后成为印尼航运业的大亨。自 1992 年起，集团公司连续十多年被国际空运货代协会（IATA）评选为印尼第一，成为连接印尼与世界的经济大动脉。集团每年的总营业额超过 10 亿元人民币。1996 年、2004 年、2006 年，以及 2008 年印尼航空展览期间，GPI 集团都与新加坡 Translink 集团一起被官方指定为负责一切物流运输的事务。[②] 如今，GPI 集团已是拥有 1800 名员工的国际物流运输大集团，在印尼拥有 12 家分公司，在世界各地拥有自营或代理网络，业务广泛，包括展览运输、船舶代理、集装箱堆场、油煤矿能源运输、报关、包机等业务。[③]

---

① 郑明杉：《从三餐难继到印尼"船王" 顺势顺流吴其顺》，联合早报网，2016 年 1 月 10 日，http://www.zaobao.com/finance/people/story20160110 - 569229。
② 华商文：《货通天下，经济功臣》，http://www.hsmrt.com/xujinxiang/6787.html。
③ 《国际环球（印尼）集团有限公司总裁许锦祥：白手起家、艰苦奋斗、事业有成、热心公益》，《印度尼西亚商报》2011 年 5 月 13 日。

（四）零售贸易行业

1. 零售连锁业

印尼华商在零售贸易领域有着历史传统。早期的"瓦弄"，后期的"巴刹"，及至而今的超市、便利店到"shopping mall"等，华商在此领域一直占据主导和引领地位。

根据统计，到 2010 年 6 月，力宝集团旗下太阳超市公司已在印尼建立有 91 家百货商店、50 家大型超级市场、25 家超级市场、53 家连锁药房、90 个家庭休闲中心、18 家国际书店。[①] 而余玲娇属下的英雄超市在 2008 年就已经以 5.15 万亿盾的营业收入位居第二，市场占有率达到 16.33%；[②] 林绍良创建的三林集团则早在零售贸易领域打下雄厚基础。继承人林逢生更是殚精竭虑，仍在此领域深耕。到 2017 年，三林集团在印尼已拥有 1.1 万间印多迷你商店（Indomarket）。[③] 与此同时，集团公司还准备在新兴的电子商业门户扮演要角。翁俊民的国信集团、房地产大王曾国奎等，也都在连锁卖场领域有所涉猎。

其中，尤为值得一提的是郭桂和。他自 560 英尺的小店"Sumber Bahagia"（意为"幸福之源"）起步，后与林天喜的宝娜集团合作，在雅加达开设了 15 间香烟店，并创建了一间折扣超市，名为 Alfa Toko Gudang Rabat。凭借着独到的眼光和超凡毅力，郭桂和创办的阿尔法超市（Alfamart）不仅打破了传统零售业的封闭与落后，更以便利店的庞大实体规模，大幅提升了印尼经济快速发展的步伐。截至 2014 年，阿尔法在印尼各大城市已开设了 8000 多家分店，有员工近 7 万人，年销售额近 15 亿美元。2011 年，郭桂和又开发了规模比阿尔法超市小一些的便利店，称为"Alfa Express"。此外还有大型的连锁超市"Alfamidi"。2012 年，阿尔法

---

① 资料来自力宝集团太阳超市网站，http://www.matahari co id。
② 《印尼零售业今年可增长 15%》，《国际日报》（印尼）2008 年 5 月 14 日，B2 版。
③ 《已故印尼富豪林绍良长子林逢生，"虎父无犬子"，商场创造奇迹》，2017 年 10 月 9 日，大橙报，http://www.bigorangemedia.com/17732。

集团进一步拓展，取得了来自日本的便利店——全球连锁品牌罗森的特许经营权，正式在印尼开设罗森便利店。目前他已在雅加达各地开了70多家分店。自2010年，郭桂和已跻身全球十亿美元级富豪之列。在2016年《福布斯》公布的印尼富豪榜单中，郭桂和以13亿美元的个人净资产排名第14位。①

另外，哥伦比亚集团也是印尼发展最早、规模最大的4C家电自营连锁零售公司，同时也是印尼最大的自营连锁零售、电器制造与电视购物企业之一。公司拥有700多家4C电器零售连锁店，遍布全印尼400多个大中小城市，集家用电器、家具、摩托车等制造、销售、维修于一体。集团拥有20家子公司，员工30000多名。同时，印尼有2000多家经销店销售哥伦比亚自主品牌SANKEN家用电器，400多家经销店销售集团所代理的世界各种名牌音乐器材。且在印尼400多个城市里，分布着500多个家电、摩托车维修站。长期以来，2000多名经验丰富的维修员工为集团顾客提供着优质的售后服务，是当之无愧的家电连锁之王。② 黄一君的王牌五金销售公司（Ace Hardware）是美国品牌"王牌"（Ace）在印尼的特许经营商。依靠五金工具店铺的连锁经营，公司获得迅速发展，现在又涉足玩具、家具和其他产品领域。随着品牌影响力迅速扩大，黄一君创建的长友集团于2008年迎来营业额的突破，达到3亿美元，净利润比上年度翻了一倍。ACE Hardware在印尼股票市场也成功上市，企业市值也从2亿美元攀升至20多亿美元。在资本的助力之下，长友集团的规模持续扩大。2011年，集团在达迈印达开设了一座面积为24万平方米的配送中心。它同时也是cikarang工业区最大的配送中心。同年，ACE开设了第53家卖场。这是ACE品牌在全球的旗舰卖场，面积多达1.6万平方米，提供超过8万种商品；2014年，ACE在印尼已经开设了第110间门店。至此，长友集团代理的ACE已成长为印尼知

---

① 《郭桂和：印尼经济"跳动的脉搏"》，《云南信息报》2016年10月11日，http：//finance. yunnan. cn/html/2016 - 10/11/content_ 4570517. htm。

② 叶松：《印尼家电连锁之王——专访印尼—中国经济社会与文化合作协会经贸部长、印尼哥伦比亚集团总裁刘正昌》，《东方企业文化》2009年第5期，第29页。

名、标志性的连锁品牌，每个月大约可完成 100 万单交易。① 黄一君也跻身印尼 10 亿美元级富豪的行列。

2. 汽车、摩托及其零部件生产与销售

在汽车销售领域，谢建隆创建的阿斯特拉集团是值得夸耀的杰出代表。1969 年，印尼政府将设在该国的美国通用汽车装备厂收归国有，交由谢建隆主持经营。谢氏与政府达成协议，在通用汽车装配厂基础上成立卡耶汽车有限公司，政府持股 40%，谢氏持股 60%，经营汽车装配和销售业务。此后，谢建隆经营力度不断加大，先后开展了与一些跨国公司的一系列合作。进入 20 世纪 70 年代，阿斯特拉集团公司开始组装汽车，到 1981 年累计出产汽车 173297 辆，占印度尼西亚市场 41.7% 的份额；到 1991 年，公司年产量占印度尼西亚市场的 54%。至此，"阿斯特拉"成为印尼人的骄傲，谢建隆也因其创业成功的神话般经历成为许多印尼人崇拜的偶像。② 但因其儿子投资不善，阿斯特拉受到牵连，最后转手易人。

而林德祥创建的印尼大象财团（GTG）、佳通集团公司亦是起步于 20 世纪 60 年代中期。林德祥在巩固发展原有贸易业、种植业和农副产品加工业基础上，引进先进技术设备和资金，拓展现代工业、制造业，进而向金融、房地产、对虾养殖等方面发展。到 90 年代初，林德祥又开始在中国大陆投资，利用设在新加坡的佳通集团，投资福建、安徽、宁夏的佳通系列轮胎工厂项目，收购黑龙江桦林轮胎公司，成为世界华人中的轮胎大王。③ 此外，陈大江也与日本一家轮胎工厂合作，在印尼创办了 PT. Bridgestone Tire Indonesia 轮胎公司（印尼石桥轮胎有限公司）。因为优良的品质刚好满足了市场的需求，公司不断发展壮大，到现在已占据整个印尼 40% 以上的轮胎

---

① 张军智：《印尼华商领袖黄一君的零售商业帝国》，搜狐网，2017 年 4 月 23 日，http：//www.sohu.com/a/135556826_ 212351。

② 李闽榕、王日根、林琛主编《闽商发展报告》，2012 年，第 35 ~ 36 页。

③ 《天涯游子的家国情怀——莆田侨贤录》，莆田文化网，2014 年 11 月 6 日，http：//www.ptwhw.com/? post = 9656。

市场。① 许世经创办的经泰集团则从中国广东、重庆等地引进技术生产摩托车，年产"天马牌"摩托车十多万辆。集团在印尼各地设有 100 多家分公司，实行生产、销售、售后服务一条龙经营。楠榜李敏吉所属的WONGCOCO 企业也已开始利用苏门答腊岛上出产的橡胶等原材料制造汽车零部件等。

3. 电器销售与生产

印尼华商在此领域大多从代理日本电器开始，后续则转为代加工或组装等，属于行业中游或下游。如姚春桂创办的雅松塔集团，开始仅从新加坡代理商中输入日本夏普电视机。续后，该集团扩展到经营、生产收音机、电冰箱、彩色电视机及空调机等，是印尼最早输入外国电器的企业之一。依此基础，雅松塔集团与夏普公司进一步合作，开始在印尼生产制造宽荧幕多频道的数字电视机，并经销高科技的液晶显像管电视机等。至 20 世纪 90 年代，集团年生产与销售电视机 30 万台、收音机 12 万台、冰箱 8 万台、温度计 2 万支、电视机架 20 万个。这些产品占印尼市场约 20% 的份额。21 世纪初，集团总资产额达 2450 亿盾，年营销总额达 5500 亿盾，拥有子公司 26 家，职工总数 4700 人。②

针记集团也于 1957 年便成立了印尼电子工程公司，后续业务又扩展到电子行业，并在三宝垄设永宝创公司，生产电视机、电冰箱、无线电元件等。在 2000 年，公司名称更改为 Hartono Istana Teknologi，并以宝创（Polytron）品牌的电子产品出口为主业。目前，宝创品牌不仅用于音频视频产品，还涉及家电，如冰箱、空调、洗衣机、冷柜、饮水机等。在电信业方面，针记集团属下 SMN 电讯公司还持有 Protelindo 的 99.99% 股权，Protelindo 是专为电信行业提供电信塔的公司，截至 2010 年，Protelindo 的电信塔有 3639 个单位。③

---

① 李京淑：《侨界贤达，华商楷模》，华商名人堂，http://www.hsmrt.com/chendajiang/1199.html。
② 福建省志·华侨志编纂委员会：《福建省志·华侨志（1991~2005）》（送审稿），2015 年版，第 22 页。
③ 《祖籍中国福建晋江潘湖黄惠忠与黄惠祥与兄弟财富 167 亿美元》，2015 年 8 月 15 日，http://www.xiyiji.org/xiyijijishu/387.html。

（五）建筑、建材及房地产行业

1. 房地产业

亚洲大富豪都偏爱房地产。因而，许多华商以物业房产致富占据多数。印尼华商亦然。近年来，印尼华商亦把大量资金投向了房地产。主要的大型华人房地产企业有李文正的力宝卡拉哇吉公司（Lippo Karawaci）、徐清华的芝布特拉集团、傅志宽的大都会肯加纳公司（Metropolitan Kentjana）、汤新隆的波德摩罗集团（Agung Podomoro）、曾国奎的穆利亚集团（Mulia Group）、林文光的金峰集团、梁世桢的金宝集团等。其中，力宝集团的卡拉哇吉公司是印尼最大的上市房地产开发商。2009 年公司总资产 12.13 万亿盾，营业收入 2.57 万亿盾，总利润 1.19 万亿盾。[①] 而商业眼光敏锐的黄奕聪虽迟至 20 世纪 80 年代才进军房地产，但其发展却大有超前之势。集团的第一个大型房地产发展项目就是于 1984 年在西爪哇的 Serpong 清理面积达 6000 公顷的树胶园，兴建新镇。负责房地产发展的金光置地（Sinarmasland）业务可归纳为商业、住宅、工业园、新镇以及酒店和度假村五大类。亚洲金融危机前，该集团仅在印尼就拥有 4600 多公顷可发展的地皮。目前，金光集团业是印尼三大房地产开发商之一，拥有 8 座地点优越的商业大厦、3 座酒店（包括雅加达的君悦酒店）、14 个住宅区、2 个卫星镇、2 个工业园、5 个度假村，12 个综合房地产及 5 个高尔夫球场。[②]针记集团在地产领域也有涉足。集团下属的 PT Bukit Mulia 除发展工业区外，也兴建住宅和办公大楼。集团在雅加达市中心拥有集商场、写字楼和酒店于一体的综合项目大印尼购物中心（Grand Indonesia）。该项目地处雅加达中心大道苏迪尔曼路，是在印尼酒店旧址上建立起来的。除购物场所

---

① Lippo Karawaci Annual Report 2009，p. 4. 转引自刘文正《21 世纪初印度尼西亚华商的经济地位——以华商大企业为分析重点》，载陈丙先、庄国土主编《东盟研究（2013）》，世界知识出版社，2014，第 175 页。

② 《成也商品败也商品　黄奕聪东山再起》，联合早报网，2011 年 10 月 31 日，http：// news. huishoushang. com/36807. html。

外，这一大型综合设施还包括五星级的凯宾斯基酒店，高 56 层的中亚银行大楼。[①]

另外，被喻为"印尼地产大王"的曾国奎，其任董事局主席的穆利亚集团是印尼实力强大的综合性集团之一。商业经营涉及多个行业领域，其中地产、工业在印尼及世界多个国家久负盛名，仅投资大型商场、高档商住区等项目就多达 100 亿元人民币。如今，集团建造的办公大楼多达 13 栋，总楼面积达 75 万平方米，旗下的办公大楼多坐落在黄金地段，其中楼高 54 层的雅加达穆丽雅大厦（Wisma Mulia）更是家喻户晓。[②] 梁世桢创办的以经营房地产业务为主的全宝集团，经过 30 多年的发展，已经成为印尼地产界"旗舰式"的企业。全宝集团于 1990 年成功上市，成为印尼股票交易所的第一家房地产上市公司，现为印尼的五大房产上市公司之一。[③] 徐清华经营的房地产行业则始于 20 世纪 60 年代。其组建的芝布特拉集团是印尼最大房地产商之一，旗下有三家上市的地产公司，雇员 1.4 万名。2009 年，三家上市公司的营业收入合计达 2.06 万亿盾。[④] 而今，他的商业帝国已经发展成一个复杂的控股网络，旗下有房地产开发公司、住宅区、商场、公寓楼、写字楼和酒店等，此外还有 1 家建筑公司、1 家 IT 系统集成商兼零售商以及 1 家出版商业报纸等的媒体公司。集团还在柬埔寨和越南开展业务。2013 年发布的《福布斯》印尼富豪榜上，徐清华排名第 24 位，估算身家为 11.7 亿美元。[⑤] 俞培俤 1976 年离开家乡福州，远赴印尼创业，由经营家电起家，到今日发展为地产"巨无霸"，更进军金融业，规划两家公司在香港上市，

① 《印尼首富，低调的华人两兄弟》，凤凰新闻网，2014 年 1 月 27 日，http：//news. ifeng. com/shendu/hq/detail_ 2014_ 01/27/33412518_ 0. shtm。

② 《印尼第 26 富曾国奎 慧眼识商机的潮商巨富》，联合早报网，http：//www. zaobao. com/finance/people/story20141026 - 404704。

③ 饶淦中：《一门鼎盛昭青史——梁密庵先贤五代印尼创业记》，中国新闻网，2009 年 11 月 17 日 16：58，http：//www. chinanews. com/kong/news/2009/11 - 17/1969508. shtml。

④ 转引自刘文正《21 世纪初印度尼西亚华商的经济地位——以华商大企业为分析重点》，载陈丙先、庄国土主编《东盟研究（2013）》，世界知识出版社，2014，第 175 页。

⑤ 《印尼 40 富豪之徐清华：人民创业导师》，网易财经，2013 年 2 月 11 日，http：//money. 163. com/13/0211/21/8NFA3JDA00254STC. html。

壮大为"名城企业"帝国，驰骋于政商界。

其他还有吴瑞华的印邸房地产（Intiland）集团，在泗水和雅加达兴建了数十项大工程，包括公寓、住房、旅馆等基础设施。太和集团（TH Group）负责人郭绍兴则以"超前"的策略，正在印尼民丹岛打造一座占地1500公顷、人与自然和谐共生的未来城市。翁俊民的国信集团在印尼和新加坡共拥有十多处物业。汤新隆的波德摩罗集团开发的住宅、商用及综合性地产项目总占地面积也超过 480 公顷。①

2. 建材生产与销售业

在建材生产与销售领域，印尼华商利用印尼独立后的建设契机拔得头筹。如林绍良早年几乎垄断了印尼水泥的生产和销售，使其成为集团财富版图的重要组成部分。而黄德新自 20 世纪 60 年代中期，依托林绍良公司经销水泥起家，凭着吃苦精神和良好的信誉，生意越做越大，1975 年后成为印尼进口水泥销量最大的总经销商。穆丽雅集团的曾国奎也是较早涉入建筑材料的商人。1974 年，曾国奎成立了穆丽雅玻璃厂，初期生产技术含量不高的杯子和瓶子之类的容器。几年后，随着新科技的引进，产品种类扩大到汽车安全玻璃、建筑玻璃等。成立于 1990 年的穆丽雅瓷砖制造公司，现已跃升为世界最大及最现代化的瓷砖生产商之一。如今工厂一天生产的玻璃材料达 2500 公吨，瓷砖一年的产量面积达 1 亿平方米。工厂规模之大、产量之多，高居印尼同类企业之首，曾国奎更是跃升为"玻璃及瓷砖大王"。② 印尼棉兰陈明宗控制的英丹集团，自其父亲陈荷兰创建木材加工与销售产业之始，其家族企业一直在建材生产与销售领域深耕，专注于建材用品——铁钉、铁丝等铁制品加工，建筑设备销售以及玻璃生产，电机销售等业务。其中，集团生产的瓦楞钢板占据着苏北省 80% 的销售市场。而友联集团伍耀辉早期主要从事化工原料进口贸易，如今则是印尼数一数二的水玻璃工厂主。

---

① 刘文正：《21 世纪初印度尼西亚华商的经济地位——以华商大企业为分析重点》，载陈丙先、庄国土主编《东盟研究（2013）》，世界知识出版社，2014，第 175 页。

② 《印尼第 26 富曾国奎　慧眼识商机的潮商巨富》，联合早报网，http：//www.zaobao.com/finance/people/story20141026 - 404704。

（六）石油及化工行业

印尼是个石油丰富国家，但由于开采和提炼技术落后，也有着大量的石油进口。1957 年，林和义凭借大儿子雍高和二儿子恩强与朋友合作做石油生意的契机，自开办加油站之始，父子又自行购买百吨的木制船进口石油。续后，林和义父子经营的油业逐年扩大，直到拥有的油轮吨位稳定在 270 万吨，使其所属的新加坡兴隆贸易私营有限公司及其海洋油轮有限公司成为一个国际性的石油贸易公司，年营业额达到了几十亿新币。后来，林和义父子的生意还涉及陶瓷、石材、珠宝等行业。[①] 另外，1997 年金融危机后，彭云鹏的巴里多太平洋集团也逐步转向石化工业、造纸业、汽车工业、酒店旅游业等多领域发展。其中，石化工业成就最大。2010 年，彭云鹏将巴里多太平洋集团控制的两家大型化工企业合并，成立詹德拉阿斯利石化有限公司（PT Chandra Asri Petrochemical Tbk）。合并后的企业涵盖石油化工业所有的生产链，2011 年的营业额已达到 20 万亿盾，是全国最大的石油化工生产企业。[②] 林益建的春金集团更是印尼著名的综合性跨国企业，拥有印尼最大的棕榈种植园、棕榈油精炼加工和油化学品生产的综合性公司，并拥有世界上最大的棕榈油精炼厂。[③]

在化工领域，伍耀辉的友联集团早期主要从事化工原料进口贸易。陈锡基家族于 1948 年成立于的文斯集团，则是印尼最大的肥皂等日化产品制造企业。该集团已发展成为联合利华在印尼的最大竞争对手。许立文是 Kalbe Farma 药业老板，资产在 2016 年已达到 30 亿美元，居《福布斯》印尼富豪榜第 8。[④] 印尼著名的民族建设基金创始人汪友山，早期是著名的药剂师和

① 《天涯游子的家国情怀——莆田侨贤录》，莆田文化网，2014 年 11 月 6 日，http://www. ptwhw. com/? post =9656。
② 《彭云鹏合并两石化企业具积极作用》，《国际日报》（印尼）2010 年 10 月 5 日，B3 版。
③ 《印尼春金集团棕榈油加工项目落户临港工业区》，北方网，2009 年 12 月 17 日，http://news. enorth. com. cn/system/2009/12/17/004343692. shtml。
④ 《福布斯：印尼十大富豪资产共 516 亿美元，华裔占据多数》，《国际日报》（印尼）2016 年 8 月 16 日。

制药企业家。他在 1971 年创立的印尼 Pharos 公司，业务蒸蒸日上，很快成为印尼其中一个最有名望的制药工厂。①

总而言之，印尼华商在印尼多年的勤勉努力，勠力经营，在印尼民营经济的领域广泛涉足，在诸多商贸与加工领域书写了种种传奇。

三　印尼华商的主要特征

纵览印尼华商的经济状况及其财富来源与分布，总结印尼华商经济与经营特征如下。

（一）立足印尼丰富资源，做大做强做精企业

印尼是个热带国家，自然资源十分丰富。印尼华商充分依托此丰厚资源拓展产业，并形成相对垄断的经济优势，取得非凡业绩。如金光集团的黄奕聪，自 1968 年起，与林绍良合作创建食用油厂并亲自经营，到 20 世纪 80 年代就已赢得"食用油大王"的生意和声誉。之后，他又自创"菲尔玛"（Filma）食用油企业，迅速把市场做到全印尼，为家族企业的扩张打下坚实的基础。1977 年，通过食用油生意积累到资本的黄奕聪又进入纸浆生产及造纸领域，到 1990 年，其旗下的造纸工业已在印尼首屈一指，并推动造纸成为印尼的一大产业。陈江河的金鹰集团更是典型借助印尼丰富资源为基础，做大做强做精的案例。集团的多种产业主要涵盖四大核心领域，即林浆纸工业、棕榈油加工、特种溶解木浆和粘胶纤维、能源开发（太平洋油气）。其他还有成就黄世伟"印尼食品之父、世界虾片之王"称誉的虾片生意。盐仓集团和针记集团的丁香烟制造，以及号称"木材大王"的黄双安、"林业大王"和"胶合板大王"彭云鹏、"煤炭大王"纪辉琦、"燕窝大王"杨秀珍、"世界纺织大王"宋良浩、"金饰大王"何文金、"印尼船王"吴

---

① 巴厘之窗：《汪友山专刊：印尼华社领袖汪友山先生与世长辞》，《国际日报》2017 年 11 月 3 日，http：//www.cclycs.com/a238283.html。

其顺与王景祺、"对虾大王"林德祥等、"纸业大王"陈江和与张清泉等。诸多称王称霸的誉称，即是对印尼华商在行业经营的肯定，也反映了印尼华商立足印尼丰富资源，围绕一定行业，发挥工匠精神，做大做强做精的经营理念。由此也造就他们非凡的财富。

（二）多元化经营，且每项有声有色，成为盈利源泉

多元化经营一直是海外华商的特色。但由于印尼特殊的国情和地理破碎的特性，华商进行多元化经营以谋取利益最大化，也有分散经营降低经济风险的考量。而且，仔细考察，我们发现，印尼华商的多元化经营并不是围绕产业链拓展，更多是分散式的，广涉各行各业。早年林绍良创立的"林氏王国"就是一个典型的多元化企业集团，经营范围相当广泛，主要涉及纺织、水泥、化工、电子、林业、渔业、航运、保险、金融、房地产、黄金宝石、酒楼饭店、医疗器材、电信设备、钢铁等行业。黄奕聪20世纪60年代从倒卖椰干开始创立金光集团，如今，金光集团已发展成为亚洲财雄势大的顶尖企业集团，旗下拥有制浆造纸、金融、农业与食品以及房地产四大支柱产业，并进军能源、矿产及电信行业。黄惠忠领导的针记集团历经企业的波折后，更是认识到必须多元化以分散经营风险，构建出一个囊括烟草、房地产、银行、电子产品、通信、棕榈油、电器及多媒体产业等众多领域的多元化集团。林文光经两代人40多年艰辛拼搏的金锋集团，如今已拥有约60个企业和工厂，涉及印刷、造纸、食品、银行、房地产等多个行业。郭说峰的AG集团亦是印尼知名的综合性跨国投资开发公司，主营金融、地产、农业、酒店，并涉足基础设施建设、矿业、制造业、娱乐等诸多行业和领域。印尼力宝集团的生产与投资领域包括商业银行、保险、房地产、制造业、信息技术、基础设施、百货超市、传媒产业、医疗服务和娱乐服务业等。翁俊民自1989年创立国信银行后，在亚洲金融危机时逢低买下3栋印尼市中心办公大楼，事业一飞冲天，至今集团业务遍及银行、地产、医院、免税店及媒体行业。黄双安的"材源帝"集团广涉木材业、渔业、旅游业、商业、服务业等8大行业。熊德龙的熊

氏集团也从烟酒制造、金融、房地产、国际贸易、酒店、旅游到新闻媒体等领域。

（三）进行跨国化、全球化经营

华商之间往往有着密切的跨国互动，相互支持，推动企业成长。印尼华商也积极鼓励商业网络的成员扩大经营范围努力成为跨国企业。这是因为他们有着广泛而频密的商业关系网络结构以推动他们企业的跨国发展。因此他们能够成立一家家的跨国公司，便于公司的发展与进步。当然，在这一点上，印尼华商对推动印尼同世界各国的经贸联系，也起着不可缺少的纽带作用。尤其是世界性华人组织的成立，极大地促进了印尼华商同世界各地华人的经贸联系，从而推动印尼经济同国际接轨的进程。跨国化、全球化愈来愈成为印尼华商的必然选择。

例如，金光集团在全球拥有 400 多家法人公司，投资范围远及亚洲、北美、欧洲、大洋洲等地，年营收超过 400 亿美元，资产总额 300 多亿美元。[①] 早期的三林集团，基业中心虽在印尼首都雅加达，但下属企业广泛分布在新加坡、中国香港、利比里亚、荷兰、美国等国家和地区，成为一个跨亚、非、欧、美四大洲的国际财团。而今，经过调整后的三林集团也通过第一太平洋扩展至菲律宾、泰国、中国香港和中国大陆市场。甚至，林逢生也将业务扩展至印度、塞尔维亚等。目前，三林集团在全球 50 个国家投资，总共涉及 12 个不同领域，雇员人数多达 53 万人。[②] 金鹰集团如今也是一个资产规模高达 150 亿美元、员工约 5 万人的跨国工业集团，生产经营覆盖印尼、中国、巴西、马来西亚和菲律宾，销售网点遍及四大洲。[③] 力宝集团是世界500 强企业，集团总资产超过 200 亿美元，旗下上市企业 20 多家，投资区

---

① 《闽商长期"掌管"东南亚首富》，《泉州商报》2015 年 10 月 27 日。

② 《三林集团计划扩大在柬投资》，《好报》（印尼）http：//www.haobaodaily.co.id/news/read/2016/09/23/124465/#.Wdd4atKOyiA。

③ 郑明杉：《陈江和拥世界最大纸浆厂，每年种两亿棵树苗，留得青山在，永续保资源》，联合早报网，http：//www.zaobao.com/special/report/others/chineseentrepreneur/story20140907 -386207。

域遍布印尼、新加坡、美国、澳大利亚、马来西亚、菲律宾、英国、韩国和中国等十多个国家和地区。[①] 林文光的金锋集团已发展成为一个分支机构遍布新加坡、中国香港、中国大陆、日本、加拿大等的国际化企业。熊德龙的熊氏集团也是遍布美国、加拿大、中国大陆、印尼、新加坡、柬埔寨、中国香港、中国澳门等地区，为大型跨国集团公司。他名下拥有美国《国际日报》、美国大兴银行、好莱坞大都会酒店、印度尼西亚《国际日报》、新加坡国际金叶烟草有限公司、香港皇玺洋行等几十家著名企业，并担任了美国中华团体工商联合会主席、美国中国留学生基金会主席等职务。黄双安创建的"材源帝"集团也是一个庞大的跨国企业。

（四）实业与银行有效结合

许多华商企业集团基本上实行多元化经营，银行业已成为多数华商企业的重要组成部分。由此保证旗下实业发展和投资不受资金链短缺的困扰。印尼华商尤为明显。早年林绍良的公司以中亚银行作为实体经济的资金保障，后期又创设力宝银行，从而为林绍良打造企业帝国提供了坚实基础。李文正则依托中亚银行的基础，后又创建泛印度尼西亚银行、力宝银行，从而依托银行业的雄厚资金支持，力宝集团得以发展为一个集房地产、健康医疗、酒店、连锁超市等的集团公司。白德明的大松银行只是其多元化产业的一部分，但得益于银行的资金支持，他的集团经营范围涵盖制造业、房地产、酒店、矿业、仓储、国际贸易等多个领域。陈大江领导的友光集团则下辖有印度尼西亚大华银行，翁俊民的国信集团也于 1990 年创办了印尼国信银行。蔡氏家族所属盐仓集团的金融机构则是印尼哈利银行。针记集团有两家银行，尤其是金融危机后，黄惠忠还取得了对中亚银行的绝对控股。这成为黄氏兄弟的重要财源，并由此而登上《福布斯》印尼富豪首位。诸多大型华商，皆控制着实体和轻资产，保障了实体经济与银行资金的互动和互相支持，这亦是印尼华商的一大特色。

---

① 李壮：《买卖"信用"》，华商名人堂，http://www.hsmrt.com/liwenzheng/6905.html。

四 印尼华商经济发展趋势

印尼华商经时间积淀，得益于印尼独立后的发展机遇和丰富资源，多重运筹之下，累积了一定的财富优势。虽然存在诸多不足和问题，但面对跨国化、全球化以及互联网经济与智能化科技的时代，印尼华商也在利用自身优势，积极探索和应对。

（一）尝试介入互联网科技产业，并开始运用智能化技术提升管理

全球进入互联网经济与智能化科技转型时代。印尼华商虽然在此领域受限于居住国环境制约，发展缓慢。但许多华商也在摸索中前行。如印尼首富黄惠忠之子马丁·哈托诺（Martin Hartono）在美国完成学业进入家族企业之始，就积极创建并投资互联网公司，力争将家族企业带向新台阶。为了向互联网公司投资，2010 年，他决定创建自己的公司——全球数码菁英投资公司（Global Digital Prima Ventures），并一直在大把花钱，购买印尼国内最火爆网站的少数或多数股权。据报道，他拥有 1 亿美元的资金，这个规模让全球数码菁英投资公司轻松坐上了互联网投资机构的头把交椅。2009 年 1月，公司购买了 Kaskus 的股权，该公司是印尼最大的网站，拥有 480 万用户，每天的独立访客高达 2000 万人。另一个是一家发布工作室公寓（studio apartments）信息的网站 Infokost，在雅加达以 "kost" 广为人知，在学生、年轻人和单身专业人士中很受欢迎。其他的投资还包括 Blibli（一家人气畅旺的购物网站）以及 Bolabob（一个运动网站）。此外，他还把触角伸向了MerahCiptaMedia 等从互联网 "取食" 的公司，2010 年他取得了这家数字营销机构的控股权。该公司的蓝筹客户包括微软印尼（Microsoft Indonesia）等。[1] 因拥有诸多互联网公司控股权，他被誉为雅加达网管。

---

① 《2012 印尼 40 富豪榜：首富之子被称雅加达网管》，网易财经，2013 年 2 月 11 日，http：//money.163.com/13/0211/19/8NF61QQE00254STC.html。

　　而黄荣年领导的金光农业资源有限公司（GAR）则是深度介入智慧科技的典型。隶属金光集团的金光农业资源有限公司经过不断扩充战略版图，已跻身成为印尼最大、全球第二大的棕榈油生产商，产品销往 70 多个国家和地区。为向世界上面积最大的棕榈种植园要到"最大效益"，黄荣年大约在 19 年前，就确立了一个想法，那就是，金光要成为行业内的"大农夫"，前提是一定要实现先进的电子化、信息化管理。为此，他带领团队先后投资约 5 亿美元，依托 Google 全球卫星定位系统及 SAP（全球领导型管理软件及解决方案供应商）系统，打造出一套实时监控集团旗下种植产业的高科技信息化管理系统。位于金光集团总部的 War Room（中心指挥室），大屏幕上是印尼全国卫星地图和金光农业独创的"生命档案"数据图表。巨型投影屏幕上，一张完整的印尼卫星地图尽收眼底。金光将旗下东西纵横8500 公里、总计 433200 公顷的种植园，以每 30 公顷为单位划分为若干块，实施 24 小时监控，并根据每块园区作物的实际情况，评估收成；对低产园区，预警、断症，并给出可行的解决方案。这种借助高科技手段的生产管理模式成效显著，金光优质棕榈树的产能，从先前已经高于行业标准的每公顷7～8 吨，上涨为目前的 12～13 吨。① 此外，金光集团（APP）因应"森林保护政策"需要，也为降低印尼温室气体排放量，投入数百万美元与Deltares 研究中心合作，使用创新 LiDAR 科技在占地面积达 450 万公顷的苏南湿地进行 3D 地形扫描，不仅协助解决森林砍伐和温室气体排放，更协助当地小区发展，项目规模为全球创举。② 另外，彭云鹏重点发展的高科技石化业年产值已达 25 亿美元，人均 280 万美元。③

---

① 《黄荣年人物介绍——印尼金光集团创始人黄奕聪的第八个孩子》，爱福清网，2015 年 7 月 5 日，http：//news.52fuqing.com/newsshow - 687521.html。
② 《APP 亚洲浆纸支持苏南地表景观策略，透过发展多方利益关系者机制实现印尼 2020 年降低温室气体承诺》，《好报》（印尼），http：//www.haobaodaily.co.id/news/read/2015/07/14/82808/#.WemuJlMnZ48。
③ 《专访："希望中国和印尼携手前进共创辉煌"》，网易新闻，2009 年 6 月 19 日，http：//news.163.com/09/0619/11/5C5SE3R6000120GU.html。

（二）陆续涉足电子商务，推动华商产业转型升级

华商参与跨境电商具有独特优势。华商中有不少以传统商贸起家，已经具备仓储资源、物流和营销网络。因而，华商通过电子商务平台实现转型与升级换代，无疑是一个可行的发展路径。而在东南亚国家中，印尼被不少互联网公司认为有着无限的电商增长潜力。

面对电商机遇，印尼新老华商都已开始介入。如李文正力宝集团所属的印尼电商 MatahariMall 成立于 2015 年，由李文正所属 Lippo Group 投入约 5 亿美元建立。目前，MatahariMall 约有 15 万件产品库存，平台向消费者提供货到付款、分期付款等一系列快捷支付方式。[①] 新华商许龙华创建的 WOOK 电商平台，则是印尼首家融合 O2O 模式的 B2B 移动电商平台。该平台致力于链接大中华优质品牌与印尼市场。WOOK 目前在印尼拥有 17 家分公司，14000 多家零售商。目前，该平台的销售额突飞猛进，达到了 1 亿多元人民币的水平。[②]

此外，许多华商也开始运用电商拓展自身产业发展。许锦祥先生思维敏捷，眼光独到。对国际电商有独到的见解。为了物流快捷，他的国际环球集团已经立足在全球国际贸易电子商务的角度打造远洋船队，进行自贸区仓储、航空货运联营等一系列改造升级。甚至，公司正在致力于"跨境电商金融"，就是"电商的电商"。公司已经在中国成都设立了软件开发中心，为这几个业务板块开发了综合电子商务平台，并且已经上线。[③] 黄一君的长友集团在过去几年间，除全面引入了 ERP、ACD 等现代化办公系统，不断提升集团的运作效率外，还先后推出了数家电商网站，遍布印尼各地的线下实体店与线上网站互为犄角，快速推动了公司电子商务的发展，甚至代表了

---

① 《除了 Lazada 印尼还有这些深藏不露的电商黑马》，亿邦动力网，2016 年 6 月 17 日 10：40：25，http：//www.ebrun.com/20160617/179910_2.shtml。

② 公司简介，http：//www.wook.hk/about.html。

③ 肖方晨：《海上丝绸之路之旅——中国民营科技国际电商贸易促进会"下南洋"》，《中国信息化》2016 年第 12 期，第 91 页。

印尼电商领域的最高水平。多管齐下间，长友集团持续着稳中有进的发展。虽然近两年全球经济陷入低潮，印尼经济也备受影响，在这样的大背景下，长友集团却逆势发展，实现了年营收10%的复合式增长，也因此广受政经界的瞩目与赞誉。印尼三林集团也与韩国乐天集团合作，利用自身1000多家的便利店，大力开展电子商务。

（三）积极践行企业社会责任，增强社会影响力投资

全球商业文化已开始进入了"善"经济年代。越来越多的企业家不再满足于单纯的经济回报，而是希望通过商业手段解决社会问题，提升自我社会价值，实现企业与社会共赢。在这样的年代，民营企业和家族企业，将社会效益和环境影响纳入企业使命和运营中，企业的社会影响力投资（CSR），即战略性企业社会责任的投资也越来越大。

例如，印尼AG集团董事长郭说锋在企业有所成就之外，设立了AG关爱基金会，每年斥资数百万美元用以运营印尼南苏门答腊岛的丹伯灵自然保护区和巴厘岛的红树林保护区，此外还在印尼国内外的多场抗震救灾工作中出资出力、捐钱捐物。多年来，AG关爱基金会下的各类环保、慈善项目累计惠及110多万户印尼家庭。[①] 陈江河的亚太资源集团每年还种植两亿棵树苗，成为森林资源的保护者和建设者。为了把企业做得久远，陈江和更提出利民、利国、利业的"三个有利"原则，把环保的理念融合渗透到这三个原则中。在印尼，亚太资源集团利用废料发电，免费供附近数万居民使用。此外，它也为居民提供清洁水源，扶持农民成立自己的公司，帮助周围社区居民设立各种中小企业，为他们提供银行担保，教他们经营管理。最终，在集团的带动下，企业与社区居民形成围绕在一起的产业链条。[②]

---

① 《印尼经济繁荣离不开华侨华人 各行业均有华人身影》，新华网，2014年7月11日10：36 http：//www. chinanews. com/hr/2014/07 – 11/6375898. shtml。

② 郑明杉：《陈江和拥世界最大纸浆厂，每年种两亿棵树苗，留得青山在，永续保资源》，联合早报网，http：//www. zaobao. com/special/report/others/chineseentrepreneur/story20140907 – 386207。

金光集团（APP）则本着永续经营的理念，一向重视企业与社会和环境的特定关系，努力保护自然，善尽社会责任。APP 不仅协助解决森林砍伐和温室气体排放量，更协助当地小区发展。2012 年 2 月，金光农业资源公司开始推行旨在提高原始棕榈油产量的 YIP（Yield Improvement Policy）策略，成功帮助小型农户实现每公顷 5.51 吨的棕榈油产量，高于每公顷 4.14 吨的印尼平均行业水平。与此同时，黄荣年带领团队严格遵循森林保护政策（FCP），并支持印尼棕榈油的可续发展计划（ISPO），承诺减少温室气体排放并保护环境，这亦是 GAR 区别同行的最大特征。为更好拓展在棕榈油产业领域的可持续发展能力，黄荣年还带领 GAR 与新加坡国立大学、耶鲁大学管理学院联合开设了专业课程，以 GAR 为实体商业案例，研究企业发展与社会可持续发展之间的互动关系，并设立奖学金，鼓励优秀学生出访交流。此外，由黄荣年担任副主席的印尼工商会（KADIN），也在近期发起了一项扶持小型农户的创新融资方案。方案中，印尼工商会将联合当地金融机构，通过合作社对占地总计 200 万公顷的 100 万名独立种植小农户，拨发贷款，帮助他们平稳度过油棕树"不产油"的 4 年生长期，并提升相应的种植技术。黄荣年还特意将这个创新方案，带进世界经济论坛，推介给论坛旗下的印尼农业可持续发展伙伴平台 PISAgro，以助其实现"20% - 20% - 20%"的愿景——提高农业产量的 20%，提升农民收入的 20%，以及降低现有温室气体排放量的 20%。①

同时，捐赠、资助等积极回馈印尼社会，亦是华商促进企业与印尼社会和谐发展，扩大社会影响力的重要举措。国信集团的翁俊民是印尼捐款最多，开展慈善救助最多的企业家之一。2013 年，他与微软创办人比尔·盖茨每人捐出 1.035 亿美元，设立了在印尼及周边国家展开医疗救助的慈善基金。② 黄惠忠和黄惠祥成立的针记集团基金会是该集团实践企业社会责任的

---

① 《黄荣年人物介绍——印尼金光集团创始人黄奕聪的第八个孩子》，爱福清网，2015 年 7 月 5 日，http://news.52fuqing.com/newsshow - 687521. html。
② 《与印尼最有权势的华商富豪，浓缩 60 年人生的 5 小时恳谈》，界面新闻，2015 年 12 月 3 日，http://www.jiemian.com/article/460092.html。

臂膀，通过社会、体育、环境保育、教育和文化，追求卓越。它赞助印尼文化的戏剧和音乐剧，为有需要的人士提供免费的白内障手术。还有，数以百万计的树木被栽种，以支持绿色环境政策。每年超过 500 个奖学金颁给 83 所学校的学生。自 1984 年 11 月以来，共发出 7777 个奖学金给 98 所大学。同时也为校舍建设提供资金。① 黄世伟则在波士顿大学创办全球经济道德学院，希望通过培养品学兼优又具备创业精神的商业领袖，传播与时俱进的崭新管理学知识，为世界创造价值，并确保学生在道德领域"学以致用"，进而达成一种跨越种族与文化的道德共识，希望大家能以良好的道德价值观作为经商的指南针，让世界变得更有温情、更美好。②

（四）有序推进企业传承与接班

一般说来，"家族企业的寿命一般为 20 年左右；家族企业能延续到第二代的仅为 39%；能延续到第三代的更是只有 15%。但是海外华人家族企业的状况却要高于这些数字"。③ 东南亚华人企业集团如何实现权力过渡，将直接影响到未来的发展。在东南亚的华人家族企业传承过程中，一是华人企业的创业者纷纷将自己的子孙送往西方发达国家学习现代经营管理，学成回来后参与本家族企业的管理；二是通过传帮带的手段，从小锻炼接班人，从而实现企业传承。目前许多东南亚华人企业集团的权力已过渡到第二、第三代人手中，相对比较顺利。

进入 20 世纪 90 年代后，许多印尼华商大企业家年事渐高，这些企业集团创始人及第一代掌舵人也陆续退居第二线，深谋远虑的黄奕聪对众子女日后所肩负的重任和职务也已有计划和安排。1991 年中，黄奕聪公开宣布自己退居第二线，并指定长子黄志源（TeguhGandaWidjaya）为金光集团首席

---

① 《祖籍中国福建晋江潘湖黄惠忠与黄惠祥与兄弟财富 167 亿美元》2015 年 8 月 15 日 08：49，洗衣机投资网，http：//www.xiyiji.org/xiyijijishu/387.html。
② 《世界虾片王引导消费潮流——黄世伟：该出手时就出手》，联合早报网，http：//www.zaobao.com/zfinance/personalities/story20161002 - 673102。
③ 转引自赵耀《家族企业的接力棒该传给谁？》，《江南论坛》2007 年第 7 期，第 13 页。

接班人，三子黄鹏年（IndraWidjaya）为集团于 1982 年收购接办的印尼国际银行的董事经理，统筹兼顾集团所属的银行金融、租赁及保险等公司，四子黄祥年（MuhtarWidjaya）主要负责纸浆和造纸业务，五子黄柏年（DjafarWidjaya）主管集团的房地产及酒店业，六子黄荣年（FrankyUsmanWidjaya）则掌管集团的种植业、食用油生产和经营，已是新加坡公民、自称是"家中独行侠"的老二黄鸿年在海外另创事业。①

陈大江 9 个孩子，在良好的教育和严格要求下，已经有 4 个儿子加入了家族公司的经营。长子陈和杰是大江集团的董事长，次子陈和勇坐镇大本营，三子陈和忠接手轮胎业务，四子陈和民则为大江集团的分配商。他们一起团结协作，将陈氏家族的事业发扬光大。从 1988 年就开始全面管理大江集团的陈和杰，是从美国哥伦比亚大学毕业，并到一家日本公司学习了几年以后，才回到家族公司工作的。他接手父亲的事业以后，经营成绩十分突出，光是成衣厂的规模就从 2000 名员工扩大到了高峰时期 17000 多名员工的规模。1996～1997 年，陈和杰还曾出任总部在伦敦的世界成衣协会 IAF（INTERNATIONAL APPAREL FEDERATION）主席，并担任过印尼纺织协会国际关系部主席，在印尼和国际服装界有着很大的影响。如今，陈家虽然受各方面冲击关闭了部分没有竞争优势的企业，但陈大江的下一代又将视线转移到一些具有竞争力的产业上。而陈大江自己，则早已从商业世界功成身退，并且转身到另外一个在他看来更加重要的领域。这个领域就是服务社会、奉献社会。②

历经金融风暴冲击，企业危难之际，林逢生接过林绍良创建的三林集团重担，成功领导集团扭转不利之势，带领集团东山再起，在东南亚和中国发展迅速。林逢生现在是印多福公司和三林集团首席执行官。三林集团仍是亚洲企业家的磁铁，而福布斯杂志更将林逢生列为印尼最富有的富豪之

---

① 《成也商品败也商品 黄奕聪东山再起》，联合早报网，2011 年 10 月 31 日，http：//news. huishoushang. com/36807. html。

② 李京淑：《侨界贤达，华商楷模》，华商名人堂，http：//www. hsmrt. com/chendajiang/1199. html。

一。而且，在食品领域，林逢生的女婿也已接管勃加沙利面粉厂。力宝集团董事长李文正的两个儿子也有所分工，李宗（Stephen）掌管新加坡的业务，李白（James）则负责印度尼西亚本土业务，在国内外雄心勃勃地推进公司生意。公司在填补了 20 世纪 90 年代末期金融危机所造成的巨大财富损失的同时，李文正也首次跻身福布斯亚洲所编制的印尼 50 富豪榜前十大富豪的行列。目前黄惠忠和黄惠祥已把公司的日常运作交给黄惠忠长子维托·哈托诺（Victor Hartono）管理。印尼煤炭大王纪辉琦也将哈隆能源交给他的长子劳伦斯（Lawrence Barki）管理。劳伦斯在美国拿到硕士学位，又曾到北京大学读了一年中文，接着又去一家大公司工作两年，接触了很多财务知识，就这样回到自己公司，从小职员做起，经过 8 年奋斗，各方面得到很大提升。之后，纪辉琦便把公司交给儿子管理。[①] 郑年锦领导的阿尔戈·曼努卡尔集团（PT. Argo Manunggal）已成为东南亚 50 名最大企业中的第 9 名。他有七个孩子，所有孩子都在集团各公司不同部门，其中一个儿子目前是集团首席执行长，毕业于美国密苏里大学财务管理专业，自 1996 年便开始管理公司工业区业务，他也是集团属下多家公司的首席执行长。[②] 国际环球集团的许锦祥儿子许光澔也已担任公司高管，协助管理公司。

就笔者调查的直接感受，许多印尼华商已经成功渡过两次金融危机，并顺利实现企业二代传承，大多数保持了华商家族企业的延续和发展。这说明华人企业经受住了锻炼、考验，并且还在继续发展。

（五）探索与中国在"一带一路"建设的合作共赢机遇

中国和印尼正在相互接近，而在其背后，则是领导印尼实业界的华人企业的存在。印尼华人企业借助强劲的内需提高收益，积极拓展海外市场。中

---

① 李卓辉：《印尼华商风云录——献给 2015 年世界华商大会》，印华日报出版社，2015 年，第 178 页。

② 李卓辉：《印尼华商风云录——献给 2015 年世界华商大会》，印华日报出版社，2015 年，第 356 页。

国则着眼于与这样的"远房亲戚"合作。而印尼方面作为政治经济的新接触点，也对华人寄予期待。

因而，透过"一带一路"建设的契机，印尼华商与中国的合作也逐步推进。2015年2月宣布进驻印尼的阿里巴巴集团将与当地零售巨头、华人系Alfa Group合作。此外，互联网巨头腾讯公司也与华人实业家领导的印尼最大媒体企业展开了合作。[①] 2017年，金光集团耗资40亿欧元收购巴西纸浆生产商Eldorado Brasil Celulose的股权。该公司木浆产品的品牌为"公牛"，90%的产品用于出口，其中约一半是出口到中国市场。按照金光集团收购公司后的规划，未来两年还将投建一条年产250万吨浆线，使总产能突破400万吨。[②]

如今，在许锦祥先生及同人的努力下，拥有领先国际化业务能力的环球集团，正在国际经济事务中扮演越来越重要的角色，并被多个国家政府所重视。2013年9月，许锦祥接受克罗地亚政府的邀请，前往克罗地亚访问，洽谈如何利用环球集团的物流平台来扩大克罗地亚对东盟及中国的经贸合作。同时，澳大利亚塔斯马尼亚州政府也向环球集团提出了相同的要求，希望借助环球集团的力量，助力当地的国际业务发展。[③]

五　结语

总而言之，虽然对华商在印尼国民经济中比重的说法不一，但不可否认的是，他们无疑是印尼国内一股强大的经济力量，在印尼经济中扮演着重要的角色。如同印尼华商总会监事长叶联礼所言，"华人经济是印尼民族经济

---

① 《中国印尼接近的背后有华人企业》，日经中文网，2015年3月27日11：38，http：// finance. sina. com. cn/stock/usstock/c/20150327/113821825934. shtml。

② 《APP耗资40亿欧元，买下巴西的纸浆厂》，《好报》（印尼），http：//www. haobaodaily. co. id/news/read/2017/09/07/152895/#. WdeRGNKOyiA。

③ 肖方晨：《海上丝绸之路之旅——中国民营科技国际电商贸易促进会"下南洋"》，《中国信息化》2016年第12期，第91页。

的重要组成部分，华商为印尼的发展做出了不可磨灭的贡献"。[①] 而随着印尼国内政治社会形势的进一步稳定，以及印尼与邻国经济联系的加强、深度参与中国"一带一路"建设的推进，印尼华商资本规模还会持续增加，并在区域经济一体化进程中发挥重要的作用。但在观察印尼华商的显著成就的同时，我们也必须认识到印尼华商的巨大缺陷和不足。如联结中国的蓬勃兴起的跨境电商，印尼华商的涉入并不充分，未显现突出成就；"一带一路"建设与印尼华商的共鸣还未能充分彰显；传统华商产业领域的科技化、智慧化转型严重不足，尤其是智能化、互联网科技仍有待加大力度；印尼华商的接班人问题仍面临挑战，二代、三代接班人接受西方教育，而传统华商深受中华文化浸润，管理手段和理念差距较大，他们在顺利掌管企业后，能不能适应企业和时代需要，有待观察和考验。

当然，虽然存在诸多问题，但我们也应看到印尼华商所呈现的韧性和趋向，若能积极引导和梳理，加强企业内部现代化和转型，印尼华商仍将保持优势，并经过淬炼，为中国企业转型升级、中国家族企业传承与发展提供一定借鉴，进而为中国"一带一路"建设在印尼的推进发挥关键枢纽作用。

---

① 《印尼经济繁荣离不开华侨华人，各行业均有华人身影》，新华网，2014 年 7 月 11 日，http：//www.chinanews.com/hr/2014/07 – 11/6375898.shtml。

B.12
第14届世界华商大会在
缅甸仰光顺利召开

朱 炎*

摘　要：　2017年9月16~17日，第14届世界华商大会在缅甸仰光举
行。本次大会以"缅甸经济大开放，开创历史新纪元"为主
题，希望以缅甸经济大开放为契机，通过大会与世界华商构
建和加强合作关系，共同开创缅甸经济发展的历史新纪元。
大会由欢迎晚宴、开幕式、经贸论坛和闭幕式组成。经贸论
坛围绕"缅甸投资环境及最新条例""'一带一路'主题"
"青年华商的传承和创新"这3个主题开展了热烈的讨论。
笔者迄今为止参加过11次世界华商大会，参加本次大会后
有一些新的认识和感想。本届大会共有2300人出席，与历
届大会相比规模较小。但缅甸政府对华商大会在缅甸召开
持积极支持的态度，对通过大会促进对华关系，推进经贸
合作，吸引中国企业和世界华商到缅投资有很大的期待。
缅甸的华商与缅甸政府建立了良好的关系，参会的世界华
商也为帮助缅甸的经济发展和社会稳定而慷慨解囊，提供
了各种资金援助。

关键词：　世界华商大会　缅甸　华商

---

*　朱炎，日本拓殖大学政经学部教授、日本中华总商会顾问。

2017年9月16~17日，第14届世界华商大会在缅甸仰光举行。2015年在印尼巴厘岛举行的第13届世界华商大会决定下届大会在缅甸举行，由缅甸中华总商会承办。这也是首次在缅甸举行世界华商大会这种国际性的盛会。

本次大会的主题为"缅甸经济大开放，开创历史新纪元"，希望以缅甸经济大开放为契机，通过大会与世界华商构建和加强合作关系，共同开创缅甸经济发展的历史新纪元。

据主办方的资料，参加本次大会的海外代表共有大约1500人，来自30个国家或地区的90个团体。加上当地代表800人，共有2300名华商与各界人士出席了大会。

下面主要介绍第14届世界华商大会的主要内容，和笔者参加本次大会的认识和感想。

一　大会的主要内容

（一）欢迎晚宴

第14届世界华商大会于9月15日晚在位于仰光的缅甸会展中心（MMC）举行欢迎晚宴，欢迎从世界各地来缅甸参加华商大会的各国华商代表，已抵达仰光的华商和各界嘉宾近2000人参加。第14届世界华商大会由此拉开帷幕。

晚宴中，仰光省行政长官吴敏漂登首先致辞。吴敏漂登希望本届大会给缅甸经济发展带来助益，希望通过本届大会缅甸华商与世界各国的华商加强交流合作，促进经贸合作和经济发展。缅甸中华总商会会长、本届大会总主席吴继垣随后致辞，首先欢迎各国的华商代表来缅甸参加大会，希望全球华商共商发展大计时也能把握缅甸经济发展的契机，共同助力第14届世界华商大会的成功举办，为缅甸国家经济的发展做出贡献。中国侨联副主席、中国侨商联合会会长许荣茂代表各国各界来宾致辞。许荣茂认为，华商在

"一带一路"建设中可以发挥至关重要的作用，当前是中缅经贸合作发展加快的重要时刻，中国侨商联合会已经做了许多工作。

在晚宴上，缅甸中华总商会与中华全国工商业联合会（工商联）、缅甸KBZ集团分别签署了"一带一路"合作备忘录及战略合作备忘录。

欢迎晚宴上，缅甸文化与宗教部文化艺术团表演了精彩的缅甸传统歌舞。

（二）开幕式

9月16日上午，第14届世界华商大会开幕式在仰光的MMC会场举行。

大会开幕式在缅甸国歌声中开始，缅甸第一副总统吴敏瑞为大会敲响铜锣，参加大会的各位嘉宾一起上台剪彩，宣告第14届世界华商大会正式开始。

上台剪彩嘉宾包括缅甸第一副总统吴敏瑞、中国全国政协副主席王钦敏、香港特区行政长官林郑月娥、缅甸中华总商会会长吴继垣、缅甸投资委员会（MIC）主席/计划与财政部部长吴觉温、泰国中华总商会主席陈振治、新加坡中华总商会会长黄山忠、香港中华总商会会长蔡冠深、泰国正大集团主席谢国民、缅甸商务部部长Dr. Than Myint、缅甸仰光省行政长官吴敏漂登、缅甸KBZ银行总裁U AUNG KO WIN、中国驻缅甸大使洪亮、缅甸中华总商会常务副会长高景川、缅甸钻石星集团董事长李东涛、缅甸中华总商会荣誉会长王锦彪等。

吴敏瑞第一副总统在致辞中对来自世界各国的华商欢聚一堂，共同商讨经贸合作表示热烈的欢迎。吴敏瑞指出，缅甸与中国是友好邻邦，两国之间的经贸合作不断升温，希望缅中经贸今后更加密切。缅甸积极参与"一带一路"计划，希望本届大会给缅甸经济社会发展带来良好机遇。

中国海外交流协会副会长、国务院侨办前副主任许又声在开幕式上宣读了中国全国政协主席、中共中央政治局常委俞正声的贺信。俞正声在贺信中对第14届世界华商大会在缅甸召开致以热烈的祝贺，并预祝大会圆满成功。

俞正声指出，分布在世界各地的华商是推动各国经济发展的重要力量，也是推动住在国与中国经贸合作的桥梁和纽带。俞正声表示，世界华商大会自1991年举办以来，始终秉承"在商言商，弘扬中华民族文化"的宗旨，在各国商会和企业家的支持下，已成为凝聚全球华商力量、展示各国华商形象、促进各方交流合作的重要平台。缅甸地处海上丝绸之路沿线，本届大会必将推动世界华商与缅甸工商界的深入交流和互利合作。"一带一路"建设为全球经济发展注入新的活力，也为全球华侨华人的事业发展提供了新的机遇。俞正声希望广大华商把握机遇、发挥优势，在互惠合作中实现自身事业更大发展。

中国全国政协副主席、中华全国工商业联合会主席王钦敏在大会上致辞，指出，世界华商大会从1991年举办以来，已经成功地举办了13届，已经成为世界华商每两年一度的最具有规模、最具有影响力的盛会，已经成为世界各地华商交流和商贸往来的桥梁和纽带。呼吁世界华商一起携手参与"一带一路"建设，共同在缅甸经济大开放中寻找投资和发展机会。

为参加华商大会而首次访问缅甸的香港特区行政长官林郑月娥也在开幕式上致辞，表示中国香港要推动与缅甸，与东盟的经济合作，同时也介绍了香港地区在"一带一路"建设中发挥的重要作用。

缅甸中华总商会会长、本届大会总主席吴继垣致辞，介绍了缅甸华商和华人团体为筹备本届大会付出的辛勤努力。承办方缅甸中华总商会和华商大会秘书处在落实大会的各项议程的同时，也配合缅甸政府为全球华商安排包括电力、通信、旅游、工业开发区、城市公共交通及基础设施建设的重点项目在内的招商引资项目。最后期待缅甸经济发展，期待大会圆满成功。

缅甸工商联合总会主席吴佐敏温致辞，代表本地经济界欢迎华商来缅甸参加华商大会，期待缅甸工商界与世界华商加强经贸合作。

承担世界华商大会秘书处工作的泰国中华总商会主席陈振治代表主办方，代表各国的华商团体致辞。陈振治介绍了华商大会在缅甸召开的意义，希望各国政府和世界华商继续关注支持世界华商大会，共同推动世界华商大会向更高水平发展。

在开幕式上最后致辞的是泰国正大集团主席谢国民。谢国民从自身从事农产品加工、食品加工和在缅甸投资的经验出发，认为华商对促进缅甸的经济发展，推动"一带一路"建设可以发挥重要的作用。

（三）经贸论坛

9月16日下午，世界华商大会举行经贸论坛，围绕"缅甸投资环境及最新条例""'一带一路'主题""青年华商的传承和创新"这3个主题开展了热烈的讨论。

有关"一带一路"主题的讨论由缅甸"网络胞波"公司董事长李祖清主持，香港中华总商会会长、香港新华集团主席蔡冠深，马来西亚中华总商会社会经济研究中心执行董事长李兴裕，中国人民大学重阳金融研究院执行院长王文，中国浙江大学副校长罗卫东，马来西亚金狮集团执行董事长钟廷森，英国中华总商会常务副主席杨腾波等先后发言，各自阐述了对"一带一路"构想的认识和华商参与"一带一路"建设的意见。

蔡冠深会长指出，中国香港与东盟各国保持着密切的经贸合作关系，香港地区在"一带一路"建设中可以扮演超级联系人（Super Contactor）和区域投资人的角色。王文院长指出，"一带一路"构想实施仅仅4年时间，双边和多边合作取得的成效超过了预期，"一带一路"是国际公共产品，在官方层面上获得了全球多数国家的外交支持和战略合作。

在"缅甸投资环境及最新条例"的论坛上，首先由缅甸投资委员会（MIC）主席、计划与财政部部长吴觉温致辞，阐述了缅甸政府有关投资的政策方针。随后，MIC下属的办事机构，投资与公司管理局局长吴昂奈乌就缅甸的投资政策的改革，投资法和新公司法做了介绍，还介绍了缅甸可投资的行业和领域。

四位缅甸本地华商，恒泽集团董事长潘继泽、KBZ银行董事会顾问许日强、金山集团董事长李有辉、缅甸最大连锁超市City Mart董事长Daw Win Win Tin参加了讨论，结合各自的经历和体会，介绍了缅甸的投资环境和企业经营的经验，呼吁世界各国的华商抓住对缅投资的机遇。

在"青年华商的传承和创新"的论坛会场，新加坡中华总商会副会长吴觉光、缅甸中华总商会副会长潘伟峰、缅北中华商会主席李东涛、新加坡中华总商会青年商务委员会主席郭益智、和丽园有限公司董事张凯翔、新加坡中华总商会研究与出版委员会主席吴绍均先后发言，讨论了如何在继承中华文化传统的同时，融合所在国的国情、环境和文化，发展出独自的文化精神。还就如何培养人才让家族企业传承下去，同时促进家族企业的创新发展等问题展开了深入讨论。

（四）闭幕式

9月17日晚，第14届世界华商大会在仰光缅甸会议中心举行了闭幕式。

首先，缅甸国务资政府部部长吴觉丁瑞代表缅甸政府致辞，欢迎世界各国华商来缅投资，希望华商大会能促进缅中两国企业之间的交流和合作。

本届大会筹委会主席、缅甸中华总商会副会长高景川代表承办方致辞，缅甸华商为华商大会的召开准备了两年时间，感谢各方的帮助与支持。期待通过这次大会建立的华商经贸联系网络促进世界各地华商来缅甸投资发展，带动缅甸走向经济繁荣。

中国海外交流协会副会长许又声致辞，华商大会在促进举办国、中国以及华商所在国家和地区的经济社会发展，推动华商事业发展，提升华侨华人凝聚力和国际影响力等方面发挥着重要作用。本次大会对华商投资缅甸，提升缅甸的经济发展水平，促进"一带一路"建设，深化全球华商协同发展，必将发挥重要而深远的影响。

香港中华总商会会长蔡冠深在致辞中首先感谢为举办大会付出大量努力的缅甸中华总商会以及大力支持大会的缅甸政府，指出华商应该抓紧区域经济发展带来的无限商机，发挥华商网络的优势，发掘缅甸市场的发展潜力。

闭幕式上还举行了世界华商大会秘书处交接仪式。泰国中华总商会任世界华商大会秘书处已满6年，由新加坡中华总商会继任。新加坡中华总商会会长黄山忠在致辞中表示，将继承世界华商大会的传统，同时顺应世界局势

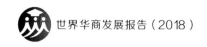

的发展，传输新思维，采纳新科技，让世界华商大会的生命力更加茁壮。大会秘书处将向世界各地的华商机构发出申办 2021 年第 16 届世界华商大会的邀请。

闭幕式上还举行了主办会旗交接仪式。缅甸中华总商会会长吴继垣将世界华商大会会旗交给下届华商大会承办方英国中华总商会主席张进隆。张进隆表示，华商大会首次走进欧洲，邀请世界华商莅临参加。

随后，缅甸国家艺术团表演了民族音乐和舞蹈。来自下届大会举办国英国的艺术家们也表演了英伦风格的音乐、歌唱和舞蹈。

至此，第 14 届世界华商大会完成了所有的议程，落下帷幕。

（五）其他活动

9 月 17 日，承办方为参加大会的各国来宾组织了仰光一日游。参观了缅甸佛教著名的大金塔、经营缅甸特产品和工艺品的昂山市场、仰光唐人街。通过参观访问，华商代表们对缅甸的社会、经济、文化有了更深的理解。承办方还为华商代表们举办了高尔夫球友谊赛。

在华商大会期间，由世界华商大会秘书处召集，召开了华商大会顾问委员会第六次会议，迄今为止举办过华商大会的华商团体的负责人出席了会议。本次顾问委员会讨论了本届大会的进展情况和下届大会的筹备情况。

另外，在华商大会期间，参加大会的各团体也举办各自的活动。比如，中国侨商联合会在仰光召开了"缅甸—中国投资贸易交流会"，缅甸政府的部长高官、缅甸工商界代表、中国侨商联合会代表团的 200 多名代表、新闻媒体记者等共 400 人与会。交流会还举行了投资和合作项目的签约仪式。

二 参加大会的感想

笔者迄今为止参加过 11 次世界华商大会，参加本次大会后有以下的新认识和感想。

第一，本届大会共有 2300 人出席，与历届大会相比规模较小。论坛

（分科会）的主题设置、参加人数也较少。这也受限于会场等硬件的条件。仰光缅甸会议中心是缅甸最大的会展设施，2300 人的规模已达极限。

缅甸中华总商会首次承办如此规模的国际会议，缺乏经验，也受条件和环境的制约，难免有不足之处。但承办方在大会的规划、主题和议程设置、代表的交通和住宿安排等方面还是尽心尽责的，应予积极评价。

参加大会的华商中来自中国大陆的占大多数。来自缅甸以外的 90 个参会团体中，有 63 个团体是中国大陆的。

第二，感觉到缅甸政府对华商大会在缅甸召开是持积极支持态度的。同时感受到缅甸政府对抓住机遇发展经济有着强烈的意愿。从参加大会的政府高官的发言看，对通过大会促进对华关系，推进经贸合作，吸引中国企业和世界华商到缅投资有很大的期待。尽管是华商大会，能感觉到缅甸政府对加强与中国的经贸关系的期待甚于华商。顺便说一下，几年前，曾经有过缅甸政府和朝野对中国企业在缅投资项目多方限制的情况。当地华商认为，当时是为了选举，现在选举结束，又重新认识到与中国的经贸合作的有利之处，所以又回归到积极促进的姿态。

另外，仰光警方为确保华商大会的顺利召开，动用了 1200 名的警力来维持治安。

第三，缅甸的华商与缅甸政府建立了良好的关系。缅甸的实际领导人昂山素季虽未出席华商大会，但在首都内比都会见了来访的香港特区行政长官林郑月娥。出席开幕式并致辞的吴敏瑞第一副总统是军人出身，2016 年大选时是与军政府有渊源的前执政党缅甸联邦巩固与发展党推举的总统候选人。出席大会并致辞的仰光省行政长官吴敏漂登、国务资政府部部长吴觉丁瑞都隶属于执政党缅甸全国民主联盟，也是昂山素季的亲信。由此可见，承办世界华商大会的缅甸中华总商会与政府、执政党、在野党都建立了良好的关系，为召开华商大会获取了政府的支持。

另外，缅甸中华总商会为华商大会邀请了几个缅甸国家级的艺术团体在欢迎晚宴、开幕式和闭幕式上献艺，也展示了缅甸华商与政府的沟通能力。

第四，在大会期间，参会的世界华商为帮助缅甸的经济发展和社会稳定而慷慨解囊，提供了各种资金援助。在 9 月 15 日的欢迎晚宴上，缅甸中华总商会和新加坡中华总商会为支持缅甸的教育事业向缅甸政府捐款 5000 万缅甸元（约合 25 万元人民币）。9 月 17 日的闭幕式上，缅甸中华总商会向缅甸政府捐款 5000 万缅甸元，用于缅甸若开邦民族冲突的受难民众的救济。参加大会的中国广西商会向缅甸中华总商会，中国工商联会员企业广东恒兴集团、中国侨商联合会会员企业亚太国际控股集团、缅甸中国企业商会分别向缅甸政府捐出了 2000 万缅甸元（约合 10 万元人民币）的善款。

第五，对缅甸的华人商会和华人社会加深了理解。为召开本届华商大会，缅甸中华总商会和缅北中华商会全体动员，多数会员参与大会筹委会工作，为筹集资金而踊跃捐款。缅甸中华总商会会长吴继垣率先捐助 5000 万缅甸元，侨商、侨团、知名企业积极响应，捐款共达十余亿缅甸元。缅甸的华人华侨社会也积极参加为大会服务的志愿者工作。特别是云南青年组、广东青年组、福建青年组和商会青年组等华人华侨的青年组织承担了大部分的会务和接待等志愿者的工作。其中，仰光云南会青年组动员了 240 名会员参加志愿者工作。

三　缅甸华人华侨概况

缅甸的华人人口按人口调查大约有 160 万人，占总人口的 3%。也有人推测缅甸的华人人口达 260 万人，甚至有人认为多达 600 万人。

缅甸的华人主要有几个来源。一是缅甸东北部靠近中国边境的地区的居民有不少是明朝以来从云南过来的移民。缅甸的少数民族果敢族其实就是华人。二是来自广东福建的移民，这与东南亚其他国家的情况相同。三是国共内战时的国民党军残部。四是来自云南的新移民。

华人在缅甸主要居住在东北部的特区，最大城市仰光和第二大城市曼德勒。在东北部的讲云南话，在仰光的讲广东话、福建话，而在曼德勒泽的则是讲云南话居多。

缅甸的华商团体已有一百多年的历史。1909 年成立缅甸中华商务总会，

1930 年改名为缅甸华商商会，为筹备世界华商大会，2015 年经政府批准更名为缅甸中华总商会。缅甸中华商务总会的总部设在仰光，在曼德勒设有分会，名称是缅北中华商会。

据缅甸中华总商会介绍，缅甸华商的经营业务涉及房地产、建筑、制造业、进出口贸易、印刷、酒店、餐饮、银行、物流、矿业、林业、农业、纺织、食品、旅游、电子科技等各个领域。

案 例 篇

Case Studies

B.13
富士康集团成长与国际化扩张之路

吴 亮　申明浩*

摘　要：　富士康科技集团经历了在台湾地区的创立起步，在大陆的
快速发展，以及在全球成长三个阶段。在大陆始终重视基
地布局，坚持人才培养，注重高科技研发，使得公司实现
了跨越式成长。此后试水欧洲市场，开拓南亚市场，进军
南美市场，并挺进美国市场，使得其国际化进程进入新阶
段。一直以来，富士康遵循以市场为导向的公司战略，追
求精益生产，严格控制成本，重视战略人力资源管理，实
施绿色管理。富士康的国际化扩张之路得益于其巧妙采用
间断均衡和领域均衡的组织双元战略。先在中国大陆发展，
再到国外发展；先在中国大陆沿海发展，再到内陆发展。

---

* 吴亮，广东外语外贸大学粤商研究中心博士；申明浩，广东外语外贸大学粤商研究中心主任，
教授。

在制造与研发、制造与组装、自建与并购之间寻求跨领域之间的平衡。

关键词： 富士康　经营策略　国际化扩张　双元战略

富士康科技集团（以下简称"富士康"）是专业从事计算机、通信、消费性电子等 3C 产品研发制造，广泛涉足数位内容、汽车零组件、通路、云运算服务及新能源、新材料开发应用的高新科技企业。自 1974 年在台湾地区肇基，1988 年投资中国大陆以来，富士康迅速发展壮大，拥有百余万员工及全球顶尖客户群，是全球最大的电子产业科技制造服务商。2016 年进出口总额占中国大陆进出口总额的 3.6%；2017 年位居《财富》全球 500 强第 27 位。

一　富士康发展的三个时期

（一）创业在台湾（1974~1991年）

1950 年 10 月 8 日，富士康创办人郭台铭出生于台北县板桥市。父亲郭龄瑞为山西省泽州县（现晋城市）南岭乡葛万村人，母亲初永真为山东省烟台市牟平人。1948 年郭龄瑞带领家属赴台工作，并在基隆港务局、台北县警局及刑事警察局等政府部门工作。父亲虽在政府部门任职，但郭家的经济条件并不宽裕。

1966 年，郭台铭进入台湾"中国海事专科学校"学习，1971 年进入复兴航运公司进行实习，具体负责船期安排以及押汇等工作。1974 年，郭台铭终于迎来了自己创业的机会。一次偶然的时机，郭台铭的同学与其谈及自己认识外商公司的一位采购经理，对方想要找公司来生产一批塑料零件。郭台铭当机立断，决定承接这一单生意，开始筹划创办工厂。但当时郭台铭并没有足够的资金来创办工厂，依靠其母亲的亲戚朋友筹得了 10 万元新台币，再加上另几位合伙人的钱，共筹集了 30 万元新台币。最终，通过一系列的努力，郭台铭在当年的 2 月 20 日，以资本额 9000 美元（约新台币 30 万元，人民币 7.5 万元），创立了"鸿海塑胶企业有限公司"，也为集团的后期发展奠定了良好的基础。

1. 不忘初心，坚定信念

早在鸿海塑胶企业有限公司成立初期，企业就遭遇了全球石油危机，原材料价格较高，市场需求较弱，企业经营存在较大困难，公司的很多人看不到未来的希望。因此，公司成立的第二年，合伙人就陆续提出退股并离开公司。但郭台铭仍坚信制造业在不久的将来会有较大的发展机会，为此向其岳父借了 70 万元新台币来购买合伙人的股份，并将企业更名为"鸿海工业有限公司"，主要生产电视机高压阳极帽组件。

1977 年，公司开始盈利，郭在 1978 年决定成立塑胶模具制造及开发部门。

2. 夯实基础，立足长远

模具技术是工业生产的基础，经过认真的思考，郭台铭决定自己建造模具厂，从而有利于企业的长远发展。在模具设备的购买方面，郭台铭选择从日本购买较为先进的模式设备，以确保所生产出来的模具具有较高的品质，为企业的长远发展提供有力保障。在技术人才的培养方面，富士康摒弃了以往台湾地区靠传、帮、带来培训模具生产的技术人员，而是采用了更为科学和高效的方式培养技术工人。企业没有选择大学生来培养模具生产的技术工人，而是选择了意愿性更强的专科和高中毕业生来培养模具生产的技术工人，有效提高了劳动生产率，并节约了成本。

在财务资本的投入方面，企业连续数年为模具厂投入了高额资金，为模具厂的生存和成长提供经费保障，使得企业最终建立了现代化工业流程的模具生产体系，为随后的转型升级打下了良好根基。当前富士康模具厂的员工人数已有近 6 万人。并建立了庞大且较为完善的数据库，为企业的未来发展提供了持续不断的动力。

3. 快速调整，赢得先机

20 世纪 80 年代，受台湾地区金融市场的影响，许多电视机和收音机的制造厂商举步维艰，难以有新的业务拓展。作为这些电视机和收音机产品配件的重要供应商，富士康的业务也遭受了较大的影响。困则思变，郭台铭努力思考，以寻求公司新的发展方向和新收入增长点。

新机会的识别和成功开发依赖于企业家对新知识的掌握。新知识的获取一方面来自以科学为基础的学习，另一方面则来自以经验为基础的学习。而富士康对新机会的识别和成功开发依赖于郭台铭个人丰富的经验学习知识，由于郭台铭经常到日本采购生产模具的机器，因而对电子产业的市场行情较为了解，通过不断的市场调研和企业走访，郭台铭敏锐地意识到电子游戏机和计算机这两个行业未来会具有较广阔的前景，特别是个人电脑（PC）将会成为一个最具潜力的行业。

当识别到电子游戏机和计算机这两个行业未来具有较广阔的前景时，富士康开始思考如何能够抓住市场中所存在的潜在机会。与当初富士康白手起家相比，此时的富士康已具有一定的工业基础，因此，选择依赖于自己手边的已有技术来开发和利用新机会。电脑连接器是计算机和游戏机市场中的重要零部件，而生产计算机连接器的技术中 40% ~ 50% 为模具技术，这恰恰是富士康的优势所在。因此，富士康决定开拓计算机连接器市场。

20 世纪 80 ~ 90 年代是计算机产业的快速发展期，为研发制造计算机连接器，公司购置了面积达 2409 平方米的新厂房，还花费大量资金从日本购买顶级设备，从美国引进全自动连接线选择性镀金设备和电镀检测设备来生产电脑连接器，以确保产品具有较高的品质。而恰恰是对产品品质的高要求，以及对成本的严控制，使得公司所开发的产品具有较强的竞争力。公司先后拿下了惠普、康柏、苹果等知名公司的订单，使得公司在 PC 市场中赢得了先机。1989 年，富士康已经位列台湾地区制造业 1000 强中的第 294 位，1991 年富士康在台湾地区成功上市。

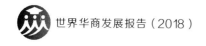

（二）发展在大陆（1992~1997年）

随着富士康的成功上市，富士康的业务和规模越发快速增长。但台湾地区的高人工成本，以及土地价格的不断攀升制约了企业的进一步发展。比如，20世纪80年代末，台湾的基本工资就已达到每月2500元人民币，而当时中国大陆的工人每月仅有500元人民币。此时，恰逢中国改革开放，深圳作为改革开放的先行者，正以开放包容的态度吸引海内外的投资者。早在1988年，郭台铭就亲赴深圳考察投资环境，并在当年就敲定了富士康的第一个大陆生产基地，深圳海洋精密电脑接插件厂开幕（位于深圳市宝安区西乡）。随后，一系列战略的实施使得富士康获得了巨大的发展。在1995年，富士康的营业额突破100亿元新台币，制造业排名由1989年的第294位上升到第65位。总体来看，富士康在中国大陆的快速发展得益于重视基地布局、坚持人才培养以及注重高科技研发，以下将对之详细阐述。

1. 优化基地布局

深圳是富士康在中国大陆发展的第一站，自1988年富士康的深圳海洋精密电脑接插件厂建立之后，1992年3月又在深圳市宝安区西乡成立了核心技术事业处，1993年在深圳黄田厂建立了B/M（Ⅱ）CABLE生产部，1996年开工建设了深圳龙华科技园。与此同时，富士康又筹划在长三角地区建设生产基地，因该地区拥有较好的工业基础，可助力富士康的发展，也有助于珠三角当地的经济发展，两者可以协同发展。

1993年，富士康在昆山成立了昆山科技园，并注册成立了富士康电脑接插件（昆山）有限公司，从此在昆山有了I/O产品的生产据点。1997年，富士康又开工建设了昆山科技园富瑞精密组件（昆山）有限公司基地。在长三角地区成功布局完成以后，富士康又开始转战大陆多个省份，充分利用各地所具有的独特区位资源和人力禀赋，也较好地服务于当地企业和地方经济发展，使得富士康集团得以在大陆快速成长。

2. 坚持人才培养

中国改革开放和现代化进程中，对人才的培养是社会和企业发展的关键，富士康在大陆获得跨越式发展也依赖于其对人才培养的重视。富士康在1994 年成立了华南总部干部培训中心，以便进行大规模本土化人才培养。同年，又在深圳宝田厂开办了"富士康大陆菁英干部培训班"（简称"陆菁干"），逐步帮助企业解决了管理干部缺乏的问题。

在解决缺乏新一代产业工人的问题上，富士康也同样采用了企业内部培训的方式。富士康集团深入大陆，在生产基地所在地培训农民工，为企业培养出所迫切需要的产业工人。比如，1994 年在晋城设立"富士康精密模具人才培训中心"，1995 年在南通设立"富士康（南通）精密模具人才培训中心"，1997 年在昆山设立模具培训中心。

3. 注重高科技研发

富士康在大陆设厂的四年后，其核心技术事业处（鸿准大陆公司的前身）就很快在深圳得以建立，可见公司不只打算在大陆建立生产中心，还打算建设研发中心。随后，一系列有关高端技术研发的培训得以迅速开展，为企业培训了大量科技人才。与此同时，高精密生产线陆续在大陆建立。比如，1993 年，在深圳黄田厂成立了 B/M（Ⅱ）CABLE 生产部，在昆山设立了 I/O 产品事业处；1997 年，在昆山建立了昆山科技园富瑞精密组件有限公司，并大力推行品质革命且取得了较为明显的成效；同年，建成全国首个企业高科技实验室，为企业在大陆的发展提供了重要的科技支撑。

一分耕耘，一分收获。正是富士康重视在大陆的基地布局，坚持人才培养以及注重高科技研发，使得公司实现了跨越式成长。1998 年，公司首度入榜美国《商业周刊》全球信息技术公司百强（居第 25 名）。2001 年，公司在台湾地区的制造业排名由 1995 年的第 65 位上升到第 1 位，为企业的全球成长打下良好的根基。

（三）成长在全球（1997年至今）

1. 试水欧洲市场

富士康依托大陆获得巨大发展之后，开始思索自身的国际化之路。欧洲成为富士康国际化之路的第一步。1998 年，富士康在苏格兰格拉斯哥

（Glasgow）建立了首个欧洲基地，从此开启了其国际化的征程。为更好地服务于欧洲市场的客户，富士康在苏格兰建立了首个欧洲基地之后的第二年，在爱尔兰的默里克（Limerick）又建立了公司在欧洲的第二个基地。此后，公司在欧洲得以快速发展，2002 年公司又在捷克的帕尔杜比采（Pardubice）成立了集团欧洲运营总部暨制造中心。

20 世纪 90 年代，诺基亚手机连续 14 年占据市场份额的第一。为此，2002 年富士康开工建设了在匈牙利和芬兰的制造基地。随后，富士康在 2003 年收购了诺基亚公司的一个重要手机外壳制造商——芬兰艺模公司（Eimo），从而成为诺基亚公司的手机外壳供应商，进而在地域和业务上都拉近了与诺基亚的关系，也为公司在欧洲的进一步发展奠定了良好的根基。

2. 开拓南亚市场

20 世纪 80 年代以来，印度 IT 产业在政府、风险资本家、专业技术人员和研究机构、外围服务机构等组织的推动下获得了巨大的发展。IT 产业成为印度最具有竞争力的产业之一。当富士康识别到这一潜在的巨大市场机会之后，迅速决定开拓南亚市场，以赢得这些大客户的订单。2006 年 3 月 11 日，诺基亚在印度南部城市金奈（Chennai）所建设的工厂投产之后的 3 个月，富士康便在其工厂附近租了近 1 万平方米的厂房来建设生产线，以便更好地服务于诺基亚，从而获得更多的生产订单。同年，富士康在印度金奈开工建设了属于自己的生产基地。此后，三星、索尼爱立信、阿尔卡特等手机制造厂商纷纷在东南亚投资设厂来争夺手机市场，为了更好地赢得这些客户，2007 年，富士康分别在越南北江（Bac Giang）和北宁（Bac Ninh）建立了新的生产基地。功夫不负有心人，2007 年，当时全球第四大手机品牌的索尼爱立信将印度本土市场的生产订单交给了富士康。

3. 进军南美市场

随着南美国家经济的不断发展壮大，越来越多的电子产品生产制造厂商开始开拓南美市场。为更好地服务于这些电子产品制造商，富士康决定在南美设立自己的生产制造基地。

早在 2004 年，富士康就在墨西哥的奇瓦瓦（Chihuahua）和华雷斯（Juarez）开工建设了自己的生产基地。而伴随着南美业务的不断增多，仅仅依靠这两个基地，已难以满足南美客户的需求，2008 年，富士康又在墨西哥的瓜达拉哈拉（Guadalajara）开工建设了另一新的生产基地。第二年，富士康又签约收购了日系大厂设在墨西哥蒂华纳（Tijuana）的液晶电视工厂。2011 年，富士康又开工建设了在巴西的生产制造基地。至此，富士康已在南美的两个国家有了生产制造基地，有力地保障了富士康为南美市场提供更多产品和服务。与此同时，富士康也在当年跃居《财富》全球 500 强的第 60 位。

4. 挺进美国市场

"两地研发"是富士康全球布局的重要策略之一，而美国是富士康两地研发全球化布局策略中的一个重要区域。富士康先后在美国的堪萨斯、洛杉矶以及富尔顿设立了自己的研发中心，2017 年富士康集团决定投资 100 亿美元在美国的威斯康星建设液晶面板生产线，预计员工将达 5 万人。随后，富士康又决定在美国汽车业集中的密歇根州设立研发中心，开发自动驾驶技术。生产基地和研发中心在美国的先后建立表明富士康开始挺进美国市场，也标志着其国际化进程步入新的阶段。

二 富士康的经营策略

（一）遵循市场导向

一直以来，富士康遵循以市场为导向的公司战略，视市场环境的变化和客户需求的波动而及时调整公司战略，从而使得公司能够在其产品进入衰退期之前寻找到新的经济增长点，在客户有新需求时能够快速响应，因而能够在每次技术变革和市场环境波动中赢得先机。

20 世纪 70 年代，富士康创始人创办了"鸿海塑胶企业有限公司"，主要为电视机和收音机制造商提供塑料部件。而到 80 年代，受金融危机的影响，电视机和收音机制造厂商的业绩已不如以前。而此时，电子游戏机和计算机则是一个朝阳产业，当郭台铭识别到这一潜在的市场机会，迅速决定进入电子游戏机和计算机产业。从生产电子游戏机和计算机连接线开始做起，富士康不断进行公司战略调整，使得公司逐渐具备了生产计算机整机的能力，并先后拿下了惠普、康柏、苹果等知名公司的订单。

（二）追求精益生产

精益生产是指企业致力于在客户关系、产品设计、供应网络和工厂管理等各个方面全面消除浪费，其目标是以最少的人员、最低的库存、最短的时间，高效、经济地生产出高品质的产品，对顾客需求做出最迅速的回应[①]。富士康之所以能够制造出高质量的产品，从而赢得许多知名公司的信任，正得益于其坚持不懈追求精益生产，将精益生产的理念贯穿于企业产品生产的整个流程。

在生产线设计方面，富士康会依据人体工程学来设计作业面的高度。工作作业面的高度是工作场所设计中的重要内容，作业面的过高或过低，都不符合人体生理原则，会影响工作人员的身心健康，也不利于生产效率的提升。为此，富士康运用人体工程学的知识，设计出符合人体原理的作业面，以为工作人员创造出舒适和适应的工作环境。

（三）严格控制成本

富士康之所以能够尽最大可能降低企业生产成本，从而帮助公司获取不断的竞争优势，得益于其在企业价值链上严格执行成本领先战略。比如，在价值链的基本活动中，企业注重对浪费的识别和消除，以帮助企业严格控制成本。富士康识别出企业生产过程中的八种情况，分别是管理浪费、不良修

---

① 周武静、徐学军、叶飞：《精益生产组成要素之间的关系研究》，《管理学报》2012 年第 8 期，第 1211~1217 页。

正浪费、制造过多（过早）浪费、加工过剩浪费、搬运浪费、库存浪费、等待浪费以及动作浪费，并采取相应措施以对之纠正。

在价值链的辅助活动中，富士康也注重对成本的严格控制。在企业基础设施方面，富士康也是最大限度地控制成本。尽管富士康在全国各地有十几家工业园，但在每个工业园中都几乎难以看到豪华的办公室，而郭台铭自己的办公室也相当简朴，室内通常不配置豪华高档的家具，仅配置一些供日常办公之用的设备。在员工的生活配套设施建设方面，富士康也是精心设计以避免无效的浪费，从而最大限度地降低成本。

（四）重视战略人力资源管理

富士康集团的发展壮大得益于其坚持采用战略人力资源管理，重视人才培养，为企业的发展提供人力资源支持。

1988 年，富士康在大陆的第一个生产基地——深圳海洋精密电脑接插件厂开幕，与此同时也拉开了其进军大陆、夯实基础、国际化成长的战略路径。与之相协同，富士康的战略人力资源管理计划也开始逐步实施。首先，富士康着重培养企业本土的管理人员，以为富士康在大陆和全球的全面扩张储备良好的管理干部。1994 年，富士康在深圳宝田厂举办了首期"富士康大陆菁英干部培训班"（简称"陆菁干"）。同年，华南总部干部培训中心成立，本土化人才规模培养大幕初启。三年之后，富士康集团又举办了首届跨世纪接班干部培训班（简称"世干班"）。两年之后，富士康为更好地开拓欧洲市场，在深圳龙华科技园开办了首届欧洲世干班，集团培养异域本土化人才步伐加快；2001 年富士康集团又陆续与清华大学、北京大学等 13 所知名院校合作开办了 48 个学历班，以更好地帮助企业储备和培养管理干部。

其次，富士康着重随公司战略变化而培养所需的本土技术工人，以确保公司具有足够的技术力量来开拓新业务和开发新产品。早在 1994 年，富士康就在晋城设立"富士康精密模具人才培训中心"，仅间隔一年，在南通又设立"富士康（南通）精密模具人才培训中心"。1997 年，又在昆山设立模具培训中心。为富士康在大陆模具制造厂的设立和生产制造提供了大量的专业技术人员。随后，正是以这些模具人才培训中心所培养的技术工人为基础，先后成立了富晋精密模具（晋城）有限公司、昆山科技园富瑞精密组件（昆山）有限公司。此后，富士康会随公司业务的不断变化，而及时调整对本土技术工人的培养。比如，为满足企业对 CAD/CAM 技术人员的需求，公司于 2002 年在晋城技校建设了富士康 CAD/CAM 培训基地，为集团培养大量的 CAD/CAM 技术人员。

（五）实施绿色管理

首先，富士康采取"绿色采购管理"。富士康坚持"创新驱动、质量为先、绿色发展、结构优化、人才为本"的基本方针，多年来秉承绿色采购方针，推广绿色低碳理念，充分考虑环境保护、资源节约、安全健康、循环低碳和回收促进，优先采购和使用节能、节水、节材等有利于环境保护的原材料、产品和服务。2005 年，富士康成立绿色采购服务平台，运用该平台积累了大量的基础材料，并成立专责部门，对法规、客户、业界与社会的各项环保要求进行收集与研读整合，最终转化为内部可执行措施及规范。

其次，富士康注重"产品环保设计"。富士康除了严格管控供应商来料符合性，也从源头产品设计方面关注产品的环保。富士康在产品设计开发阶段，就导入绿色产品管理要求，选用符合绿色产品要求的物料和供应商，进行相关的绿色产品符合性审查和验证，从根本上杜绝产品中含有有毒有害物质。

三　富士康集团的双元国际化扩张之路

组织双元战略是指企业倾向采取两种公司战略活动，一种战略活动与搜寻、变异、风险承担、实验、柔性、发现以及创新等相关，被称为探索式战略；而另一种战略与精炼、选择、成果、效率、履行等相关，被称为利用式战略①。两种战略的均衡对企业的长期绩效具有重要影响，但探索和利用式战略会争夺企业有限的资源，具有不同的组织惯例，会带来不同的绩效结果。因此，需要企业采取特定的方式来调和两者之间的冲突。一种方式为间断均衡，也就是在 T 期内集中开展探索式战略，而在 T+1 期集中开展利用式战略，如此反复，实现均衡②。另一种方式是领域均衡，即在领域 A 进行探索式战略，而在领域 B 进行利用式战略；或在领域 A 进行利用式战略，而在领域 B 开展探索式战略③，从而在领域间实现均衡。富士康的国际化扩张之路得益于其巧妙地采用间断均衡和领域均衡的组织双元战略。

（一）间断双元的国际化之路

1. 先大陆发展，再国外发展

1974 年，鸿海塑胶企业有限公司在中国台湾创立后，台湾地区的高人工成本，以及土地价格的不断升高无形中增加了企业生产制造的成本，使得富士康所生产的产品难以在国际市场上具有竞争优势。为使得公司获得更大发展，富士康首先选择在大陆进行发展，而此时大陆恰好处于改革开放的初期，可以为富士康提供较多的政策便利，此外大陆也具有更充裕的技术工人储备。1988 年富士康在大陆建立了第一个生产基地。此后，富士康陆续在大陆建设了多条生产线，并开办管理干部和技术工人的培训中心，且逐步在大陆设立研发中心。1998 年启动建设了深圳龙华科技园，也就是现在富士康在大陆的总部。经过在大陆近 10 年的经营，富士康获得了飞速的发展，同年，富士康首度入榜美国《商业周刊》全球信息技术公司百强（居第 25名）。从此，富士康开启了在国外发展的序幕。

---

① March J G., Exploration and Exploitation in Organizational Learning, *Organization Science*, 1991, 2 (1): 71 – 87。

② Lavie D, Rosenkopf L, Balancing Exploration and Exploitation in Alliance Formation, *Academy of Management Journal*, 2006, 49 (4): 797 – 818。

③ Voss G B, Voss Z G, Strategic Ambidexterity in Small and Medium Enterprises: Implementing Exploration in Product and Market Domains, *Organization Science*, 2013, 24 (5): 1459 – 1477。

1999 年，富士康在苏格兰格拉斯哥（Glasgow）基地开工建设，标志着富士康在国外发展的第一步。此后，富士康逐步发展欧洲市场，先后在爱尔兰的默里克（Limerick），捷克的帕尔杜比采（Pardubice）以及匈牙利和芬兰建设了制造基地。欧洲市场的开拓使得富士康得以发展壮大，2004 年公司成为全球第一大 3C 代工厂，且入榜英国《金融时报》世界 500 大企业（居第 478 位）。紧接着，富士康追随客户的脚步，开拓东南亚市场，2006 年富士康在印度南部城市金奈建设了制造工厂，以服务于当时的手机巨头诺基亚，随后又分别在越南的北江（Bac Giang）和北宁（Bac Ninh）建立了新的生产基地。欧洲市场和东南亚市场的逐步发展壮大，为富士康的国际化之路积累了丰富的经验和资源，使得公司具有能力来开拓南美和美国市场。随后，富士康先后在墨西哥的奇瓦瓦（Chihuahua）、华雷斯（Juarez）、瓜达拉哈拉（Guadalajara）、蒂华纳（Tijuana）建设了生产基地，2011 年又开工建设了巴西生产制造基地。并在 2017 年挺进美国市场，位居当年《财富》全球 500 强企业第 27 位。

2. 先大陆沿海发展，再大陆内陆发展

国家的对外开放政策是由沿海向内地发展，而富士康在大陆的发展路径也是随国家改革开放政策的春风，先在大陆沿海发展，后在大陆内地发展。

深圳是国家改革开放的先行者之一，其邻近香港，背靠内地，具有先天的地理区位优势。因此，富士康首先在深圳设厂，并在此后将之建设成为其在大陆的总部。随后，富士康先后在昆山、杭州、天津，以及烟台等东部沿海城市建设了科技园。东部沿海地区富士康科技园的生产和运营为富士康在大陆的发展积累了丰富的经验，也为中国培养了大量的新一代产业工人，特别是深圳富士康基地更是成为其在大陆培养管理干部的摇篮。1994 年，富士康专门成立了培养管理干部的华南总部干部培训中心和富士康大陆菁英干部培训班。紧接着，随着国家不断开放内陆城市和港口，以及富士康在大陆的不断发展壮大，富士康开始寻求在大陆内陆发展的广阔空间。2006 年，富士康武汉科技园和淮安科技园投资项目先后签约并开工建设。此后，富士康廊坊科技园、南京软件科技园、重庆科技园、成都科技园以及郑州科技园

等内陆科技园相继开工建设并投入生产，开启了富士康在大陆内陆发展的新篇章。

（二）领域双元的国际化之路

富士康国际化的另一路径在于遵循领域双元的战略，在制造与研发、制造与组装、自建与并购之间寻求跨领域之间的平衡。

1. 制造在大陆，研发在国外

1988 年，富士康在中国大陆建立了第一个生产基地，从此拉开了富士康在中国大陆建设全球化制造中心的序幕。此后，鸿富锦精密工业（深圳）有限公司和富晋精密模具（晋城）有限公司相继建立，为公司在大陆的生产制造打下了良好的工业基础。2001 年，集团大举涉足主板机领域，奠就迈向系统之路的重要里程碑。随后，公司成立群创光电，开始进军液晶显示屏产业领域。2005 年，公司引进安泰电业，集团开始进军汽车零部件产业；同年，奇美通讯的加盟，又强化了公司手机共同设计/开发（JDSM/JDVM）的能力，从此一举成为全球第一大手机代工厂。2009 年，公司又并统宝光，牵手奇美电子，迈向世界顶级面板大厂。至 2015 年，多品种、大规模的电子产品制造基地已在中国大陆成功建立，当年公司已位居《财富》全球 500 强第 31 位，位居中国内地企业出口 200 强。

在富士康立足大陆，建设全球制造中心的同时，也努力建设其在海外的研发中心。1999 年，富士康开工建设了在苏格兰格拉斯哥（Glasgow）的基地，标志着富士康在海外设立研发机构的第一步。随后，爱尔兰的默里克（Limerick）和捷克的帕尔杜比采（Pardubice）基地相继建立，为富士康在欧洲的生产和研发奠定了坚实的基础。2004 年，富士康先后在墨西哥的奇瓦瓦（Chihuahua）、华雷斯（Juarez），瓜达拉哈拉（Guadalajara）、蒂华纳（Tijuana）建设了生产和研发基地，为富士康在南美的发展打下了根基。2006 年，为更好地服务于在东南亚设厂的国际电子产品生产巨头，富士康先后在印度南部城市金奈，印度的北江（Bac Giang）和北宁（Bac Ninh）建立了生产和研发机构。2008 年，富士康又在俄罗斯的圣彼得堡（Saint

Petersburg）建设了生产和研发机构。2017 年，富士康又决定在美国的威斯康星州建立生产和研发机构，标志着富士康的生产和研发机构在全球范围内的完整布局。

2. 制造在大陆，组装在国外

富士康还基于领域双元理论，采用了制造在大陆，组装在全球的均衡发展策略，以有效规避同时开展两种活动所遭遇的组织困扰。

CMM（Component Module Move）是富士康独特的生产制造体系，它包括三个部分，第一个为"零组件"，第二个为"模块"，第三个为"移动"。这就意味着，从工程设计到全球出货，不管哪一个组装层级，富士康可以快速模块化，在时间上领先竞争对手。正是基于 CMM 这一独特的生产制造系统，富士康能够实现"全球组装交货"（Time to money），也就意味着富士康能够在全球范围内进行组装，保证"适品、适时、适质、适量"地把货物交到客户指定的地点，以达成要货有货，不要货时零库存的目标。

3. 自建在大陆，并购在国外

除上述富士康在产品制造、研发、组装方面遵循领域双元的策略，富士康在生产和研发设施建设方面也充分采用了领域双元的策略。在大陆地区建设自有生产和研发基础设施，在海外则采用并购的方式来获取生产和研发基础设施，从而帮助企业克服了同时在国内或国外开展自建和并购生产和研发设施的困境。1993 年，继在深圳建设了其在大陆的第一个生产基地——深圳海洋精密电脑接插件厂，富士康先后在深圳黄田建设了 B/M 生产部，在昆山开工建设了昆山科技园城北厂区。1994 年，又开工建设了日后成为富士康大陆总部的深圳龙华科技园。1999 年，富士康开工建设了富晋精密模具（晋城）有限公司，从此拉开了其由沿海向内陆发展的序幕。此后，北京科技园、太原科技园、武汉科技园、郑州科技园等生产制造基地相继建立，为富士康在大陆的发展和国际化扩张奠定了良好的基础。

如果说富士康选择来大陆发展因受制于先前在台湾地区生产要素价格高的困扰，那么富士康选择在海外通过并购的方式来获取生产和研发设施可能的原因也在于海外自建生产和研发设施的高成本，管理当地生产工人的复杂性以及高端技术的难获得性。比如，2003 年，富士康收购了全球第三大手机外壳制造商艺兰艺模公司（Eimo），获得了生产手机精密塑料组件的技术，也因此得到了当时全球手机第一大生产商诺基亚这一重要的客户资源。同年，富士康又并购了摩托罗拉在墨西哥奇瓦瓦州的生产制造基地，并派驻富士康管理人员与墨西哥当地管理人员一起提高了墨西哥工厂的产品质量，为富士康南美生产基地的建设打下了良好的根基。

参考文献

陈润：《富士康内幕》，湖南文艺出版社，2010。

富士康：《2016 企业社会责任报告》，2017，http：//www. foxconn. com. cn/Social Duty. html。

富士康：《成长历程》，2017，http：//www. foxconn. com. cn/Milestone. html。

富士康：《全球布局》，2017，http：//www. foxconn. com. cn/Global Distribution. html。

李钰婷、高山行、张峰：《外部环境匹配下企业能力对绿色管理的影响研究》，《管理学报》2016 年第 12 期，第 1851 ~ 1858 页。

任浩：《战略管理：现代的观点》，清华大学出版社，2008。

魏昕、廖小东：《富士康内幕》，重庆出版社，2010。

赵曙明、孙秀丽：《中小企业 CEO 变革型领导行为、战略人力资源管理与企业绩效——HRM 能力的调节作用》，《南开管理评论》2016 年第 5 期，第 66 ~ 76 页。

周武静、徐学军、叶飞：《精益生产组成要素之间的关系研究》，《管理学报》2012 年第 8 期，第 1211 ~ 1217 页。

Lavie D，Rosenkopf L，Balancing Exploration and Exploitation in Alliance Formation，*Academy of Management Journal*，2006，49（4）：797 – 818.

March J G. Exploration and Exploitation in Organizational Learning，*Organization Science*，1991，2（1）：71 – 87.

Voss G B，Voss Z G，Strategic Ambidexterity in Small and Medium Enterprises：Implementing Exploration in Product and Market Domains，*Organization Science*，2013，24（5）：1459 – 1477.

B.14
快乐蜂集团的国际化发展

侯少丽[*]

摘　要：　快乐蜂集团是菲律宾最大的上市餐饮连锁集团，旗下拥有快乐蜂、超群、格林威治等众多品牌。快乐蜂早期专注于菲律宾市场，后来遭到进入菲律宾的麦当劳的巨大挑战。20世纪80年代，快乐蜂开始国际化发展，经过多年的发展，快乐蜂的跨国运营已布局于东南亚、中东、中国、美国等地。总结其国际化的成功经验，一是专注于一项事业并做到极致，从1978年创办至今，始终专注于餐饮行业，尤其是快餐行业；二是以本土市场为根据地进行国际化发展，从菲律宾起家，至今仍然是菲律宾最大的快餐连锁企业；三是屡败屡战的顽强精神；四是向国际先进企业学习标准化运营；五是以"口味本土化"开发新产品；六是根据不同时期情况调整海外扩张意识。

关键词：　快乐蜂集团　国际化　菲律宾

一　快乐蜂集团基本状况

快乐蜂集团（Jollibee Group）（以下简称"快乐蜂"）由菲律宾华人陈觉中于1978年创立于菲律宾。现为菲律宾规模最大的上市餐饮连锁集团，旗下拥有快乐蜂（Jollibee，西式快餐）、超群（Chowking，中式快餐）、格

---

　*　侯少丽，全球化智库（CCG）副总监、副研究员。

林威治（Greenwich，比萨及各种意大利面食）、德意法兰西（Delifrance，法式面包和咖啡）、永和大王（Yonghe King，中式快餐）以及宏状元（中式快餐）等多个品牌，并不断在世界各地拓展集团的规模。截至 2017 年 2 月，快乐蜂共经营着 2670 家本土餐厅和 620 家海外餐厅。

1975 年，菲律宾华人陈觉中大学毕业后，与其兄弟在马尼拉开办两家冰激凌店。1977 年，针对菲律宾当地人的口味开发出陈氏汉堡。1978 年，快乐蜂食品公司正式成立，在马尼拉拥有 6 家"快乐蜂"品牌的连锁汉堡快餐店，当时销售额为 200 万菲律宾比索。

快乐蜂的经营非常专注，几乎将全部经营能力集中于发展快餐业，其从事的加工制造业和资产租赁业，也是为快餐业提供支持服务。快乐蜂的资产规模庞大且发展迅速。截至 2016 年末，快乐蜂的资产总额为 727 亿菲律宾比索（14.54 亿美元）。2016 年的总销售额为 1090 亿菲律宾比索，较上年增长 13.0%；净销售额为 1080 亿菲律宾比索，较上年增长 12.7%。2016 年净利润达到 60.5 亿菲律宾比索，较上年增长 20.0%。在 2016 年福布斯富豪榜中，陈觉中以 30 亿美元的资产排名华人富豪榜第 94 位，全球富豪榜第 569 位。

快乐蜂以"供应美味的食物，将吃的乐趣带给每个人"为公司使命，将主要愿景设定为"到 2020 年，成为世界上三大餐饮公司之一和最赚钱的餐饮公司之一"。在长期经营的过程中，快乐蜂将消费者满意作为其第一位的追求目标，并逐步认识到多样化的重要性，在进行全球化发展时更多考虑不同地区文化的差异和信仰的不同。正是在这些经营理念的指导下，快乐蜂专注于在快餐业这一细分领域的深耕，不仅在菲律宾本地获得成功，在国际化发展上也取得了巨大成绩。

二 快乐蜂集团的国际化发展路径

（一）早期专注于菲律宾市场

1977 年，陈觉中意识到石油危机引发的事件将对冰激凌行业产生不利影响，开始进行业务转型，针对菲律宾当地家庭的烹饪风格专门设计、开发出陈氏汉堡，进入西式快餐行业。到 1978 年，快乐蜂公司拥有 6 家汉堡快餐店。企业标识定位于"一只活泼可爱的小蜜蜂"，以凸显菲律宾人的勤劳快乐的品质，博得了菲律宾男女老少的青睐和厚爱，产生了"为了亲近快乐蜂，高高兴兴吃快餐"的独特公关宣传效应。

为迅速占领市场，陈觉中开始学习、模仿美国可口可乐、IBM 的营销策略，在电视上做广告，树立"快乐蜂"的品牌形象。1980 年的全年利润全部投放在电视广告上，密集的电视广告宣传，使"快乐蜂"品牌在菲律宾获得了较高的知名度和形象认同。

（二）在菲律宾市场遭遇跨国公司的挑战

1981 年，麦当劳进入菲律宾，快乐蜂公司遇到麦当劳的巨大挑战。麦当劳在两年内开了 6 家店，并投入大量的资金进行广告宣传，每一家店的销售额都迅速地超过了快乐蜂公司。1983 年，麦当劳夺取了快餐市场的 27% 份额，快乐蜂公司的市场份额为 32%。

但是，随后这一状况出现了转机。1983 年 8 月开始变化的政治格局，使菲律宾陷入经济危机中。包括麦当劳在内的外国公司开始减缓它们在菲律宾的投资，而快乐蜂公司继续扩张，不断开发适合当地消费者口味的新产品。到 1986 年，麦当劳等外国公司重新加大菲律宾市场投资和经营之时，人们明显地看到，快乐蜂公司在市场上已牢牢地占据了主导地位，已拥有 31 家店。这种市场格局形成之后，直到今天一直未发生变化。

快乐蜂公司之所以能够成功地击退麦当劳的进攻，除了外在环境因素之外，主要有以下几方面的原因。

一是快乐蜂公司在菲律宾市场的"先发优势"。在麦当劳进入菲律宾市场之前，快乐蜂已经成功经营了 4 年，拥有"先发优势"。

二是快乐蜂公司在菲律宾市场的"主场优势"或"防御优势"。这主要体现在针对当地市场消费者的口味不断开发新产品。快乐蜂公司以菲律宾家庭层为目标客户，提供更适合当地人的食品，它的炸鸡味道脆，没有麦当劳的辣；它的面条有点甜，因为菲律宾人的口味偏甜，而麦当劳的面条西红柿酱放得多，相比较更适合美国人的口味；快乐蜂还卖各式各样的芒果制品、菲律宾米粉以及蜜制牛排饭等中餐，这些都是麦当劳没有的。

三是陈觉中及其高管团队的胆识和勇气。"也许我们非常年轻，但是我们觉得我们可以做任何事情。我们并不害怕。"陈觉中回忆当年时这样说道。正是这股勇气和胆量，带领着快乐蜂公司与麦当劳进行面对面地竞争，"狭路相逢勇者胜"，再借助政局变化的机遇，快乐蜂公司成功地击退麦当劳的进攻，一直保持着市场领先地位。

（三）跨国经营初期的失利

快乐蜂公司在菲律宾已占有市场主导地位。1985 年，快乐蜂公司在新加坡进行首次海外扩张。投资者为快乐蜂公司、当地管理者和 5 个菲律宾籍华裔。但开张不久，快乐蜂公司与当地管理者关系恶化，当地管理者不接受快乐蜂公司的标准执行状况检查，而快乐蜂公司又坚持运营的标准化。1986年双方撤销特许经营合同，关闭了门店。

1986 年，快乐蜂公司与陈觉中的台湾友人在中国台湾成立合资公司，双方各持股 50%。开业初期顾客爆满，后因地理位置不佳收入减少。再加上公司执行监督的人员与当地合作者发生冲突，双方于 1988 年终止合资，快乐蜂公司撤出台湾市场。

1987 年 8 月，快乐蜂公司在文莱设立合资企业，合作伙伴是菲律宾最大的百货公司之一 Sheomart，也是华裔企业。到 1993 年底，在文莱成功开了 4 家店。

对以上三起海外扩张，陈觉中是这样总结的："在新加坡和台湾地区，当地的合伙人经营业务，并且不喜欢我们的营运控制；而在文莱，当地的投资者只是沉默寡言的合伙人。我们从菲律宾派出的管理人员经营业务，而当地的合伙人也支持我们。"这表明，当地合伙人选择及公司与当地合伙人的关系管理，是海外扩张是否成功的关键因素。

1989 年，快乐蜂公司在印度尼西亚雅加达开店。初期由于面临着来自街道摊贩和价格低廉的当地快餐连锁店的竞争，经营处于挣扎状态。1994年后期，当地合伙人与公司派出的管理人员发生冲突，业务陷入瘫痪状态。快乐蜂公司解除了合作关系，并把业务卖给了一个新的特许经销商。

陈觉中总结初期海外扩张的经验教训时说："麦当劳在每一个地方都能够取得成功，因为他们善于选择合作伙伴。他们能够挑选出100个候选人，并选出其中最好的，但是我们目前还没有声誉来进行这样的选择。另一个关键因素是地点的选择。如果你不是知名的品牌，想要进入一个新的国家或城市，你很难接近最好的地点位置。麦当劳的知名度可以使它得到最好的位置。人们正在告诉我们不要进军国际市场，除非我们已经解决了这两个问题：地点选择和合作伙伴。"

由此，我们看到了陈觉中的自我反省能力。在海外经营失败之后，不断总结失败的原因并寻找成功的因素，不仅对快乐蜂公司在不同国家和地区的扩张进行比较分析，而且把快乐蜂公司与麦当劳进行比较分析。这种自我反省能力所获得的跨国经营经验和知识，将成为快乐蜂公司日后进行成功跨国经营的基础。

（四）跨国战略的形成与实施

1993年，快乐蜂公司在菲律宾成为上市公司。1994年，聘请曾在必胜客工作14年的管理者托尼·基奇纳为国际业务部总经理。在1994年秋季的计划大会上，托尼·基奇纳提出了快乐蜂公司的国际经营战略。目标是在2000年之前，使快乐蜂成为世界上排名前10位的快餐品牌。两大战略主题分别是"目标是移民"（以散居各国的菲律宾移民为目标客户，后来发现市场很有限）和"树立旗帜"（在竞争对手还未进入的国家和地区先行进入，例如在文莱，快乐蜂公司是快餐行业的先驱者，能够设定节奏和标准）。具体运作方式是利用快乐蜂公司在菲律宾的成功以及陈氏家族的关系网络，根据对来自不同国家的许多特许经营进行的调查来选择进入哪些市场。

从1994年11月至1996年12月，快乐蜂公司大规模进行海外扩张，进入了8个新的国外市场，开设了18家新店。1995年4月，进入阿拉伯联合酋长国的迪拜；12 月，同时进入科威特的科威特市、沙特阿拉伯的达曼市和美属关岛。1996 年 1 月进入巴林；2 月进入马来西亚的哥打基纳巴卢；7 月进入沙特阿拉伯的利雅得市；9 月进入中国香港；10 月进入越南胡志明市；12 月进入印尼的米丹。到 1996 年底，快乐蜂公司的海外店达到 24 家，遍及 10 个国家和地区，总销售额达 930 万美元（以当时汇率计算）。

以上跨国战略的大规模、快速实施并非一帆风顺。国际业务部与国内业务部门之间的分歧、争论一直存在，后来逐渐演变为矛盾与冲突。其中最大的争议是菜单项目和公司标识的改变。到 1996 年 11 月，由于快速扩张所产生的财务问题，陈觉中决定不再支持基奇纳迅速扩张的战略，他说："我们宁愿放慢速度，以确保每一家店都能够盈利。这样才会给特许经销商和我们带来资金，这才能产生一个友好的、长期的合作关系。"

1997 年 2 月，基奇纳离开快乐蜂公司。7 月，一位在麦当劳、得克萨斯鸡块工作了十多年的姆诺鲁·P. 庭松成为国际事业部的总经理，快乐蜂的国际化经营进入一个新的阶段。在这个时期，快乐蜂公司在菲律宾的业务更加多元化，1994 年并购了格林威治比萨（Greenwich Pizza）；1995 年与法式快餐 Deli France 成立了合资公司；1996 年又成为大磨坊在菲律宾的唯一加盟公司。

（五）跨国经营战略的调整阶段

1997 年之后，快乐蜂公司的跨国经营战略开始进入调整阶段，其主要表现在两个方面：一是在 2001 年前，将主要精力放在对已有的海外连锁店加强管理上，以达到每家店都盈利的目标，而较少开设新店；二是从 2002 年开始，采取跨国并购的方式进行海外扩张。

2002 年，快乐蜂公司收购位于美国加州的一家日式快餐厅，首次以并购方式拓展海外市场。2004 年 2 月，快乐蜂集团通过全资子公司——快乐蜂国际有限公司斥资 2250 万美元，在中国从霸菱投资等风险投资者获得永和大王集团的 85% 股份，剩余的 15% 股份继续由永和大王创办人林猷澳先生和李玉麟小姐持有。林猷澳和李玉麟继续担任永和大王的总裁和副总裁。

永和大王由台湾人林猷澳先生和李玉麟小姐于 1995 年 12 月在上海创办，主要经营豆浆、油条等中国传统快餐食品。1997 年 11 月，李嘉诚"长江集团"下属的"长江加怡风险基金"投资 200 万美元，取得 1/3 的股权；"荷兰国际集团"（ING）成员"霸菱投资"（Baring）先后几次注资，累计投资近 1 亿元人民币，占股份 55%。通过本次并购，快乐蜂公司得以实现开启中国市场的愿望。

收购永和大王是快乐蜂公司成长史上的重大战略事件。在此之前，快乐蜂公司主要以新建、合资经营和特许经营方式在海外进行扩张。2002 年收购位于美国加州的一家日式快餐厅，但规模很小。以并购方式大规模地海外扩张，收购永和大王是第一次。这表明，快乐蜂公司的海外市场进入方式遵循着渐进主义的原则，首先是新建与合资经营积累经验，然后是小规模并购进行尝试，最后是在近 20 年的海外经营基础上，较有把握地采取大规模并购方式。同时，在收购永和大王之前，快乐蜂公司在菲律宾采取了并购方式扩展业务范围，例如 1994 年并购了格林威治比萨，2000 年收购了中餐品牌"超群"等。这些本土市场的并购经验形成快乐蜂公司海外并购的基础和条件。值得注意的是，在 2000 年收购"超群"之前，快乐蜂公司一直从事西式快餐的经营，收购"超群"使快乐蜂公司进入中式快餐市场。因此，快乐蜂公司收购"超群"及其后的成功经营，无疑增强了其在海外市场以并购方式进入中式快餐业的信心，为收购永和大王提供了必要的经验、能力和资源支持。

（六）近年来的国际化经营快速发展期

经过多年的发展，快乐蜂的跨国运营已布局于东南亚、中国、美国、中东，除中国和美国外，涉及的国家还包括巴林、沙特阿拉伯、科威特、阿联酋、文莱、越南、新加坡等。截至目前，在美国已设立 34 家餐厅，大部分位于加利福尼亚州、夏威夷、伊利诺伊州、内华达州、新泽西州、纽约州、得克萨斯州、弗吉尼亚州和华盛顿。

2015 年，快乐蜂购买总部位于美国丹佛的快餐连锁店运营商

Smashburger 40% 的股权。Smashburger 成立于 2007 年，在美国 35 个州和海外 7 个国家拥有超过 335 家企业和特许经营连锁店。2016 年，快乐蜂通过其全资子公司达成一项资产转让协议，获得了越南 Goldstar Food Trade and Service Company Ltd 100% 的股份。2017 年，快乐蜂通过在意大利运营打入欧洲市场。快乐蜂与 Blackbird Holdings 成立了合资公司，运营在意大利的第一家快乐蜂餐厅。这被称为快乐蜂进入欧洲市场的绝佳机会。因为意大利是菲律宾人在欧洲的最大聚集地，大约有 27 万菲律宾人居住在那里。

快乐蜂近年来一直在重点发展中国市场的业务，中国市场是其在菲律宾本土之外最重要的海外市场。2004 年，快乐蜂收购了永和大王；2008 年 8 月收购北京宏状元连锁粥店；2010 年收购广西三品王牛肉粉连锁店；2012 年与台湾王品集团合资品牌石二锅。快乐蜂公司通过收购布局进行餐饮业资源的整合。

2010 年，快乐蜂宣布和新加坡华夏联合投资 740 万美元，在中国建设食品加工厂 HappyBee，主要为快乐蜂旗下餐饮品牌供应食品。其中快乐蜂占 70% 股权，华夏占 30% 股权。2016 年，快乐蜂通过价值 1040 万美元（约 6793.49 万元人民币）的股权资产置换交易向新加坡华夏丰收控股公司收购后者在中国合资公司 HappyBee 中所持的股份。收购交易完成后，HappyBee 将成为快乐蜂的全资子公司。

在经营了 6 年后，2016 年，快乐蜂公司以 9000 万元人民币的价格剥离了其在三品王所持有的全部 55% 的股权，出售给合资伙伴广西三品王餐饮管理有限公司。其原因是要将资源集中在具有更大潜力的永和大王的经营上。

三 快乐蜂集团的国际化特征与成功经验总结

餐饮业是中国人在海外从事最多，也是最传统的行业。总结华人跨国餐饮企业的成功经验，对世界范围内从事餐饮业的华商企业的发展壮大以及实现全球化发展具有十分重要的借鉴意义。

在全球快餐市场，麦当劳、肯德基等大型跨国公司一直占据着市场领导者的地位。在如此强大的竞争对手面前，快乐蜂公司作为一家以菲律宾为根据地的后来者和弱小者，不仅在本土市场一直领先于麦当劳，而且在多个国家和地区也取得了较好的业绩，成为华人跨国公司中最大的餐饮服务企业。因此，快乐蜂公司以弱胜强的成功经验，无疑对处在同样战略格局中的华人餐饮企业有较大的借鉴和启示。

根据研究，快乐蜂公司的成功经验可归纳如下。

（一）专注于一项事业并做到极致

快乐蜂公司从 1978 年创办至今，始终专注于餐饮行业，尤其是快餐行业。快乐蜂起于餐饮、忠于餐饮，在地产、互联网最火热的年代，拥有大规模资金的快乐蜂也从未涉足这些领域。如果把快乐蜂公司与菲律宾华人企业进行比较，这种专注的特点就更加明显。

20 世纪 90 年代，菲律宾前 24 位华商企业集团中，有 20 家以房地产、建筑、酒店作为核心业务领域或多元化经营领域，从事贸易、分销、零售业务的有 14 家，从事银行和金融服务业务的有 16 家，可见多元化经营是"常态"，而快乐蜂公司专注于餐饮业则是"另类"。在海外投资经营领域也是这样，这些企业集团在海外主要投资经营银行、金融、房地产和基础设施等业务，只有快乐蜂公司在海外仍然专注于餐饮业，尽管其餐饮品类在不断扩大。

集中全部资源专注于某个业务领域，是弱小者首要的战略原则。弱小者的本质特性是资源有限，要想取得较好的市场地位和业绩，必须把资源集中使用，尤其是面临强大竞争对手的时候，更应该如此。

（二）以本土市场为根据地进行国际化发展

快乐蜂公司从菲律宾起家，至今仍然是菲律宾最大的快餐连锁企业。菲律宾一直是快乐蜂公司的"根据地"。第一，快乐蜂公司在菲律宾马尼拉创办，1978 ~ 1985 年一直专注在菲律宾市场经营，击败了麦当劳的进攻，成为菲律宾快餐第一品牌。第二，在 1985 年开始跨国经营之后，快乐蜂公司不仅没有忽视菲律宾市场，而且仍然把主要资源和精力集中在菲律宾市场，不断扩大地域范围、快餐业务品类和市场份额，不断尝试新的业务品类和业务扩张的新方式。第三，尽管快乐蜂公司已成为一家快餐跨国公司，但它是一家母国特征明显的跨国公司，主要表现在两个方面：一是主要资产、收入、人员集中在菲律宾，二是海外经营依靠菲律宾总部的大力支持。

正如陈觉中所言："快餐业就像盖大楼，首先要把地基弄好，然后再一层一层盖。地基搞不好，很麻烦。"这个"地基"从战略角度来讲，就是"根据地"，而从管理角度来讲，就是基础管理，例如快餐业的运营标准化。

弱小企业拥有"根据地"是其生存和发展的重要条件。所谓"根据地"是指这样的一种市场，依靠这个市场，一方面可以维持公司的持续生存，另一方面可以扩大公司新的发展空间。更为重要的是，当新的业务或地域市场扩展不利时，公司可以退回"根据地"来"休养生息"，做好准备，以求再次出击，直到新的业务取得成功或占据新的地域市场为止。

（三）屡败屡战的顽强精神

相对于本土市场，国际市场的成功需要更多的资源支持和能力储备。由于环境差异、能力需求、市场特性等多方面的原因，在本土市场的成功经营并不能保证其海外市场同样成功。对资源有限的弱小者企业更是如此，它们在初期海外经营时，往往不顺利甚至遭到失败，这就要求企业家具备一种"屡败屡战"的顽强精神和毅力，决不轻言放弃。

快乐蜂公司从1985年开始海外经营，到1989年的四年内，在新加坡、中国台湾、文莱和印尼4个国家和地区开拓业务。除在文莱取得成功外，其他3个地区都以失败而告终。这种初期"出师不利"状况无疑地影响了陈觉中海外经营的信心。但是，陈觉中并没有因为初期不利而放弃海外经营，而是不断地总结失败的教训，并在其后的经营中避免错误的重复出现。通过"屡败屡战"，陈觉中及其高管团队一方面"缴了学费"；另一方面获得了宝贵的经验和知识，并奠定了日后海外成功经营的基础。

值得提及的是，"屡败屡战"并不是一味地蛮干，而是在"败"中学习

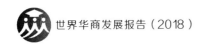

到成功，即发挥"失败是成功之母"的作用。这就要求企业家拥有较好的自我反省能力，从"失败"中学习，再次出击，直到成功为止。

（四）向国际先进企业学习标准化运营

陈觉中不仅具有从企业实践中学习总结的能力，而且更善于从父辈、从世界一流企业学习有价值的东西运用到自己的企业实践中并加以改进和完善。

第一，陈觉中进入餐饮行业完全是受父亲的影响。陈觉中的父亲是福建晋江人，在不到 13 岁的时候，就只身来到菲律宾马尼拉打工。先是在一家餐馆打杂，后当厨师。20 世纪 60 年代，陈觉中的父亲开了一家中式餐馆。当时，餐馆硬件条件并不好，还时常会漏雨，但由于陈爸爸的手艺好，为人和善，吸引了不少客人。陈觉中说："父亲常说，如果是做裁缝的，衣服要做得好看；如果是做餐饮的，味道一定要好。"从父亲那里学来的"就是要好吃"，不仅是陈觉中经营快餐的核心理念，而且成为快乐蜂公司新产品开发的最高原则。

第二，陈觉中不断从世界一流企业尤其是快餐企业学习和完善作业运营的标准化流程与制度。在 20 世纪 60 年代，快餐业的先驱者们，如麦当劳的雷·克洛克和肯德基的桑德斯，提出了一种价值主张，目标是：在整洁干净的环境中以低价格为时间紧凑的消费者提供一种高质量的食品。这后来变成了美国以及海外快餐业的模式和标准。1978 年陈觉中在开办汉堡店的同时，经常去美国考察学习。看看为什么他们可以开这么多家店。每个品牌看两三家，去看看他们经营，以客人的观点去看，怎么可以这么清洁。觉得他们这些快餐经营先行者们真的很棒，这么多家，水准、品质都很好，因此，陈觉中及快乐蜂一开始就学他们的方法，把他们当榜样，主要学习的内容是运营的标准化和市场运营。当陈觉中将运营标准化运用于初期海外特许经营店时，当地合伙人并不理解和支持。但陈觉中坚持标准化运营和质量控制，否则就放弃合作。

"关键是你怎样去培养你的员工、经理们去做好它，要尽量减少个人经验在整个流程中的作用。"陈觉中多次强调，"好吃是最重要的；如何让每一位员工都能做好，这是一个挑战"。实践证明，从世界一流餐饮企业学来的运营标准化管理成为快乐蜂成功的关键因素之一。

第三，陈觉中不仅学习和运用，而且为了快速学会跨国集团的管理体系，陈觉中也大举从外商挖角借将，例如，其国际事业部总经理均来自必胜客和麦当劳，现任财务长来自亚太区的宝侨，人力资源主管来自菲律宾摩托罗拉。这些来自跨国集团的职业经理人对快乐蜂的管理创新和提升，都发挥了较大的作用。他们的全球视野和跨国经营能力，是快乐蜂成为全球最大的华人快餐跨国公司所必备的资源和条件。

（五）以"口味本土化"开发新产品

快乐蜂从创业时起，就坚持"要好吃"的理念。陈氏汉堡一开始就是专门针对菲律宾当地人的口味设计的，所以在麦当劳进入菲律宾市场时，麦当劳的美式口味就不占有优势，一直未能占据市场领先地位。成功击退麦当劳在菲律宾市场的进攻之后，陈觉中及快乐蜂更加坚持"口味本土化"的新产品开发策略和"就是要好吃"的开发目标。

快乐蜂在成立不久就设立了新产品开发部门，专门负责新产品开发，这在餐饮服务业中是领先的。陈觉中本人对新产品研发高度重视，坚持每周都参加集团"新产品部"3个小时的例会，会议上决定生产的新产品将进入"供给部"，这是一个秘密的调味厨房和神经中枢，快乐蜂的产品都由这里提供。

每项新产品推出市场一个月后，快乐蜂就会进行市场调查与评估。一旦发现新产品没有预期热烈，马上换新产品抢市场。在菲律宾，快乐蜂平均每一个半月就会推出一项新产品，而麦当劳平均每半年才有一项。新产品研发成为快乐蜂取胜的又一关键因素。

在海外市场，快乐蜂坚持并扩展了"口味本土化"的新产品策略。在每一个新的市场上，快乐蜂通过消费者调查和新产品的试吃来不断调整品类结构和菜单，并且坚持不懈地做下来。这是快乐蜂成功占领海外市场的重要

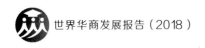

因素。

陈觉中不仅倡导"口味本土化"的新产品开发策略，而且亲自到世界各地寻找"好吃的"食物。在陈觉中的眼里，台湾地区琳琅满目的小吃，是个原始而珍贵的宝库。如果选择得当，再加上标准化运营，一定会做出有影响力的品牌。例如，陈觉中看过台中著名泡沫红茶品牌春水堂之后，觉得春水堂很有机会成为"中国的星巴克"。但春水堂创办人刘汉介极为低调，陈觉中不惜"三顾茅庐"，后来辗转透过关系才见到刘汉介，结果一见面相谈甚欢。快乐蜂顺利地取得春水堂中国大陆永久代理权，获得了一个新业务。

不同于一些跨国公司容易把一个地区的经营经验和模式照搬到另一个地区，快乐蜂则善于把握本地的饮食文化，将对当地消费者的饮食习惯的研究作为它们经营管理的一部分。将产品当地化的策略是跨国企业经营的关键，对于餐饮企业来说尤为重要。例如，在印度尼西亚推出更适合当地人口味的椰奶与米饭混合快餐饭，在中国香港推出当地民众喜食的香菇鸡饭。

陈觉中认为，餐饮业的成功100%靠好吃的配方，具体到不同的地方，能让当地人喜欢的口味就是最好的快餐餐饮机会。他认为，地域饮食文化和饮食习惯的差异，并不是中国快餐业无法做大的关键原因。"连锁店可以根据不同地域的饮食习惯，以不同的产品作为主打，最重要的是标准化的执行、解决问题。现在的挑战是怎样把它一直做好。"由此可见，口味本土化与运营标准化是快餐企业为消费者创造价值的两大关键。这对中国大陆的快餐企业有着较大的借鉴和启示。

此外，新产品推出速度快、推行特许专营制度也是快乐蜂成功的重要因素。快乐蜂平均每一个半月就会推出一项新产品，而麦当劳平均每半年才推出一项新产品。每项新产品推出一个月后，快乐蜂还会对该产品进行市场调查与评估，如果发现新产品没有达到市场预期效果，则立即更换产品。快乐蜂这种创新精神和对市场的观察和反应速度，让其在快餐市场取得了领先地位。为了发挥品牌效应，快乐蜂加强推行特许专营制度，这使得快乐蜂得以实现用别人的钱进行快速扩张。

（六）根据不同时期情况调整海外扩张意识

快乐蜂海外扩张意识经历了四个阶段，每个阶段的海外经营都建立在不同的战略意识基础上。

在快乐蜂进行海外扩张的前期，产品的开发和生产主要是为满足国内市场的需求，只把国内市场的剩余产品销往国外，而且技术和其他知识从母公司向海外子公司转移，海外制造被当作保护公司国内市场的一种手段。

早期海外扩张失败教训阶段以多国化意识为指导，承认并强调不同国家市场和经营环境的差异，要求公司根据不同国家的特点改进自己的产品、战略和管理实践，同时倾向于聘用东道国的独立企业家为海外经理。

1993 年，快乐蜂意识到其国际化发展需要更大的组织结构和专业的人才，因此在 1994 年 1 月，任命澳大利亚人、曾经在中国香港的必胜客公司亚太地区总部任职 14 年的托尼·基奇纳为国际业务部副总裁，并由其创建国际业务部。基奇纳采取了一系列措施，包括将新部门与总部分离，在快乐蜂内部和外部招聘具有丰富经验的国际人士加盟，选择合作伙伴时优先考虑与当地市场具有良好关系的伙伴，打造一个世界级的公司形象等。"基奇纳时代"以全球化意识为指导，强调更为集中的协调和控制，要求不同地区的项目经理或特许经营商拥有全球责任心。

1997 年 7 月，庭松加入快乐蜂成为其国际事业部总经理，他对现有的国际化战略重新进行审查，并作出新的战略决策。"庭松时代"以全球当地化意识为指导，要求公司在维持其全球化效能的同时，对当地需要做出更为灵敏的反应，分散的资源被统一在一种相互依赖的世界性网络中，以便在同一时间获得效率和灵活性。

快乐蜂在国际化过程中战略意识的不断调整，给我们的启示就是要不断总结成功或失败的经验教训，根据公司不同发展阶段的经营状况和特点，及时制定和调整相应的经营战略。

B.15
旭荣集团：从20人的小布商到万余人的跨国公司

广　隶*

摘　要：　旭荣集团自1975年在台北创立旭宽企业股份有限公司，迄今已四十余年，主要产品为各类圆编针织布种。进入21世纪，为适应市场的全球化趋势，积极向海外扩张。至今为止，旭荣集团的发展可以分为四个阶段。在发展的初期，从1975年成立直到1989年，只是一个拥有20名员工的小布商。1990~2001年，快速成长为中型企业，具有了一定的国际知名度。2002~2009年，旭荣进入了大发展时期，开始在地理上的扩张——向祖国大陆进军和向国际进军，以及在产业链上的扩张——进军成衣制造。在2010年，旭荣推出了VFM系统，标志着从OEM向ODM的成功升级。

关键词：　旭荣集团　发展阶段　跨国公司

在里约奥运会上夺冠的中国女排队员身着的运动服装面料，是由旭荣集团开发生产的；中国乒乓球队、羽毛球队的运动员服装面料也是由旭荣研发生产的。

旭荣集团自1975年在台北创立旭宽企业股份有限公司，迄今已四十余

---

* 广隶，全球化智库（CCG）研究员。本文在文献资料上得到杜建衡教授的大力帮助，特此致谢！

年，主要产品为各类圆编针织布种。进入 21 世纪，为适应市场的全球化趋势，旭英集团积极向岛外扩张，先后在中国大陆成立织造与染整的生产基地和研发中心，在东南亚和非洲设有十几家工厂，同时配合上海、中国香港、美国等营销机构的成立，这些举措使旭荣在全球针织面料强者如云的竞争环境中，有了属于自己的一片天。今天的旭荣是一个纺织领域的大型国际集团，集研发、纺织、染整、成衣生产、贸易营销于一体，同时也是国家级运动休闲针织面料开发基地，年销售额超过 40 亿元人民币，全球员工 1.5 万人。迄今为止，旭荣集团的发展可以分为四个阶段。

一 初期，小布商（1975～1989年）

1975 年，黄信峰、庄芳容夫妇在台北创立旭宽企业股份有限公司（即旭荣集团的前身），注册资本 1000 万元新台币，专营针织布料的出口业务——是织染中间商。刚进入市场时，用于西装、材质挺立的布料才是主流；相反，用于休闲服装，有弹性的针织布料只是小众市场。起初并没有自己的厂房，只能选择与一些生产厂家合作的形式慢慢发展。

1986 成立研发部门，是一件具有战略意义的事件。直至 1989 年，只是一个拥有 20 名员工的小布商。

二 快速成长为中型企业（1990～2001年）

20 世纪 80 年代，美国兴起了户外健身风潮，宽松和有弹性的服装开始流行。1990 年，旭荣研发成功一款结合两种纱线的布料，染色困难，但弹性极大，用在踩脚裤上再合适不过了。当时拿到美国去卖，由于它在染色和织造上有特殊性，以及它的四面张力的性能，立马获得了极佳的市场效应。紧接着就有几十家美国商家飞到台北和旭荣进行贸易洽谈，当时公司只有一个小小办公室，二十几人，却从此打出国际知名度，老板也累积了第一桶金。

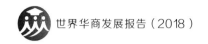
刚有起色的旭荣，虽然没有自己的厂房，却拥有与300家工厂合作的协议并在其中占有一定股份。这次成功轰动了整个台湾商业界，"当时卖得大红大紫，卖到了包下整个台湾产能的红火局面"，这块布一卖就卖了20年，现在依然有很大的市场。

这个被命名为"0508"的布料创新奠定了旭荣专业研发基础与企业资本，公司的名字开始被人们认知，实现了旭荣从小型企业向中型企业的转型，并从贸易商转变成制造商，开始做起实业。如这块布料一般，旭荣在此后充分发挥了四面张力的特性，加速扩张战略。1999年，旭荣成立了研发实验室，并在台北大园建立了染整厂。

三 大发展，三路并进（2002～2009年）

旭荣集团在地理上的扩张——向祖国大陆的进军和向国际的进军，以及在产业链上的扩张——进军成衣制造，两者几乎是同时开展的。同时，黄家的第二代——长子黄冠华也在2002年加入集团的管理工作。

2002年旭荣在祖国大陆的江苏省建立了昆山旭荣纺织企业有限公司和常州旭荣针织印染有限公司。2003年3月在台北成立旭荣制衣有限公司，接着成立了旭荣制衣上海办事处。2003年9月在非洲肯尼亚合资成立Protex公司（成衣制造）。

旭荣集团逐渐形成全球一条龙运营模式，建立纺织印染与成衣两大运营实体：纺织印染运营实体下设台北旭宽企业股份有限公司、昆山旭荣纺织企业有限公司、昆山旭荣纺织企业有限公司·上海公司、常州旭荣针织印染有限公司、青岛旭荣即发纺织有限公司、旭胜科技印染有限公司、香港森盛国际有限公司；成衣运营实体下设旭荣制衣有限公司·台北、昆山旭荣制衣·上海公司、昆山旭荣制衣厂、赖索托EUG厂、赖索托STK厂、肯尼亚PROTEX厂、南非旭荣流行趋势公司、旭荣制衣（柬埔寨）成衣厂、稳德（柬埔寨）制衣厂、越南旭荣美福厂、越南福东一厂/二厂，借由垂直整合与有效运筹管理，短短几年间，旭荣制衣已成功争取到与许多国际大厂合作的机会。

2007 年，旭荣以 300 万美元并购了当时专做沃尔玛订单却发生财务问题的美国贸易商 Rainbeau 公司，从此开启了旭荣与品牌商直接沟通的管道。黄冠华指出，业务员直接面对品牌需求，立刻对应市场需求，服务力做得更完整；同业则观察到，连一般美国当地业者才拿得到的"翻单"（因零售商热卖而紧急追补的订单），旭荣都可以在第一时间掌握。

同时，2007 年完成集团开发、检测、人才培训体系构架，其子公司常州旭荣针织印染有限公司成为"国家纺织品开发基地——运动休闲针织产品开发基地"、国家纺织品检测中心、国家高级面料设计师培训中心。

在参考包括台塑、通用、丰田等管理系统后，旭荣推出了一套自行研发的全球管理系统，由台湾总部掌握人资、财务与资讯系统，全球各地分公司则采用生产技术与管理行销双轨制，保证了总部对各个分公司的控制权，提升了运行效率。

2002 年，旭荣集团不过是年营收新台币 27 亿元，员工 85 人的事业；到了 2016 年，年营收已超过新台币 200 亿元，员工规模达到约 15000 人。15 年来旭荣的营业额增长了 7 倍，员工却多了 110 倍。

四　升级 ODM（2010年至今）

旭荣集团在 2010 年推出了 VFM 系统，标志着从 OEM 向 ODM 的成功升级。

以往客户都要看到、摸到样布，提出修改意见后，再让面料企业进行打样，反复多次方能下单，而 VFM 系统则简化了这一流程，客户登录系统后，可按照自己的要求在数十万块样品中进行搜索。系统检索出的面料信息清晰，客户可凭借这些信息与在线客服人员直接沟通，修改细节；一旦确定，面料小样将在一周内送达，时间节省了 30%。

VFM 系统分协同合作平台、终端条形码扫描仪两部分。协同合作平台为旭荣自行开发的数据系统，囊括了上万种面料的规格、成分、检测报告等信息，以及旭荣商企团队精心打造的每季最新流行趋势信息，客户并可通过搜索、视频等方式全方位进行了解；终端条形码扫描仪形如手机，易于操作、携带，客户可手持该扫描仪，如在超市购物般随意选中样品，轻轻扫描即可完成选样，这些样品的信息将按照被挑选的顺序存入扫描仪，然后通过与计算机设备的连接接入旭荣协同合作平台，工作人员可立即查看并打印这些信息，待客户确认无误后，直接在系统上向工厂端下调样订单。这一过程仅需数分钟，从看样、选样、确认直至下单一步完成，避免了人为操作失误，实现了供销供应链的零时差运行。

利用这个 VFM 平台不仅能把旭荣每年开发的 3000 个新品布样，8000多种颜色上网，而且能提供所有的旭荣布样的在线样品数据库浏览，市场流行趋势以及旭荣 R&D 新情报。客户可以随时随地在线浏览新开发的布样，利用关键词搜索感兴趣的样布，在网上完成索样申请。旭荣研发团队随时掌控市场情报和流行趋势，把开发的新样品放在 VFM 平台上与客户分享。过去订单客户会打电话来催进度，而现在有了这个平台，就可以自己上网去查询了，几点出缸，几点上货，系统会及时更新，显示得非常清楚。除此之外，这个平台还可以根据企业设计师平时的购买习惯，列出推荐榜单，非常人性化。

旭荣集团每年花新台币数百万元，成立专门团队在欧洲巡回搜集最新资讯，还结合专业资讯服务商、与大型的调查机构合作，每年做两次流行趋势报告给客户；比如说，研发人员认为自然风即将成为时尚，除了点出主题，还要一并提出符合这个主题的各种材质布、各种颜色，建议客户可以做些什么。

"完成一条龙的整合，让我们从原本的生产商，跃升成为信息的提供者。明年流行的题材，后年流行的布料，我们有高达 95% 的准确率。"这是一个动态的互动系统，我影响你，你影响我，但旭荣同时服务 200 多个品牌，大方向往哪里走，一定可以闻得到。"各品牌不敢押错宝，也会互相探一下，都会来问我们，因此我们既是这件事情的参与者、促进者、分享者，也是一部分的决策者，更是生产者。"

旭荣集团在台北和常州设立了两个大型研发机构，每年投入研发经费约占当年度营业额的4%。按照OECD根据R&D强度的行业分类（2001年），纺织业研发费占营业额比重的平均值只有0.3%。显然，旭荣的4%远远超过同行业，而且按照OECD的这个标准已经达到"中等高技术行业"的高端水平。

旭荣每年研发出3000块新布，每半年向客户介绍1000多块即将流行的新素材与新颜色。"你不跟我合作都不行，我的研发够强，让你离不开我，哪怕你觉得我贵一点点，你还是得选我，因为你不跟着我走，就没有这些讯息。我们卖的是know-how，纯粹做布谁都会啊！"

不只拿订单，与下游供应链的紧密合作关系，更是旭荣发展40年来的最大经营价值。旭荣将每家织染的技术都分门别类，依据不同品牌需求寻找合作厂家。一位与旭荣合作超过10年的染整业者指出，当年多数业者都不敢花钱研发时，旭荣却积极带着厂商到国外，亲自感受市场需求，透过保证收购量的合作模式，多年来建立起深厚情感。

以前纺织业的经营模式主要是接单式销售，企业专注于砍利润、抢订单。如今旭荣主要是功能表式销售，通过海外行销团队，搜集全球最新设计理念，再根据大数据预测流行趋势，研发出相应的新面料甚至成衣，直接供客户参考选择，形成了企业的核心竞争力。

下一步在信息化方面，除了内部的ERP，旭荣还将通过消费者大数据的重整、全球行业信息的收集，为品牌客户提供更符合市场需求的产品。旭荣销售的不仅是面料，更是全球的消费习惯与流行趋势。

五 纺织业的跨国公司、"一带一路"的贡献者

旭荣集团的使命是站在客户的角度，环环紧扣公司的经营目标：质量、创新、快速反应，为客户创造整合的一条龙服务；也期待借由全员参与不断改善的责任与压力，引领旭荣成为世界知名的纺织业跨国公司。

旭荣集团在海上丝绸之路沿岸建立了14个工厂，为当地上万人解决就业。在非洲建立8个工厂，分别为肯尼亚5个、莱索托1个、南非1个、埃

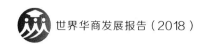

塞俄比亚 1 个，共有 8000 名员工。在东南亚建立了 6 个工厂，分别为柬埔寨 3 个、越南 3 个。

旭荣在国外建立工厂，履行社会责任也不含糊。在非洲肯尼亚的旭荣工厂周围，建了医院、盖了学校，并开展艾滋病防治宣传活动，帮当地人解决生活和工作问题。

跨国型企业能胜出很重要的关键，就在于管理，因为很复杂，谁管理得好，谁能把事情化繁为简，谁就能胜出，供应链管理是纺织行业的核心，对于纺织业来说，却不是一件容易的事。

旭荣在参考包括台塑、通用、丰田等管理系统后，自行研发了一套 NewWide Way 全球管理系统，由台湾总部掌握人资、财务与信息系统，全球各地分公司则采用生产技术与管理行销双轨制，透过成立委员会的共治模式，得以让天平两端的员工发挥所长。举例来说，旭荣旗下的贸易公司里，业务和管理主管组成的委员会是最高领导核心，在生产制造公司里，生产与管理主管则是最高决策团队。

集团将纺织部门切割为 20 个单位，成衣部门切割为 12 个单位，每组扮演一个小布厂或小贸易商的角色，单位经理则是老板，决定费用、分红、薪水等开支，总公司提供财务、内控、研发等后勤支援。每个单位直接与终端客户接触，有责任开发符合客户需求的新产品，变现不错的小组，就有高额奖金。虽然业务组和业务组之间采取利润中心制，但之间能既竞争又合作，这靠的是企业文化"坦承分享"。

在销售管理方面，旭荣集团从战略上布局，满足客户不同的需求。上海作为华东地区的经济中心，将上海作为内陆的运营中心，有利于拓展海外市场和辐射长三角。昆山工厂和常州工厂作为强大的生产后援，既有传统上的产业优势，同时也为上海市场的快速反应提供了便利。青岛旭荣的区位优势，直指日本和韩国等市场。北京办事处的设立，功能上则对准了大华北地区及俄罗斯、中亚等市场，也拉近了跟中国工业协会/中国纺织信息中心的距离。而香港办公室设立于作为全球转运贸易中心的香港地区，除了对各大品牌办事处就近服务外，更可辐射泛珠三角地区。美国办事处的设立，使旭荣的出口业务可以和客户直接对话，更准确地了解客户诉求，增加了业务稳健性。制造加工上，高端面料在祖国大陆工厂做，中低档的面料则在越南工厂做，而成衣加工则放在东南亚、非洲等劳动力便宜的国家。由此形成快速反应区（中国两岸 + 柬埔寨）和免税免配额区（非洲）。

在品牌与市场推广方面，长期以来旭荣集团直接与国际知名品牌进行深度业务合作，在运动休闲类除了与 Adidas、Reebok、Puma、Fila、Russell、Liz Claiborne、Zara 等国际知名品牌合作外，更是 Wal-Mart、JCPenny、英国马莎等国际大型通路的亚洲区指定供货商，内销客户层更涵盖国内知名运动休闲品牌李宁、美特斯邦威，等等。

在干部培养上，旭荣也有奇招。每年大约有 5000 人来旭荣集团应聘干部职位，按 1% 的比例录取，"我们每年就有 50 个顶级人才的加入，干部后备实力非常雄厚"。现在旭荣台湾的员工大专以上学历的占到 40%，这在纺织业是一个很难想象的比例了。

旭荣集团最高层目前实行三人管理组合，父亲负责大策略方向的把关，母亲负责财务及业务运营的主轴，儿子负责企业管理系统和组织架构的国际事务协调。

2017 年 10 月 12 日，旭荣集团在上海正式发布了 2016 年度企业社会责任报告，这也是旭荣集团发布的第二份企业社会责任报告。报告为中英文双语编写，同时符合了国际报告倡议组织 GRI G4 标准和《中国纺织服装企业社会责任报告纲要》的要求，充分披露了 2016 年度旭荣集团各项 CSR 管理方针、关键议题、响应及行动的绩效信息，集中展示了其长期致力于社会责任议题的承诺与成果。

旭荣集团今后将以"制造服务业"的角度重新定义企业属性，成功结合上中下游企业伙伴，为客户提供由素材到成衣制作的同步开发环境，建立起双赢合作模式，打造出坚强的策略联盟事业体。

旭荣自主创新品牌 Easyoga 服装，于 2010 年在上海成立了第一家商店，并于 2011 年 10 月开设了首家大型旗舰店……

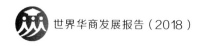

参考文献

吴怡萱：《旭宽成长超越同业股王》，《商业周刊》2009 年 6 月 18 日。

陈冠政：《台商客制化策略与价值链布局研究》，《中华管理评论国际学报》2011 年 11 月第十四卷，第 1～19 页。

万晗：《记风云台商——旭荣集团总经理庄芳容的商海传奇》，《纺织服装周刊》2011 年 8 月 8 日。

朱夕子：《黄冠华：我是一个放大器》，《中国纺织报》2012 年 2 月 8 日。

《面料信息化加速还是缓行？》，世界服装鞋帽网，2014 年 12 月 17 日。

《旭荣集团精准预测流行，默默赚钱更胜上市公司》，搜狐科技，2015 年 6 月 20 日。

《感受台企经营之道》，《泉州晚报》2015 年 11 月 3 日。

蔡武穆：《旭宽集团 3 大策略布局全球化》，《工商时报》2016 年 11 月 16 日。

《访旭荣集团执行董事黄冠华》，纺织中国在线，2017 年 11 月 16 日。

《台湾旭荣集团：引领纺织印染行业绿色生产》，《经济日报》2017 年 11 月 23 日。

张国成：《从制造业到制造服务业的华丽转身——常州旭荣转型过程》，http：// www. docin. com/p－1663341221. html。

《转型成为会跳舞的大象——（CEO 专访）旭荣集团执行董事黄冠华谈家族企业现代化》。

黄冠华：《采访整理李郁怡 Eve Li》，《哈佛商业评论》繁体中文版，2017 年 12 月号。

B.16
教育慈善先行

——怡海集团参与"一带一路"建设

怡海集团品牌部

摘　要：　怡海集团成立于1989年，在中国改革开放的历史背景下，实现从房地产开发建设到教育创办与管理，从多业态商业运营到慈善常态化，从香港到内地直至全世界的商业布局，同时逐步形成了怡海经验。"一带一路"倡议提出后，怡海集团积极响应。怡海发挥自身优势，把华文教育带上"一带一路"。同时，也把"一带一路"上先进的教育体系带回来，引进国际米兰先进足球青训体系。未来，怡海继续脚踏实地投入"一带一路"的建设中，继续以其教育和慈善为"一带一路"建设构筑牢固的心理基础。

关键词：　怡海集团　"一带一路"　教育　慈善

自2013年9月国家主席习近平提出"一带一路"倡议之后，"一带一路"从顶层设计到项目落实，在建设中前进，在发展中完善，在合作中成长，从梦想走进现实。四年多来，怡海集团也积极响应国家号召，2013年12月起，怡海集团董事局主席王琳达就开始带队到中东欧国家考察，20余次走进中东欧，并建立起以塞尔维亚为核心地、辐射周边各国的地理合作模式。

怡海集团认为，在"一带一路"背景下，中国企业的参与不仅应是经济事件，更应该是文化事件。"一带一路"沿线国家多数是新兴经济体和发展中国家，多数处于经济发展的上升期，既是机会也面临风险。所以，近几年怡海集团并未大刀阔斧地做投资，而是发挥自身优势，先把华文教育带上"一带一路"，并传承侨界乐善好施的优良传统与社会责任，帮助当地发展经济与教育；发挥侨商资源优势，通过与当地华人对接联系，了解当地法律法规、政策动向、经济情况，以"先交朋友，再谈合作"的心态走入"一带一路"。

一　中塞合作，推广华文教育，讲好华商故事

2013 年 12 月，怡海集团第一次走进塞尔维亚，带队考察的王琳达巧遇塞尔维亚执政党创始人之一、执政党中央副主席尼科拉·塞拉科维奇（Nikola Selakovic）参加竞选总理一职，受尼科拉竞选团队邀请，王琳达作为华商代表参与塞尔维亚这次政治活动，自此便与这个国家结下不解之缘。

2014 年 5 月，塞尔维亚连降暴雨出现洪灾，当时身在中国香港的王琳达从国际新闻中得知后，立即以个人名义捐款 30 万元人民币帮助当地政府赈灾。据反馈，这笔捐款也是当地政府收到的最快的华商捐款。同年 12 月，王琳达随李克强总理访问塞尔维亚，参加著名的贝尔格莱德会晤，见证《中国—中东欧国家合作贝尔格莱德纲要》的发表。

2015 年 1 月，怡海集团受塞尔维亚中央政府、总理办、塞尔维亚司法和国家管理部部长尼科拉·塞拉科维奇（Nikol Selakovic）、农业林业水利部部长戈兰·克内热维奇（Goran Knezevic）、乌日策（Užice，省会城市，管辖诸多城市）市长迪赫莫·佩特科维奇（Tihomir Petkovic）及市政府邀请，对塞尔维亚进行了为期 4 天的考察访问，参观、考察了塞尔维亚旅游、农业、教育以及食品深加工等产业。塞尔维亚华人商业联合会与中塞文化交流协会聘请王琳达为中塞友好交流形象大使。

2015 年 6 月，怡海集团组织带领 39 位华侨在塞尔维亚贝尔格莱德组织

中塞经贸论坛，得到中国驻塞大使馆的支持。出席论坛的有塞尔维亚共和国副总理，司法部、经济部、矿产能源部、农业环保部等部部长以及贝尔格莱德市市长。也就是在这次考察中，怡海集团在乌日策了解到 Pora 幼儿园完成一期建设后，因缺乏资金工程一直处于搁置状态，并持续 6 年之久。对于教育，怡海集团始终充满热情，当即承诺帮助当地政府完成幼儿园后期建设。

2015 年 11 月，怡海集团董事局主席王琳达带队与时任哈尔滨市常务副市长的刘琦等赴塞考察，并促成哈尔滨与乌日策结为国际友好城市。同年 12 月，怡海集团在北京怡海花园社区组织了 500 多人参加的民间中欧文化交流活动。

2016 年 6 月，怡海集团通过中国华侨公益基金会向乌日策市 Pora 幼儿园捐赠 33 万欧元（约 300 万元人民币），协助乌日策政府完成幼儿园的建设，帮助当地的学前儿童尽早入学，预计可容纳 200 余名儿童。同时，怡海集团与塞尔维亚乌日策市 Pora 幼儿园协议约定每年开展一次教育论坛，促进中塞两国文化交流，并在幼儿园建成投入使用后开设华文课程，怡海集团与 Pora 幼儿园将共同为新建幼儿园命名。10 月，怡海集团再次受乌日策市邀请参加塞尔维亚乌日策城市日活动，王琳达获得"城市终身贡献奖"，这也是乌日策历史上第一次对非本国人颁发此类奖项。

从 2014 年至今，四年来，王琳达总在强调，怡海集团到这些国家，不仅要分享他国资源，更要帮助对方建设。参与"一带一路"不仅应是经济事件，更应该是文化事件，应该先交朋友，再共谋发展。Pora 幼儿园已经投入使用，该幼儿园成为中塞共建的又一典范，也将见证中塞友谊源远流长。

王琳达作为中国侨商投资企业协会副会长，不仅带领怡海集团践行"一带一路"，还积极参与到各界组织的"一带一路"论坛和考察活动中。2016 年 12 月，怡海集团参与到中国侨商投资企业协会对马来西亚马中关丹产业园、老挝万象赛色塔综合开发区的实地考察，并了解当地华文教育，拜访海外侨团。正是在这次考察中，怡海集团开始参与海上丝绸之路建设，王

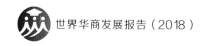

琳达亲自带队先后 2 次到印度尼西亚考察，并引进当地海产品到深圳和北京进行销售，迄今在北京怡海花园社区的怡海绿园超市已销售带鱼、老虎蟹、马鲛鱼等多种深海鱼产品。

"走进去"，想得到当地消费者的长期认同与忠诚，绝对不是一件容易的事，但不得不做。不论对国家还是对企业而言，"优越文化和更富有吸引力的政治哲学的说服力"显然要比诉诸军事、经济手段更有效。正是因为怀着这样一种人文情怀，真诚地与对方沟通，帮助对方发展，虽然在这个过程中怡海集团也遇到不少困难，但这一年除了塞尔维亚之外，捷克、斯洛伐克、哈萨克斯坦等国，总会有主动寻求与怡海集团合作的企业，近日，怡海集团在白俄罗斯与 Dana Holdings Limited 对接洽谈 300 万平方米的经济适用房建设事宜，并将合作开发，把国内精装修的开发模式引入塞尔维亚、白俄罗斯和哈萨克斯坦的三个经济适用房项目中。

从交朋友到务实合作，怡海集团深感作为民营企业在"一带一路"上，首先要取得境外政府与当地企业家的配合。因为个头小，势单力薄，抱团出击是关键；在国内产能过剩，以及低劳动力成本、低能源资源成本、低环境成本一去不复返的形势下，"走出去"已经成为民营企业转型升级、可持续发展的重要途径。参与丝绸之路经济带、海上丝绸之路建设是时代赋予民营企业的光荣使命，民营企业有责任配合好国家的宏观经济政策，在国际市场把握机遇、谋求发展、实现双赢。

二 借力"一带一路"，引进国际米兰 先进足球青训体系

怡海集团不仅把中文教育带出去，同时，也把"一带一路"上先进的教育体系带回来。2015 年 5 月，怡海教育集团与意大利百年足球豪门青训系统国际米兰青训学院牵手合作发起怡海国米青训足球种子计划。在北京市政协、市侨办、市体委、市教委、区政府、区教委、区体委等相关政府领导及北京市各知名校长的共同见证下举行了新闻发布会，怡海教育集团与国际

米兰青训学院签订合作协议，标志着国米青训正式进驻怡海教育，落户北京。

怡海教育集团理事长王琳达表示，在国家大力倡导发展足球事业时，她作为一位热爱公益事业的教育人士，一直追求立体教育、多元教育，不仅注重孩子的学习，更注重孩子的身体和心理健康发展，将足球训练融入怡海大教育的教育体系中，支持国家的足球事业发展，支持足球在中国的普及。

国米青训学院致力于在世界的每一个角落发掘出色的年轻球员，国米将不遗余力地把精英球员培训计划传播到世界各地。北京是国米青训一块值得长久发展的沃土，国米要求球员拥有完美的第一脚触球、视野和熟练的技巧，强调球员近距离对球的控制、传球时候追求的速度和准确率等，所有的国米训练体系将在北京怡海教育足球课程体系中体现。国米将全年派驻青训教练在北京统筹所有青少年的训练计划。怡海国米青训的训练方法和体系，将在北京原汁原味地还原意式风格青训，不仅让孩子们不出国门就能享受到意大利先进的足球培训系统，更能让孩子们从踢球中体会乐趣和实现梦想。

怡海国米青训倡导的不仅仅是足球培训，更注重的是一种"懂孩子"的教育方式，以及一种孩子间的社交方式。通过足球这样一项团队运动，锻炼身体，拓展孩子脑力的灵活性及创新性，让孩子能独立、自信地参与社交，开拓更精彩的人生。在怡海国米青训的精英足球少年除了可以在国内得到专业培训，每年都有机会被派往国米青训学院总部进行专业特训及交流，更有机会与来自全世界各地的青少年球员交流比赛。而那些拥有足球天赋和专业特长的球员，也能通过与怡海合作的知名俱乐部追求自己的职业足球梦想。

国米青训项目进驻怡海后，截至2017年，共有6所学校已与怡海签订足球进校园协议，协议学校涵盖东城、西城、丰台区域。怡海集团派出总计16名教练前往意大利学习，同时引进累计4名意大利籍教练。在"一带一路"建设的浪潮中，怡海集团搭起中意两国足球交流的桥梁，也为青少年带来了世界最先进的足球课程。同时，在发展少年足球方面，怡海集团还开展了以下工作。

第一，组织开展足球夏令营活动。孩子的足球梦，亦是中国足球发展之梦，为了进一步传播足球文化，吸引更多孩子系统学习国际米兰足球技术，2016年暑假期间，怡海国际米兰项目充分利用北京八中怡海分校场地和教练资源，开展6期米兰足球夏令营活动，系统地为来自全国各地86名学生传授足球技能。

第二，提供高质量的专业服务。怡海国际米兰自2016年成立以来，项目组不断探索，为学员提供最专业的服务。为学员建立数字追踪体系，对所有学员进行体能检测，逐一建立数据库，有针对性地制订训练计划。同时，为签约的6个校区提供专业的医疗保障团队，确保每一个孩子的安全。

第三，重视教练员的培养。在培养出最好学员的同时，怡海国际米兰首先重视教练员的培训，所有教练员每周必须与意大利米兰教练进行专业知识的培训，一是提高专业技能，二是与国际米兰的先进理念知识保持一致。截至目前，意大利派出4批共5名专业教练来怡海从事足球教学工作，怡海派出2批共16名教练赴意大利深造学习。

第四，加大足球并购力度。经过近两年运行，怡海国际米兰项目发展迅猛，针对北京的区域优势，制定了完备的发展规划，并成功收购北京名门足球俱乐部，整建制接收该俱乐部400名学员和其名下3大校区，即首师大校区、首经贸校区和奥体中心校区。

三　怡海教育开创特色课程，
让"一带一路"走进课堂

怡海教育发展至今，已有整整20年的教育史，国际学校已有11年的历史。截至2017年，在全国已创办16所教育机构，在京拥有5所基础教育学校，各类全日制学校在校生超过4000余人。近两年，怡海教育集团各学校开创特色课程，把"一带一路"带进课堂。

怡海幼儿园通过语言、认知、社会、健康和艺术五大领域以讲故事、做手工、游戏互动的形式将丝绸之路的概念融入课堂，并形成自己的"一带

一路"特色课程教材。组织"一带一路"主题活动，带动怡海幼儿园 800
多名孩子一起参加到活动中。2016 年 8 月，两次成功组织再走丝路西安亲
子游移动课堂，得到怡海幼儿园孩子和家长的积极响应和高度认可。

北京实验二小怡海分校编辑整理《我与"一带一路"》教材，作为特色
课程，并定期组织"一带一路"专题活动。北京八中怡海分校以"一带一
路"为主题，开发教师课堂引导、综合活动实践、学生俱乐部拓展三位一
体的校本课程。

四　把怡海经验在"一带一路"上推广

改革开放 40 年，中国实现了从高度集中的计划经济体制到充满活力的
社会主义市场经济体制、从封闭半封闭到全方位开放的伟大历史转折，极大
地推动了社会生产力的发展和综合国力的跃升。怡海集团成立于 1989 年，
就是在这样的历史背景下，实现从房地产开发建设到教育创办与管理，从多
业态商业运营到慈善常态化，从香港到内地直至全世界的商业布局，同时逐
步形成了怡海经验。

1987～1991 年正是中国房地产市场的起步阶段。1987 年 11 月 26 日，
深州市政府首次公开招标出让住宅用地，同年 7 月怡海集团投资建设的广州
世界贸易中心开工，8 月 20 日，怡海与深圳市城市建设开发集团签订经营
合作书，12 月，怡海集团投资建设深圳台湾花园开工建设。自 1991 年开
始，国务院先后批复了 24 个省市的房改总体方案。怡海集团协助广州市人
民政府制定《广州市房地产抵押管理办法》，而这也是全国制定的第一部房
地产抵押管理办法。

1992 年 1 月邓小平同志到达深圳，12 月 5 日，北京市政府赴港招商，
怡海集团的前身香港联华投资集团与北京市政府签订《北京怡海花园土地
开发协议》。1992 年房改全面启动，住房公积金制度开始推行，中国房地产
开发吹响号角，沿海城市一带，特别是海南、北海、广州、深圳、上海等地
经济急速增长。1993 年底亚洲金融危机爆发，日本以及中国香港、海南等

地区地产泡沫破裂。怡海集团挺进内地，在广西南宁投资开发富达花园、泰华大厦。1993 年，考察北京怡海花园地块，正式进驻北京。1995 年 12 月 12 日，北京怡海花园奠基。1998 年之后，随着住房实物分配制度的取消和按揭政策的实施，房地产投资进入平稳快速发展时期，也确定房地产业成为中国经济的支柱产业之一。北京怡海花园全面进入开发阶段。1997 年 7 月，怡海花园第一批业主入住；9 月，怡海花园自建锅炉房正式投入使用；12 月 26 日，北京第八中学怡海分校、北京第二实验小学怡海分校、北京丰台怡海幼儿园筹备组成立；1998 年 9 月 1 日，三所学校正式投入运营。也就在这个阶段，怡海集团围绕北京怡海花园项目的开发建设，配合政府完成市政基础配套建设，投资合办教育、搭建社区基础商业、运营社区俱乐部投资健康等，形成怡海花园生态系统和教育的全生命周期体系，怡海模式初步形成。

王琳达曾在接受媒体采访时说，在项目开发上，怡海不是说建造了多么漂亮的房子卖给老百姓就是履行社会责任，也不是说没有拖欠员工工资和银行贷款就是履行社会责任，更不是说居民住进来没有投诉就是履行社会责任。怡海的社会责任关系到所有业主生活中的方方面面，关系到城市区域规划发展，甚至关系到社会的和谐建设。不管是做教育也好，还是做老百姓的服务也好，我们处处都要贯穿着社会责任。正是基于这样的一个经营理念，二十多年后的今天，怡海又将这样的社会责任感带上"一带一路"。

怡海集团教育社区管理模式现已成功复制到湖南长沙，把各阶段教育融入所建的居住区中，建立了一套完善的基础教育机构。同时，积极参与社会公益慈善，这也是在中国经济转型时期所特有的一种地产经营模式，总结其特点如下。

第一，对教育资源和地产资源的整合。怡海集团对教育资源和地产资源进行有效统筹、强化、任务细分。整合教育体系由分散式运营、分散品牌到系统化管理及品牌运营。由教育机构的"小体系"向"大体系"转变，实现资源共享、资源节约、提升效率，营造教育系统的文化环境（包括品牌文化建设和管理人文环境）。达到教育发展巅峰期文化居首、管理居其次的境界。对外的资源整合可体现为整合社会、政府资源。

第二，进行教育教学与管理创新。怡海集团将根据市场需求，针对早教、出国预备、老年教育制订具有指向性的具体实施方案，进行教育教学的创新。给予教师充分的自主空间，充分调动教师的积极性和创造性，通过自身研发结合国内外学习交流的经验，不断对教学理念、教学方法、教学技巧进行改进。集团多次组织教师队伍到全国各地乃至国际知名学府进行交流学习，了解当前教学新方法、新理念。根据学生认知规律对教学内容及进度进行科学的调整，摒弃了原有生搬硬套、教条式的灌输，换之以生动活泼的互动式教学，实现教学效果的不断改善。

第三，发展怡海教育品牌。怡海集团的发展目标是在整合、创新的基础上形成独特的办学文化、办学文明，形成特有的治校风格；提升怡海教育的学术地位，打造怡海教育品牌，利用品牌影响，使社会效益、办学效益达到最大化。现在怡海教育集团已制定了"三年规划"，每三年为一个周期，详细制定教育教学及管理规划纲要，并从 2010 年开始具体落实。怡海社区对教育配套的重视正符合了消费者对此项服务的需求，它履行了最初的承诺，将物超所值的软服务提供给社区的居民，同时教育资源的扩散效应也使周边的居民获益。

第四，承担社会责任，我者成就他者。可以说怡海成功的根源，就在于怡海根据市场情况的变化，发现需求，创造需求，提升产品品质，延长产品链，从而得到社会各界的认可和信任。怡海的成功，怡海的业绩，怡海的赞誉，主要不是来自怡海物质上的成功和房地产利润的多寡，而是来自怡海的文化，来自怡海的精神，行为始终带有非常浓厚的道德色彩，在社区建设过程中，企业不仅为自身利益着想，更为居民孩子的未来着想，兴办一流基础教育；为老年人的夕阳生活着想，兴建老年大学。这种组合式的教育地产产品链不仅符合居民的居住需求，而且更替居民着想，具有预见性地创造了附加需求，使居民有耳目一新和贴心的感受，从而获得了众多消费者的青睐，形成了企业与消费者双赢的局面。

第五，民办教育得到创新发展。从怡海教育地产成功模式中，我们看到中国民办教育在传统的教育体系中突破层层观念和制度的束缚，打破现有教育系统定势，成功走出一条地产与教育结合的发展道路。在中国移民潮澎湃发展的时期，很多到大城市务工人员的家庭存在着子女"留守"的现象。父母在外打工，子女的教育问题却无法得到良好的解决，父母与子女的两地分居严重影响了家庭的和谐和子女的成长。在这个发展过程中，曾出现了私家家教教育、普通民办教育以迎合市场的需求。但随着移民数量的不断扩大和移民素质不断提高，普通民办教育已经不能完全满足市场的个性需求，存在着如地点偏远、资质不高等缺点。而怡海恰恰在民办教育发展出现瓶颈之时，以其独特的战略视角，成功突破了陈规旧制和名校校方姿态的重重障碍，大力开发教育地产事业，"借船出海"，兴办高质量的基础教育，打造居住、教育、娱乐一条龙式的居住社区。这大大满足了消费者的个性需求，在为居民提供"物超所值"服务的同时，实现了怡海自身利益的最大化。

习近平总书记曾强调："民心相通是'一带一路'建设的重要内容，也是关键基础。"纵看怡海集团的发展历史，从房地产开发建设到教育创办与管理，从涵盖地产开发、教育管理、金融投资、物业服务、商业运营、健康养生多产业运营到公益慈善常态化，正是一直顺应民心发展。已开发的北京怡海花园、湖南长沙怡海星城、上海金鹰大厦、山东临沂怡海国际新城等项目也形成了教育社区运营模式。

都说怡海集团在 20 世纪 80 年代末抓住了改革开放的春风，今天的怡海集团紧抓"一带一路"国家倡议落地实施的历史机遇，坚持"修身齐家治企业，泽阴生民济天下"的发展目标，以教育为核心，服务与公益为两翼，地产、商业、金融为支撑，形成"一核两翼、三位一体"的怡海模式，继续优化产业链、产品结构和服务模式，把怡海集团建成专业化、开放型、国际化的现代企业集团。怡海集团董事局主席说，民心相通的关键在于文化认同，在于彼此了解，而教育与慈善为"一带一路"建设构筑了牢固的心理基础。怡海集团以塞尔维亚为核心地，辐射周边各国的地理合作模式，怡海与塞尔维亚的文化、教育的交流合作，其使命都包含着文化认同。国之交在于民相亲，民相亲在于心相通。怡海教育在文化教育交流方面具有先天优势，教育与慈善让彼此更有共同语言。未来，怡海集团坚持在这条路上讲好中国故事，做好中国宣传员，发出自己的声音；并将继续积极保持与"一带一路"沿线国家之间文化、教育交流，脚踏实地地继续投入"一带一路"的建设中。

B.17
福耀集团的国际化发展及在美国的投资经营

李珊珊*

摘 要： 福耀集团是全球最大的汽车玻璃专业生产供应商，是中国企业走向海外的优秀代表，其在美国投资设厂顺应了我国新时期的"走出去"战略，成为中国企业走出海外的经典案例。中国企业走向海外，不仅是企业完成产业转型升级的需求，也是企业自身实力增强后开始在全球范围内配置资源的必然。作为中国较早"走出去"的优秀企业，福耀"走出去"的成功经验无疑是各方关注的重点，而其在海外遇到的问题及应对方式，也会为日后想要向海外扩张的中国企业提供经验借鉴。本文将主要以福耀集团在美国的投资经营为案例，总结中国企业成长和走向海外的经验，为中国企业走向海外提供借鉴。

关键词： 福耀集团 "走出去" 投资美国

一 福耀集团的国际化发展历程

福耀集团于 1987 年成立于中国福建省福清市，1993 年登陆国内 A 股市

---

* 李珊珊，全球化智库（CCG）研究部助理研究员。

场，1995 年进军美国市场，2015 年在香港联合交易所有限公司主板上市，是中国最大，也是全球最大的汽车玻璃专业制造商，占全球市场份额的23%。经过多年的发展，福耀集团足迹已遍布中国 16 个省市以及美国、俄罗斯、德国、日本、韩国等国家和地区，并在中、美、德设立 4 个设计中心。福耀在汽车玻璃领域具有行业领先地位，是中国企业跨国发展的优秀代表。

福耀成立至今已有 40 年的历史，自 20 世纪 90 年代，福耀的产品就已经走出海外。经历了多年的发展，福耀不仅打破了国外巨头在中国汽车玻璃市场的垄断，而且通过产品技术升级在国际市场中拥有一席之地，成为国内市场份额最大，世界市场份额第二，产业经营专注度最高，也是生产工艺优势最明显的企业。纵观福耀集团的发展轨迹，最初和其他中国企业一样，是给国际品牌做代工的制造商。但是随着自身实力的强大，福耀不仅成为中国汽车玻璃的品牌，也在国际上获得了广泛的认可。90 年代中期，福耀开始涉及海外业务，先后在中国香港成立了进出口公司，在美国的南卡罗来纳州设立了销售公司，拥有了海外市场，有了营销团队，让产品先行走出国门。2002 年与 2005 年，福耀先后赢得了在加拿大与美国的反倾销案，扩大了海外知名度，引起了众多汽车厂商的注意。赢得官司后，福耀陆续成为大众、奥迪、通用等多家国际知名汽车品牌的配套商，扩大了在海外的市场规模。随着客户源稳定与扩大，在海外设立工厂，就近供给汽车玻璃成为福耀近年来的海外战略的重点。

福耀集团的国际化发展经历了如下阶段。

（一）早期国际化阶段

20 世纪 90 年代，在国内，福耀当时主要在做配件市场（ARG），以满足维修市场，但由于配件市场领域的车型各异，量少类多，难以形成规模，设备费用损失太大，需要国外市场来补充国内市场的需求不足。90 年代初，福耀曾进军加拿大的售后市场，但因为质量不合格，遭遇投诉，产品全部被退回，由此导致的赔偿金额高达六七十万美元。曹德旺为此专门花费重金引进当时国际上最领先的技术——芬兰设备——可以根据设计参数自动成型的一台钢化炉。建设新的工厂，全面向国际接轨。很快，福耀再次起程，批量向国外出口。1995 年，福耀在美国成立了子公司，拥有海外的营销业务，进军海外市场。1995 年 11 月试投产，次年 3 月开始整批玻璃出口。在进入美国的前三年，由于经销模式的问题，福耀在美国曾连续三年亏损，在 1998 年改经销为直销，顺利步入正轨。

（二）产品升级、市场扩大阶段

1996 年，为了学习西方先进的技术与管理，福耀开始了与国际巨头法国圣戈班公司的合作。1996 年初，双方签约，圣戈班投资 1530 万美元，与福耀合资成立万达汽车玻璃有限公司，其中法方控股 51%，中资占 49%（曹德旺家族所占股份降至 16%）。由于圣戈班希望将福耀纳入自己的全球发展体系，而福耀则希望借合资壮大自身，巨大的战略目标差异使双方的合作不久就走到了尽头。1999 年，曹德旺出资 3000 万美元，回购了圣戈班手中所有的福耀股票，重新成为绝对控股者。此次合作使福耀在产业链中前进了一步，从单纯的生产领域，跨入研发、设计领域，学习了西方先进的管理技术，为日后成为先进的跨国公司奠定了基础。

2000 年，福耀开始着手对生产原片玻璃的策划，2003 年底，项目获批，福耀开始具备多系列玻璃产品的制造能力。2004 年，福耀开始建设研究所，对产品工艺、设备等进行研究。

2001 年，福耀曾遭遇美国商务部的反倾销调查。福耀积极应对，终于在 2005 年 4 月上旬，赢得了反倾销诉讼案，收到了美国海关返还的 300 万美元反倾销税款，成为中国唯一一家出口美国无须缴纳反倾销税的汽车玻璃企业。2005 年 5 月，福耀成功与奥迪签订汽车玻璃配套供货协议，并于下半年先后在国际 OEM 市场中标，开始由配件市场（ARG）转向配套市场（OEM）领域。

一方面，福耀自身重视产品质量的升级，逐步得到客户的认可；另一方面，一场反倾销案的胜利帮助福耀打出了国际知名度，赢得了国际厂商的注意。反倾销案不仅使福耀与竞争对手PPG①成为合作伙伴（福耀于2004年购买了PPG公司的浮法玻璃生产线，获得了PPG公司的技术与设备支持，顺利进入上游基础材料行业），而且帮助福耀打开了美国市场。

在通过国际主要第三方认证机构的认证后，福耀陆续通过了通用、福特、大众、现代等世界几大汽车公司的认证，获得配套订单，正式进入由国际巨头垄断的汽车玻璃OEM市场，成功跻身全球最大的汽车玻璃供应商之列。2006～2010年，福耀相继在欧洲、韩国、日本、中国香港和美国设立了子公司开展销售，福耀的产品销量开始在国际市场上逐步增长。

（三）海外布局阶段

随着销量在国际市场上的增长，以及众多知名汽车品牌的稳定合作，福耀在海外设厂也被提上了日程。投资设厂，在全球范围内吸纳、整合和配置资源，参与全球竞争，成为福耀新时期发展的重点。2011年6月，福耀在俄罗斯卢加州首府卡卢加市投资2亿美元，建立海外第一个生产性工厂，建设汽车安全玻璃项目。在俄罗斯投资成功后，福耀又将目光投向了美国，大幅增加对美国的投资，建设代顿工厂和芒山工厂。

2016年10月，福耀集团在美国的两个工厂先后竣工投产，福耀在北美的项目自此进入正式生产阶段。一年后，根据福耀集团在2017年的半年报披露，福耀集团在美国的投资已累计达到7.59亿美元，净亏损同比大幅收窄，福耀玻璃美国有限公司在2017年6月扭亏为盈，并在第三季度继续盈利。福耀公司海外业务收入超过中国境内汽车玻璃收入的增长，集团国际化战略取得实质性成果，公司市场份额得到进一步提升。作为全球最大的汽车玻璃专业生产供应商，进军海外不仅是福耀自身实力壮大后，进一步开拓全球市场的必然结果，也是中国企业由商品输出走向资本输出，在全球范围内整合资源的战略升级与转变。

---

① PPG创建于1883年，是世界领先的涂料和特殊材料公司，涉及工业、交通、消费品、建筑材料和汽车零部件等领域，也是美国主要的汽车玻璃厂商之一。2001年，福耀遭到美国商务部非法倾销调查，产品要征收11.8%的平均关税，带头起诉的就是以PPG为首的三家美国公司。

二　福耀集团在美国的投资经营

（一）布局美国，顺势而为

福耀集团在美国投资的项目是福耀集团国际化战略的重要一步，其主要由福耀位于俄亥俄州代顿工厂的汽车玻璃项目和位于伊利诺伊州芒山工厂浮法玻璃项目两个项目构成，这两个项目于 2014 年筹备，并于 2016 年建成投产，同步推进，力图扩大集团在北美的市场份额，成为驱动集团发展的新的增长点。

代顿工厂，是位于美国俄亥俄州代顿市的福耀汽车玻璃生产基地，成立于 2014 年 3 月。该生产基地是原通用汽车位于莫瑞恩市的旧工厂，而工厂所在地，毗邻贯穿美国南北的 75 号州际公路，美国 85% 的汽车厂家分布在这条公路附近，从而大大便利了福耀就近向美国厂家供货。代顿工厂不仅采用了先进的设备，集合了世界一流的技术及各种不同的工艺，具有夹层玻璃、钢化玻璃、包边和 ARG 的生产能力，而且为当地人口仅有 6000 多人的小镇提供了三分之一的就业岗位，俄亥俄州州长约翰·卡西奇称：代顿工厂的竣工投产，对当地的就业和经济意义重大，2000 多个家庭的生活将因为福耀的投资决定而得到很好改善，当地的制造业也将因此受益。

芒山工厂，是福耀集团投资的美国伊利诺伊州芒山浮法玻璃工厂，曾属于世界玻璃巨头 PPG 公司，该公司也正是在 2001 年对福耀发起反倾销诉讼的主要公司之一。福耀与 PPG 的缘分，起始于一场受到世界关注的反倾销官司，双方却因为这场官司不打不相识，不仅成为日后的合作伙伴，更为福耀收购 PPG 旗下的玻璃业务奠定了基础。自 2008 年金融危机后，PPG 开始推进剥离玻璃业务的计划，出售芒山工厂，专注涂料和特种材料的生产。2014 年，福耀进军北美的筹备工作开始，收购世界玻璃巨头 PPG 公司旗下位于伊利诺伊州的芒山工厂，包括土地、厂房、两条浮法玻璃生产线设备等。福耀集团投资 5600 万美元，2016 年芒山工厂焕发新生，两条浮法玻璃生产线均完成升级改造，进入正式生产阶段，可生产满足汽车玻璃要求的各种厚度及颜色的浮法玻璃，年产量达 28 万吨。福耀集团与 PPG 的合作，不仅促成了 PPG 公司自身的重组，也为福耀集团"雪中送炭"，其转让给福耀带来了两条优质的浮法玻璃的生产线。

福耀在美国新投资的两个工厂，对于双方来说是一个双赢的结果。代顿工厂所在的俄亥俄州，是美国汽车生产走廊的重要组成部分，通过代顿工厂，福耀将成为美国汽车产业链上的重要一环，进一步加强了与当地企业的合作，这对于福耀意图扩大美国市场占比、提高北美市场的盈利能力都有支持作用。而芒山工厂所在地伊利诺伊州，在玻璃产业上也具有天然优势。伊利诺伊州为美国第一大硅砂生产州，硅砂供应价廉质优，电价便宜，其工业用电价格为全美平均水平的 90% 左右；此外，该工厂距离福耀俄亥俄汽车玻璃工厂 450 公里，其间铁路系统发达，运费低廉，大大节约了福耀的运输成本。目前，福耀在美国的布局已初步显现，即成功打造了从浮法玻璃到玻璃总成的产业链条。日后，福耀将为美国汽车产业提供更加优质的玻璃配套服务，并进一步扩大在美国的市场占有率。

（二）投资美国的推动因素

曹德旺在美的巨额投资引发了各界关注，并引起了不小的争议。关于福耀集团为何选择此时进军美国，其背后的原因主要有以下几个因素。

1. 客户因素

据曹德旺说，赴美设厂，最直接的原因是客户的需求，为了将对供应的影响降到最低，福耀在美国的客户通用公司要求福耀在美国设厂，以保证北美整车厂的汽车玻璃供应。其实多年前，福耀在美国就已经拥有了两个工厂，但直到与通用、现代有了稳定的合作，福耀的美国建厂计划才正式启动。2010 年，福耀玻璃与通用汽车集团签订战略合作协议，承诺自 2017 年 1 月 1 日起，在美国设厂供货。据中信建投研报分析，福耀玻璃在美国已有通用、克莱斯勒、现代、本田等重要客户，但总体市场占有率不足 10%，未来可拓展空间比较大。在美国建厂，不但能做到和整车厂的无缝连接，同时相对于国内出口，也省去了约占产品售价20%的中间环节费用，这对于公司扩大美国市场占比、提升北美市场的盈利能力都有支持作用。①

2. 市场因素

除了客户要求之外，美国相对成熟的汽车市场也是福耀考虑的因素之一。首先，美国不仅拥有全球最大的消费市场，而且汇聚了大量的汽车制造商，从扩大市场的角度看，美国稳定的客户源对福耀具有巨大的吸引力。截至2015年的数据显示，美国每百人的汽车拥有量超过80台，大大高于中国每百人12台的拥有量，曹德旺曾对媒体说，基于对美国市场十几年考察，发现这个全球最大的汽车生产交易国，每年刚性换车需求达到2000万~3000万辆。除此之外，美国还拥有发达的二手车市场，以及相对于中国更短的换车周期。美国巨大的商机无疑是吸引福耀投资美国设厂的重要影响因素。国内市场占有率已经达到70%，相对饱和，也进一步坚定了福耀开拓海外市场的决心。

3. 成本因素

从成本来看，无论是资源成本还是人力成本，中美之间的差距在缩小，总体来说，美国的制造业成本并不低，但是算上交易成本和物流成本，中国的竞争优势并不明显。一直以来，中国因廉价的劳动力成本和低廉资源优势承接了来自发达国家的产业转移。但是，近年来，随着中国人口红利的逐步消失，劳动力成本的上升，美国的页岩气的成功开发等一系列新的变化，中国相对于美国的成本优势正在萎缩。对于企业来说，为了适应新形势的变化，企业家开始对企业的发展做出新的思考。就福耀而言，中国的优势在人力，中国工人的劳动生产率高，而且工资只相当于美国工人的八分之一，但是综合税费与运输成本算下来使成本的优势大打折扣。美国虽然人力成本较高，但是福耀未来将推动集团的自动化，利用高度自动化的生产来抵消这部

---

① 《福耀进军海外逾二十年　美国公司今年六月实现盈利》，http：//finance. sina. com. cn/roll/2017 - 08 - 26/doc - ifykiuaz0917906. shtml？cre = financepagepc&mod = f&loc = 2&r = 9&doct = 0&rfunc = 51。

分成本。再加上美国在能源成本与交易成本上的优势，赴美设厂在成本上并不会造成太大差异。

4. 政策因素

最后，从政策因素来看，2009 年以来，制造业的回流就是美国政府在经济领域的主要目标。无论是奥巴马，还是特朗普，都希望美国重夺制造业大国的标杆。2009 年 6 月，奥巴马政府正式提出重振制造业战略，并陆续通过推出 "买美国货"、《制造业促进法案》、"出口倍增目标""促进就业措施" 等一系列政策措施及战略部署来实现制造业回归，而特朗普上台后，更是推动国会通过了近年来力度最大的减税方案，进一步刺激制造业的回流。因此，福耀赴美投资设厂也有相关政策的因素。

曹德旺在美国投资始于 1995 年，在经历了 20 多年对美国政治、文化、市场的观察后，他将投资额从过去的几百万美元，提高到如今的近 8 亿美元，未来福耀计划在美国的整体投资将达 10 亿美元。可以看出，赴美设厂，福耀经历了漫长的观察和等待，如今，在各方面条件都成熟的情况下，将美国纳入自身全球布局的计划中，也就成了水到渠成之事。

（三）文化"冲突"成为新挑战

随着福耀在美国工厂的建成投产，新的问题也开始浮现。如何了解和适应当地法律规则与文化，例如适应美国的工会文化及劳资关系规则，成为福耀面临的新挑战。

2016 年，11 名福耀的工人在美国汽车工人联合会（United Automobile Workers）的支持下向美国联邦职业安全与卫生管理局（Occupational Safety and Health Administration，OSHA）递交联名信，称工厂的工作环境不安全等。11 月，OSHA 对福耀开出了 22.5 万美元的罚单。2017 年 3 月，福耀与 OSHA 达成协议，投资约 700 万美元改善工厂的安全相关问题，罚金降至 10 万美元。

2017 年 1 月，被福耀解雇的莫瑞恩市工厂副经理戴维·伯罗斯（Dave Burrow）向法院提起诉讼，罪名包括欺诈、违约、诽谤和歧视，索赔至少

44.2 万美元，而戴维·伯罗斯曾是福耀进军美国不惜以高昂的代价雇佣的当地高管。

2017 年 6 月，《纽约时报》刊文《中国工厂遇到了美国工会》，报道了福耀在美国工厂的文化冲突。文章指出，工厂的员工指责工厂的工作条件不安全，没有公平对待美国员工，管理政策武断等问题。

2017 年 11 月，俄亥俄州工厂的工人在美国汽车工人联合会的影响下，以投票方式决定是否成立工会。虽然，福耀在莫瑞恩工厂的工人以近乎 2：1 的比例否决了成立工会的动议。但是，工会在过去的一年中已经给福耀制造了不少的麻烦，劳资冲突与文化摩擦成为福耀工厂在美国落地后的新挑战。

除了美国工人的抱怨，福耀也有自己的苦衷，对于指控福耀因自己不是中国人而被解雇的美国高管伯罗斯，曹德旺也给出了正面回应，真正的原因是伯罗斯的工作效率与职业操守等问题。此外，由于文化背景不同，中美工人的工作风格有较大差异，中国工人更加高效，在工作中也更为顺从；而美国工人在工作中更注重工作环境的安全，也期待更为友好平等的管理风格。不同的文化背景与工作方式是福耀在过去一年中问题的主要根源，如何处理这些差异成为公司面临的一大挑战。与做贸易不同，投资需要熟悉当地的语言文化和规则。福耀现在经历的问题是很多中国企业都经历过的，因此，中国企业在"走出去"的时候，不仅需要考虑资源、税收等硬成本，也应重视管理方式、文化差异等软冲突。

福耀在应对这一系列问题时已经开始了自身经验的积累。福耀的代顿工厂，为莫瑞安市这个仅有 6000 人口的城市提供了三分之一的就业岗位，得到了当地政府与人民的欢迎，虽然工厂在当地运行的过程中与工人出现了一些摩擦，但福耀面对问题时积极的态度得到了当地的信任。在收到 OSHA 的罚单后，福耀集团积极与管理局达成和解，配合管理局做出相应的整改，并制定了一个全面的安全管理体系。此外，福耀还做出承诺，在日后将更好地倾听工人对安全问题的意见，定期和工人开会，了解工人的想法，使工人能更好地与企业沟通。福耀重视企业的社会责任与工人的诉求，做出法律法规之外额外的保证，此举不仅使福耀成功获得了罚单的减免，获得了当地工人的认可，也成功拦截美国汽车工人联合会在 11 月企图在俄亥俄州工厂成立工会的行动。

三 福耀集团国际化的经验与启示

福耀作为中国企业走向海外的佼佼者，并不是一帆风顺的，也不是一蹴而就的，福耀的"走出去"战略是建立在自身的经验与实力的基础之上的，并且经历了长时期的观察与等待。福耀从 1995 年就已经开始在美国试投资，但直到 2014 年才开始大规模投资，时间跨度有 20 年之久，在这期间，成功实现了产业升级，也从贸易商转变为投资者，开始在全球范围内配置资源。

（一）专注汽车玻璃生产，打造专业工艺品质

福耀玻璃之所以能在国际汽车玻璃市场中突出重围，与其高度专注汽车玻璃生产的经营理念是分不开的。从业务专注度来看，福耀大大超过了竞争对手，福耀董事长曹德旺曾多次强调，福耀的经营理念是专注汽车玻璃生产，当好汽车的"配角"。福耀集团 95% 的营业收入都来自汽车玻璃，反观它的竞争对手，如旭硝子、板硝子和圣戈班等国际巨头，均为多元化的工业集团，其汽车玻璃的占比均低于 50%。[1] 福耀在国际市场上最大的竞争对手，日本旭硝子集团，是一家成立于 1907 年的老牌玻璃制造企业。但旭硝子集团近年来发展重点在逐步偏移，除了生产汽车玻璃外，还涉及平板玻璃、阴极射线管玻璃等其他玻璃业务。近年来，旭硝子的汽车玻璃连年亏损，从 2010 年后企业利润已由原先的 3.7% 降到 -2.5%，因此，其在美国市场的汽车玻璃业务正逐步收缩。[2]

得益于潜心专注经营，福耀玻璃生产工艺竞争优势明显。2008 年的金

---

[1] 《个股分析框架举例：福耀玻璃——低调的冠军》，https://xueqiu.com/6997043160/79324848。

[2] 刘浸：《福耀集团汽车玻璃美国市场分销渠道优化的策略研究》，2016 年 5 月。

融危机给汽车玻璃行业格局带来巨大的变化，外资巨头因原有的大批量生产模式与个性化、小批量的消费需求相悖，导致成本高涨，盈利水平大降。在工业 4.0 方兴未艾之际，福耀玻璃乘势而上，通过自动化和信息化不断融合，仅用两年时间打造的智能工厂已走在全球同行前列，练就出快速的新车型反应能力以及独有的多批次、小批量的柔性化生产工艺，促使公司的切材率、成品率高出竞争对手 1～2 个百分点，生产效率高出 25%。[①]

凭借高度的专注力与日益提高的工艺品质，福耀的汽车玻璃产品陆续获得四大车系（欧洲、美国、日本和韩国车系）的认证，是同行业首个通过 ISO9002、QS9000、VDA6.1、ISO14001、TS16949 体系认证的汽车玻璃生产销售企业。福耀对品质的追求，获得客户的广泛认可，公司的品牌知名度日益提高，推动了福耀在国际市场上的扩张，扩大了福耀在全球市场上的占有率，形成了良性循环。

（二）具有战略眼光，全球价值链升级转移

福耀集团成立于 1987 年，伴随着改革开放的时代洪流，利用低成本的比较优势以加工贸易的形式切入全球价值链分工，承接了发达国家大量生产制造环节的转移。在这个过程中，福耀通过持续的技术学习和知识积累成功攀升到价值链的高端环节。

根据全球价值链理论，"跨国公司之所以能够有效地控制和治理其主导的全球价值链，主要源于跨国公司对全球价值链的战略环节的掌控。而所谓的战略环节主要是指全球价值链上游的研发环节和下游的营销环节。"[②] "价值链上的利润增值环节呈现由高到低，再由低到高的特征，即从研发、设计的营运到加工装配区段再到营销区段，其中价值链的两端，即上游以知识经济、知识产权为主导，包括研发创新机构等知识型企业；下游以品牌、综合

---

① 《2017 年中国汽车玻璃行业巨头公司业务占比及营收规模趋势分析》，http://jingzheng. chinabaogao.com/qiche/1124302a42017.html。

② 卢进勇等：《中国跨国公司发展报告（2015）》，对外经济贸易大学出版社，第 164～165 页。

服务等要素为主导，包括品牌、销售、物流、金融等高附加值的服务型企业，这两类可以获得价值链增值的绝大部分，而处于价值链中间的企业则仅能获得微薄的利润。"①

长期以来，汽车玻璃全球价值链中附加值较高的环节长期被发达国家的主导企业所把持，低端、弱势企业的利润被挤压，当发展中国家的企业试图进行价值链升级时，面临着掌握核心技术发达国家的技术封锁与竞争压力。

当前，全球的汽车玻璃市场呈现这样的格局：国外三大汽车玻璃制造商旭硝子、圣戈班和板硝子，共同占据全球汽车玻璃 OEM 市场 60% 的份额。福耀作为一个成立了三十余年的企业（旭硝子 1907 年成立，圣戈班 1665 年成立，板硝子 1918 年成立），运用自身获得的利润和组织资源，不断提升在全球价值链中的地位，成功打破了国外竞争对手在高端产品领域的垄断。

福耀的国际化道路，也是从附加值较低的代工厂开始的，但是随着自身实力的逐步壮大，福耀注重自主创新，通过不断提高产品质量，由全球价值链较为低端的生产制造环节，不断向上游的研发环节和下游的营销环节扩展，一步步由"汽车玻璃生产制造商"转型为"汽车玻璃服务商"。

福耀通过多年的发展构建了自己的市场势力，为企业创新提供了内在动力，而注重自主创新又使福耀维持和扩大了已有的市场影响，走上可持续的良性发展道路。目前，福耀已经建立起一条完整的汽车玻璃产业链，已由中间区段成功延伸到上游研发设计区段，实现了产品由低附加值到高附加值的提升。

（三）突破"低端锁定"，走自主创新的智能化发展道路

福耀之所以可以完成价值链的升级与转移，是因为福耀的产品在国际上得到的认可，这种认可来自其核心竞争力和福耀自身不断的创新行为。例如，福耀在 2006 年就成功在外国技术文献的基础上进行创新，形成具有自主知识产权的镀膜核心技术，打破了多年来国外巨头在该领域的长期垄断。

---

① 卢进勇等：《中国跨国公司发展报告（2015）》，对外经济贸易大学出版社，第 157 页。

近年来，随着德国工业 4.0、美国"再工业化"以及"中国制造 2025"战略的出台，各国纷纷将制造业作为推动经济持续健康发展的突破口。福耀也把握这一历史机遇，乘势而上，构建全新的福耀模式。

2015 年，福耀集团通过在销售、经营、研发、管控、生产等各层面，搭建数字化的链接通道，数字化企业的整体构建正在逐渐成形，实现定制化产品、自动化制造、智能化运营的福耀模式，打造中国制造业的工业 4.0 范本。[①]

2016 年，福耀入选了由工业和信息化部从 2015 年开始启动实施的，旨在促进制造强国建设，落实"中国制造 2025"的"智能制造试点示范专项行动"，该示范项目通过新技术的研发和工程化实施，将提升高端产品的创新和制造能力，促进福耀和中国制造企业向"营销"和"设计"两端发展，带动我国汽车玻璃的技术升级和产业结构调整，从而打破跨国企业对国内汽车产业高端产品的垄断格局。[②]

2016 年，福耀玻璃的研发费用同比上升了 22.72%。为了迎接正在发生的汽车工业变革，福耀玻璃开始加大研发创新产品力度。目前，福耀已研制成功超薄夹层玻璃，并正在研发嵌有数据采集芯片的汽车玻璃，以推进福耀工业 4.0 战略。2017 年 8 月，福耀与法国达索系统，一家 3DEXPERIENCE 解决方案的领导者达成战略合作，福耀集团将借助达索系统的 3D 体验平台，在公司新产品开发、知识工程应用、产品仿真体系建设、智能制造、制造运营管理等方面，加速智能制造战略的落地，推动集团创新战略成果再上新高度。

（四）小结

福耀玻璃作为中国企业以及制造业的代表，通过不断的学习、积累与创新，打造出自身的核心竞争力，完成了以人口红利与自然资源的成本优势为

---

① 《福耀获得中国质量奖背后的"密码"》，http：//www.fuyaogroup.com/news.php？k＝398。

② 《从"制造"到"智造"福耀玻璃的发展之道》，http：//www.lw5u.com/zz/qichezongheng/news/itemid－663220.html。

竞争力，到以创新为支撑的先进技术为核心竞争力的转变，适应了时代潮流的发展，成为中国企业的传奇。

作为全球最大的汽车玻璃供应商，福耀当前在行业内已经具有了风向标的意义，面对未来，曹德旺指出，福耀不会去做大而全的公司，而是会专注汽车玻璃，专注于提高产品的科技含量，同时，福耀将联袂国内相关领域的资深团队，成立产学研联合工作组，打造国家汽车玻璃智能化生产的标杆。未来，福耀将继续满足客户的各种需求，继续保持持续的盈利能力和全球竞争力。

专注、发展、创新是在过去三十年内促使福耀集团发展壮大的重要原因，也是未来福耀将继续坚持的战略核心所在，"为中国人做一片自己的玻璃"是曹德旺几十年来坚持不变的初心与责任，如今，这个信念也成为整个福耀集团的追求。

B.18
正大集团的国际化发展特点及模式

侯少丽*

摘　要：　正大集团由泰籍华人谢易初、谢少飞兄弟于1921年创办于
　　　　泰国，是世界上最大的华人跨国公司之一，以农牧食品、零
　　　　售和电信三大产业为核心，同时涉足金融、地产、制药、机
　　　　械加工等十多个行业领域。它起步于农业，通过整合上下游
　　　　产业进行垂直发展，并向多元化发展。在经历了1997年亚
　　　　洲金融危机的考验后，进入21世纪重新聚焦于"世界厨房"
　　　　的定位。正大集团国际化发展呈现一定的特点：企业发展的
　　　　早期就开启了国际化发展的历程；其国际化发展首先体现在
　　　　市场上；运营覆盖的地域范围极广，覆盖了世界16个国家
　　　　和地区；在国际化发展中逐步形成著名的"正大模式"。正
　　　　大集团在中国改革开放的早期就大举向中国大陆投资，不断
　　　　在中国布局深耕，可以说是遍地开花，在中国探索创新了
　　　　"四位一体"的产权式农业模式。正大集团的国际化发展采
　　　　取了多种战略，比如以中国为重心的国际化战略，多元化的
　　　　跨国经营战略，进入国际市场的抢先战略，在国际市场的归
　　　　核化战略等。当前，正大集团正在积极参与"一带一路"建
　　　　设。

关键词：　正大集团　正大模式　国际化　一带一路

---

*　侯少丽，全球化智库（CCG）副总监、副研究员。

正大集团（以下简称"正大"）由泰籍华人谢易初、谢少飞兄弟于1921年在泰国曼谷创办，是世界上最大的华人跨国公司之一。正大集团以农牧食品、零售和电信三大产业为核心，同时涉足金融、地产、制药、机械加工等十多个行业领域，业务遍及100多个国家和地区，员工超30万人，在全球投资了16个国家和地区。早在1987年，正大就跻身世界500强企业行列。2015年集团销售额达到450亿美元。

一　正大集团成长路径

（一）起步于农业

正大在成立初期销售农作物种子。1922年一场历史罕见的台风袭击了潮汕地区，使得谢易初踏上南洋谋生之路。在同宗的帮助下，做菜籽生意。后又成立正大庄菜籽行。谢易初亲自去泰国各地调查种子的销售市场，还开辟了一块样板田，以看得见、摸得着的方式为选购种子的客户服务。1941年，日军进入曼谷，蒸蒸日上的正大庄只好关门停业。直到1945年，谢易初才再次回到正大庄，重新开始被破坏的生意。

企业管理者逐渐意识到，泰国是一个农业大国，正大应该大规模地全面发展，成立一个农业企业集团。1953年，他们正式注册了集团公司，取名为"Charoen Pokphand Group"，简称"卜蜂集团"。此后他们向东南亚和欧美拓展市场时，就一直沿用"卜蜂"这一名号，只有在中国大陆才称为"正大集团"。

除了种子业务外，正大将经营扩大到饲料业、养鸡业、养猪业、养虾业、养鸭业、蔬菜业等领域。泰国作为农业大国，拥有丰富的农业资源和农业优势。正大充分利用这一优势，以农业为起点，发展其庞大的事业。

（二）垂直发展，整合上下游产业

农牧业之后，正大进入食品加工行业。正大着手在新开设的工厂里增设将肉和虾等制作成食品的加工生产线，有日式炸鸡、油炸鸡块、猪排和虾排等。后来又收购了比利时的一家熟食加工厂，这是当时世界自动化程度最高的食品加工厂，全厂仅有 7 名技术人员，没有一个工人。

后来，正大将万客隆引进泰国，由此进入零售业。1988 年，正大与荷兰 SHV 公司成立合资企业。SHV 公司旗下拥有万客隆（makro），采用现金购物自行运送（cash and carry）的经营模式，用现金付款方式向餐馆和食品零售店批发商品。接下来，正大又引入便利店和超市。正大将其超市以"莲花"命名。20 世纪 90 年代中期开始，莲花超市迅速扩大门店，在泰国各地设有物流中心。

经过前期的积累，正大提出"从农田到餐桌"的战略，将正大从一个全球性的农牧生产企业，转变成一个全产业链的全球化食品公司。正大目前已经形成了由种子改良、种植业、饲料业、养殖业、农牧产品加工、食品销售、进出口贸易等组成的完整现代农牧业产业链，成为世界现代农牧业产业化经营的典范。

"垂直发展，整合上下游产业"是正大发展的最突出特点。这个垂直整合的连贯经营体系，将原材料采购、产品制造（养殖）、产品销售有机结合起来，环环相扣，不仅降低了成本，还实现了质量的全程可控。

（三）向多元化发展

以农业为基础，正大不断向多元化发展。1988 年，正大进入餐饮和零售领域，成立了 Chester's Grill 和 Makro（万客隆）超市，Makro 快速成为泰国零售领域的领导者。接着在 1989 年，进入乳制品市场，与日本明治集团合作。同年，获得了 7—11 便利店模式在泰国的特许经营权，此后每月开店20 家，到 20 世纪 90 年代末，开店总数已经达到了 1000 家。

此后，正大做出了一项更大胆的举动，跨入了电信经营领域，这一领域与其以往经营的产业没有任何关联性。1988 年泰国举行大选，新上任的总理差猜·春哈旺着手对电信业进行改革。泰国政府决定对外资和民间资本开放电信业，促进电话普及。通过竞标，正大拿下了固定电话服务业的经营权。1990 年，正大与美国电信公司 NYNEX（后来并入电信巨头 Verizon）合资在泰国建立电信公司 TelecomAsia，成为后来的电信集团 TURE 的前身。1993 年，TelecomAsia 在曼谷证券交易所上市。

电信业的日益发展，造就了正大今日的核心企业之一 True Corporation。遗憾的是，当年竞标时正大忽略了移动通信业务。进入 21 世纪后，正大开始全面发展移动通信事业。True Corporation 已经成为泰国唯一的全国性综合电信运营商，实现了电信网络、广播电视网络和计算机网络"三网合一"。

（四）经受1997年亚洲金融危机的考验

1997 年，亚洲金融危机爆发，正大总部所在地泰国，正位于该场风暴的核心，泰铢贬值，大量企业纷纷破产。20 世纪 80 年代后期到 90 年代前期，泰国经济增长一直保持 10% 左右的速度，被称为"东南亚奇迹"。在这一经济增长的形势下，正大发展速度加快，同时扩大了经营业务，大幅增加对外国银行的贷款以筹措发展资金。由于泰铢兑美元的汇率暴跌，泰铢贬值了一半，以泰铢进行换算的外汇借款债务增加了一倍。外资银行担心收不回贷款，不再向亚洲企业放贷。陷入资金短缺的亚洲大企业纷纷倒闭。不仅如此，外资银行还对正大提出了提前还款的要求。为此，正大在 1997 年亚洲金融危机时陷入了困境，业务遭受重创。

亚洲金融危机使得正大开始反思自己不断进行多元化扩张的野心，决定重新聚焦其经营活动，同时简化结构，提高公司的财务透明度。在这种困境下，谢国民做出了一生中最艰难的决定：将旗下泰国境内莲花超市 75% 的股份出售给英国乐购（TESCO）公司，将万客隆（Siam Makro）会员制批发店的股份出售给荷兰的 SHV 公司，在中国出售上海摩托车产业等多家企业的股份，关闭大量 TelecomAsia 的分支机构，将泰国银行的钱还上，保住从农业到食品业的祖业。

集团除了上述的剥离一些非核心业务外，还进行了一系列的产权重组。

1998 年以前，正大拥有 4 个在泰国证券交易所上市的经营农业的公司——正大饲料（1999年更名为正大食品）、曼谷农工、曼谷产商和正大东北。正大集团直接拥有正大饲料33%的股份、曼谷农工29.6%的股份、曼谷产商67.9%的股份和正大东北33.5%的股份。正大还全资拥有9个经营农业的私营公司，它们是曼谷饲料、正大工业、曼谷畜牧、曼谷农业、正大农工、曼谷饮料产品、拉查查乐饲料、正大食物产品和正大食品出口。[①]

正大从1998～2000年的3年间进行了一系列的集团业务重组活动。首先将集团在泰国的所有农业和水产养殖业的业务集中整合于上市公司正大食品旗下。这一重组方式顺应了正大的战略目标，即"专心投资于主营业务"。这正是为应对金融危机和经济衰退而做的整合重组。

虽然在此次重组中，私有资产从控股家族（正大集团）向上市公司（正大食品）转移，但是，正大食品的业绩在重组以后显著提高，集团内所有公司业绩都有所提高。21世纪初，正大彻底战胜了金融危机，重新走上快速发展的轨道。

（五）聚焦21世纪

经过亚洲金融危机的考验后，正大进入21世纪的经营发展。正大决定重新聚焦于"世界厨房"的定位，将其下属的11个农业公司整合成一个核心集团，即Charoen Pokphand Feedmill，实现了"focused" CP。

但重新聚焦的定位并没有影响正大多元化的经营方式，更没有影响正大国际化的经营思维。正大于2000年进军移动电话市场，2001年布局电子商务市场。同时，正大并未放弃零售市场，2002年在上海开始超级品牌莲花商场的建设。

21世纪，正大以农牧食品、零售和电信三大产业为核心。除传统优势的食品和零售领域外，在电信方面，正大旗下True公司通过对通信基础设施建设和技术创新的大量投入增加了其市场份额。2016年底，True在移动

---

① 郎咸平：《运作：案例点评》，东方出版社，2010。

业务收入和客户占有率上超过 DTAC，在泰国三大移动运营商中位列第二。2016 年 True 公司的宽带用户数量增长了 38 万人，同时 TrueMove H 业务增长迅速，其用户数量增长了 540 万人，占泰国全部移动用户增长的 75%。Ture 公司通过增加市场占有率和优化运营，在竞争激烈的泰国电信业市场中实现了快速增长。2017 年第一季度 True 公司及其旗下公司总收入达 236 亿泰铢（46.3 亿元人民币），同比增长了 13.7%。

（六）做世界的厨房，人类能源的供应者

正大树立了明确的企业理念和文化。"做世界的厨房，人类能源的供应者，提供'生命之食品''精神之食品''生活之便利'"是正大的愿景。在此愿景下，从种禽、孵化、饲养、屠宰、深加工，最后到终端零售，正大建立起全产业链一条龙作业体系。为实现产品品质全程可追溯，对原材料、生产过程和终端产品实行严格的监控和检验；为确保生产出安全、优质的畜禽类肉、蛋产品，采用科学的全封闭式的可视监控体系和严格的防疫制度；通过加强畜禽养殖和食品加工一体化经营来确保食品安全，从农场到食品厂，再到销售流通的各个环节都做到有效管理，最终实现"从农场到餐桌"全程可控。

正大的价值观为三利原则：利国、利民、利企业；快速优质，化繁为简，接受变革，不断创新，正直诚信。利国就是为国家创造效益，为国家创造经济效益的同时，创造和发展社会效益；利民就是为人民创造效益，使生产者能够早日过上小康生活，使消费者能够得到质优价廉的商品；利企业就是为企业创造效益，企业在不断开发新产品，满足消费者需要的同时，也为企业创造经济效益。谢国民将"给予"作为公司经营的立足之本。他说，经营者一定要将心比心，懂得换位思考，给予员工和客户机会或利益。

业务越是全球化，正大"利国、利民、利企业"的经营理念就愈加重要。企业经营应该首先考虑国家和地区利益，再者考虑人民利益，最后才是企业自己的利益。正大无论走到哪个国家，这条经营哲学都不会改变。如果

把企业利益放在第一位，势必对国家和人民的利益有所忽略，得不到国家和人民的支持，正大的事业也就不会得到发展。[①]

二　正大集团国际化发展

（一）国际化发展历程及特点

1. 正大集团在企业发展的早期就开启了国际化发展的历程

早在20世纪50年代正大就开启了其国际化发展的历程。50年代末，正大布局香港地区市场，在香港成立了饲料和鸡蛋进口公司，70年代又成立了饲料工厂。此外，还设立了统管贸易、保险、金融等集团子公司业务的控股公司。1967年，正大在台湾地区建立了饲料工厂，随后发展到养鸡业和肉食品加工业。正大也在马来西亚、新加坡和印度尼西亚投资经营。1969年，正大在印尼投资建设饲料加工厂和渔业公司。1974年在香港地区成立正大国际投资公司，并以该公司为主体，于1975～1978年分别在美国、中国台湾、中东等地设立了多家子公司，主要经营业务是以饲料为主的国际贸易。1976年，正大在新加坡建立饲料加工厂。[②] 正大在进入中国大陆市场之前已经开展了上述一系列的国际化经营，经营范围集中于亚洲地区。

2. 正大集团的国际化发展首先体现在市场上

谢国民说，"以世界的原料为原料，以世界的市场为市场。这样，企业才能在更大的空间生根、开花、结果"。选择海外市场的预见力是正大国际化之路上的重要助力。谢国民曾经说："我就是有一万亿也不能跑到美国去做电信，因为他们已经把这方面的事业铺满了。"秉持这种原则，正大在国际扩张中一向寻找未被铺满、有发展空间的海外市场，同时，根据不同市场的特色进行全球销售。

---

① 日经中文网：《我的履历书——谢国民》。
② 康荣平、柯银斌：《华人跨国公司成长论》，国防大学出版社，2001。

3. 正大集团投资覆盖的地域范围极广

正大集团旗下专门从事食品业务的公司，也是其主要公司 CPF（Charoen Pokphand Foods），运营范围覆盖了世界 16 个国家和地区，包括美洲的美国，欧洲的英国、比利时、波兰、俄罗斯，亚洲的土耳其、老挝、中国大陆、中国台湾、菲律宾、泰国、印度、斯里兰卡、马来西亚、柬埔寨、越南。正大的国际化运营收入远远高于其在泰国本土的收入。2016 年，正大旗下 CPF 的销售收入 133.77 亿美元，较上年增长 10%，其中泰国和国际的经营分别增长 7% 和 12%。

4. 在国际化发展中形成了"正大模式"

20 世纪 70 年代，正大与美国最大的种鸡企业爱拔益加（Arbor Acres）合资，成立爱拔益加泰国公司，引进美国优良鸡种。1973 年，正大成立了用种鸡孵化小鸡的孵化厂即曼谷农场，大规模地与农民合作。其经营模式是，正大与养鸡农户签约，向农户提供优质鸡种、饲料，供给建筑材料让农民建鸡舍，让养鸡农户饲养雏鸡，长大后再收购回去。正大承诺帮助养鸡农户从银行贷款，指导搭建鸡舍，提供预防疾病疫苗以及派兽医上门服务。形成了著名的"正大模式"。正大还成立了曼谷家禽加工厂，从事肉鸡的宰杀、加工、冷冻处理。至此，从饲料供应、种鸡生产、孵化、催肥，到宰杀、冷冻、加工，再到销售、出口，正大建立了全产业链的垂直一体化产业体系。① 正大又将这种经营模式应用到养虾、养鸭、养猪等养殖业。1985 年，正大与日本三菱商事成立合资企业，大规模养殖虾和黑鱼。1986 年，正大与美国奥斯卡·迈尔公司合资进入养猪业，使"正大模式"更为普及。

（二）在中国布局深耕

1. 在中国改革开放的早期就大举向中国大陆投资

中国改革开放后，正大率先进入中国投资。1979 年，正大国际与美

---

① 日经中文网：《我的履历书——谢国民》。

国大陆谷物公司各出资 50%，设立大陆正大国际投资公司，并以该公司为主体，大举向中国大陆投资。同年，投资 1000 万美元的正大康地公司在深圳成立，取得当地 001 号中外合资企业营业执照。正大在中国市场上实现了多个从无到有。在中国引入工业饲料的概念，帮助中国培育了饲料工业。在中国引入动物营养概念，使料肉（蛋）比大幅提高，节省了大量粮食资源。在中国建立原种鸡场，使中国从此不需要再从国外引进种鸡，同时使中国的肉鸡质量达到国际水平。第一个在中国建立了从种禽、饲料、饲养，到屠宰、加工、熟食生产的一条龙特大型农牧企业。例如在工业饲料方面，通过引进美国、丹麦等国的先进技术和设备，运用成熟的管理经验，以饲料养殖方面的新理念，按照不同养殖对象的不同生长周期和营养需求合理配方，生产了一系列品质优良的畜禽和水产饲料。

2. 正大跨国经营的最大成功是在中国市场

近 40 年来，正大秉承"利国、利民、利企业"的经营宗旨，积极投身中国改革开放事业，并不断加大在华投资力度，成为在华投资规模最大、投资项目最多的外商投资企业之一。截至目前，正大在中国大陆设立企业 300 多家，下属企业遍及除西藏、青海以外的中国大陆所有省份，员工超 8 万人，总投资超 1100 亿元，年销售额近 1000 亿元。[1] 据统计，在 2002 年中国 246 家"三资"饲料企业中，正大一家就占有 100 多个席位。1997～2004 年，正大在中国生产配合饲料近 700 万吨，位列全行业第一，并在全球饲料工业企业产量排名中名列前茅。2005 年 11 月，在中国饲料工业协会成立 20 周年的庆典上，正大被授予"感谢为中国饲料工业发展做出的特殊贡献"的荣誉奖牌（见表1）。[2]

3. 正大在中国的经营不断向着多元化领域发展

1985 年正大在上海合资成立上海易初摩托车有限公司，由此进入了摩

---

[1] 正大集团官网：http://www.cpgroup.cn/。
[2] 华商韬略官方网站：http://www.hsmrt.com/。

表 1　正大集团投资中国关键节点（截至 2015 年）

年份	事件
1979	正大集团进入中国发展农牧业，并在深圳注册外资企业
1984	成立吉林正大有限公司，中国饲料行业第一家中外合资企业
1985	合资建成中国第一家"一条龙"大型农牧企业——上海大江有限公司
1990	正大集团联合中央电视台，推出大型综艺节目《正大综艺》
1992	正大集团成立正大国际财务有限公司
1997	正大集团零售品牌卜蜂莲花第一家门店落户上海浦东
2000	旗下正大制药集团的"中国生物制药有限公司"在香港成功上市
2002	一站式购物商业旗舰"正大广场"正式营业
2012	投资中国平安保险（集团）股份有限公司，成为第一大股东
2014	与上汽合资，在泰国设厂生产 MG 汽车
2014	中国移动入股正大旗下电信企业 TRUE，成为第二大股东
2015	正大集团联手日本伊藤忠商事株式会社入股中信集团，成为第二大股东
2015	正大集团、中国移动、中信集团、上海信投、伊藤忠设立"见见面"公司

资料来源：根据公开资料整理。

托车及汽车生产行业的新领域。正大参与开发浦东，投资 4.5 亿美元兴建了购物中心"正大广场"。正大以浦东为起点，在全国各地开设莲花超市，如今已形成由 80 多家分店组成的销售网络。正大合作推出《正大综艺》娱乐节目，在中央电视台播出，成为引起强烈反响的知名品牌。正大基于养鸡、养猪行业的药品需要，进入制药行业，后来对生产中药的三九胃泰、青春宝等 20 多家中国制药企业进行了投资。2013 年 1 月，正大取得中国金融集团——平安保险集团约 15.6% 的股权，这是对集团相对薄弱的金融领域的重要补充。除农牧食品业外，正大在中国拥有商业零售、传媒、工业、药业、房地产业和金融业六大事业体系，拥有正大饲料、正大食品、正大鸡蛋、正大种子、卜蜂莲花、大阳摩托、正大广场、正大制药、《正大综艺》等具有广泛知名度的企业、品牌和产品（见图 1）。

4. 正大在中国可以说是遍地开花

正大在中国大陆的企业，遍布于除西藏和青海以外的各个省、自治区、

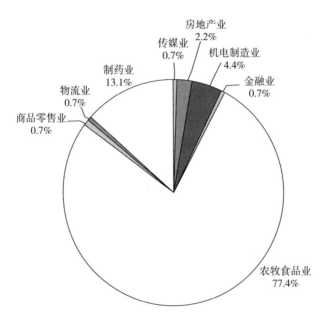

图 1　正大集团旗下企业在中国的行业分布

资料来源：正大集团。

直辖市。其中在江苏布局最多，共有 12 家企业，分别是农牧食品业企业 8 家、制药企业 4 家。在上海、河南、四川、广东、北京、福建等地也有相当数量的企业（见图 2）。而且，企业实力均较强，从具体企业来看，南京正大天晴制药有限公司是中国医药企业的佼佼者，在中国医药工业信息中心发布的"2015 年度中国医药工业百强榜"上位列第 17 位，被评为"2016 年中国医药研发产品线最佳工业企业"。2015 年企业营业收入增长超过 25%，增速是行业平均水平的 2 倍。其研发创新和国际化能力尤其显著。2011~2015 年，该企业平均每年新药申报数量超过 50 件。2016 年，正大天晴与强生公司达成独家许可协议，将一款极具潜力的尚未开展临床研究的抗乙肝病毒创新药物在中国大陆之外的国际开发权许可给强生公司，据此，强生可以在中国大陆之外的地区对该产品进行开发、生产、注册和商业化推广，强生支付正大天晴总额达 2.53 亿美元的首付款和里程金，以及上市后的销售提成。正大天晴公司紧盯国际医药产业的前沿，积极实施国际化战略，实现研发国际化，布局国际市场终端。

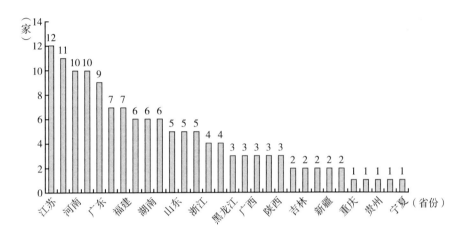

图2 正大集团旗下企业在中国大陆的地域分布

资料来源：正大集团。

注：以上分布仅为中国大陆和香港地区，不包括台湾和澳门地区。

5. 正大在中国探索创新了"四位一体"的产权式农业模式

农牧食品业是正大在中国的投资重点。正大很早就在中国实行"公司＋农户"的经营方式，为农户提供技术，指导农户进行生产管理，通过举办培训班、讲习班、推广会的方式，提高农民的饲养水平。"公司＋农户"的方式，对于促进当地农业现代化、推动城乡一体化发展具有重要意义，创造了一条社会资本参与农业产业发展的新途径。同时，依靠这种方式，正大可以获得丰富和高品质的农牧产品，为其下游产业食品业的发展提供巨大支持。

正大近年又探索创新了"四位一体"的产权式农业模式。典型项目是2012年建成投产的北京平谷正大300万只蛋鸡养殖示范项目。该项目总投资7.2亿元、年产鸡蛋5.4万吨，引进了国际先进成熟的蛋鸡养殖设备技术，是目前亚洲现代化程度最高、规模最大的蛋鸡养殖项目。项目采用高度自动化的养殖车间，每排4层的鸡舍均由系统控制自动给水给料，智能机器人 6 小时一岗不间断巡视鸡舍温度、湿度，时刻检测肉鸡的健康状态，如发现异常，将自动通知饲养员处理。该项目借鉴了 BOT[①] 模式，创新了一种"四位一体"的产权式农业模式。平谷区政府与正大集团以新型农业专业合作社为载体，与农民、银行共同成立"四位一体"的模式。正大高管表示："这个项目等于正大集团给当地农民打工。20 年后，这里就归农民所有。他们可以请我们继续运营，或者也可以租赁给其他企业。"这种"四位一体"的模式——地方政府 + 金融机构 + 龙头企业 + 专业合作社，很好地解决了农民缺资金、缺技术、缺市场的问题。该项目在合作期满、项目投资本息清偿后，将无偿转让给当地农民合作社，实现"农民当老板，企业来打工"，农民成为现代化农业企业的真正主人。

2017 年 6 月 15 日，正大集团与中国银行、咸阳市政府签订了《新型农牧产业化综合示范项目战略合作框架协议》以及《100 万头生猪养殖全产业链项目合作协议》。根据协议，三方将在政策、资源、资本、技术、市场、品牌等方面优势互补的前提下，采用正大集团"政府 + 企业 + 银行 + 农民"四位一体的产业扶贫投融资创新模式和产业组织创新模式，在咸阳市"北五县"（长武县、永寿县、淳化县、旬邑县、彬县）建设 100 万头猪、1 亿只肉鸡、300 万只蛋鸡、30 万亩有机种植以及 15 万条鳄鱼养殖和 70 万吨有机肥的配套项目[②]。

6. 遭遇中国民营企业的竞争

正大进入中国的早期，拥有先进生产和管理技术的优势，基本上处于一个垄断状态。随着中国经济的发展，以及中国民营企业的兴起，长期处于垄断地位的正大必须要面对蜂拥而至的竞争者，其优势逐渐缩小，众多竞争力

---

① BOT（build-operate-transfer），即建设—经营—转让。中国一般称之为"特许权"，是指政府部门就某个基础设施项目与私人企业（项目公司）签订特许权协议，授予签约方的私人企业（包括外国企业）来承担该项目的投资、融资、建设和维护，在协议规定的特许期限内，许可其融资建设和经营特定的公用基础设施，并准许其通过向用户收取费用或出售产品以清偿贷款，回收投资并赚取利润。政府对这一基础设施有监督权、调控权，特许期满，签约方的私人企业将该基础设施无偿或有偿移交给政府部门。

② 见正大集团微信号文章。

很强的民营企业让正大遭遇挑战。在这方面，正大在中国市场的情况是极为特殊的，在其他国家，如越南，刚进入时正大就面临竞争，而在中国，从垄断状态进入竞争，环境的变化使得挑战更为严峻。有人说，正大在中国的成功靠的就是它"敢为天下先的精神"和"中国政府的特殊政策"所创造的机会。但是，随着中国市场竞争的加剧，正大在中国面临着前所未有的挑战。正大的中国区业务在2003年的收入仅为35亿美元，低于亚洲金融危机后的1999年的水平，并没有取得与中国经济增速相应的增长。

（三）进入国际市场的战略和模式选择

1．采取以中国为重心的国际化战略

正大集团1979年进入中国大陆，至1996年，在中国大陆的累计投资额已达70亿美元，超过了其在泰国的投资额。1996年正大集团总营业额中，泰国所占的比例仅有30%～40%，海外所占比例达到60%～70%，其中在中国大陆的营业额占其海外营业额的绝大部分。

正大集团之所以采取以中国为重心的战略，主要出于以下原因：一是正大集团的创始人和继承者都有着血浓于水的中国情结。正大创始人谢易初的中国情结对其后代经营者有着深远影响。2008年1月，中国国内最高层次的侨商组织——中国侨商投资企业协会成立，谢国民董事长任首届会长，并在此后成功连任。二是中国与泰国拥有农业国的共同特性。泰国是传统的农业国，被称为"东南亚粮仓"。中国与泰国在这方面极其相似，也是一个传统农业国，历来重视粮食生产。三是中国的改革开放政策使中国的投资收益大大高于其他国家。在改革开放的初期，中国推出了一系列鼓励外商投资的政策，正大因此获得了广阔的发展空间和丰厚利润。

2．多元化的跨国经营战略

一般而言，跨国公司的对外直接投资活动是国内产业直接在海外的复制，也就是将其在本国的经营行业领域扩展到其他国家和地区。如宝洁、丰田汽车、可口可乐、通用电气等企业的国际化基本都是采用这种模式。

正大集团的跨国经营活动大部分也是如此。但是，正大集团的国际化还

有一个不同的特点，那就是其跨国经营采取了多元化的策略，即在其他国家进行在其本国从来没有经营过的行业领域投资。正大在中国大陆投资于摩托车制造业就是一个典型案例。1985 年，正大在上海成立易初摩托车公司。在此之前，正大集团在泰国并没有涉足这一行业。正大投资中国大陆的摩托车制造业，主要原因在于：一是当时中国摩托车市场具有很大的吸引力；二是正大集团资金实力雄厚，拥有足够财力投资这一领域；三是在生产技术方面，正大集团通过与上海汽车工业公司合资，与日本本田公司进行技术引进与合作，缩小了资源差距。

3. 国际化主要采用合资合作经营模式

企业对外投资的方式主要有三种，一是独资新建，二是并购东道国企业，三是与东道国企业合资合作经营。正大的对外投资活动主要采取合资合作的方式，不仅与东道国的企业进行合资合作，还与泰国或其他国家的企业共同到某国进行投资。如 1985 年，正大集团正大上海有限公司与上海市松江县畜禽公司、饲料公司合资建立上海大江有限公司，这是中国最早的农牧业中外合资企业之一。又如，1992 年，正大集团与中国兵器装备集团合资创立洛阳北方易初摩托车有限公司，生产"大阳"牌摩托车。

4. 进入国际市场的抢先战略

以正大进入中国为例。中国改革开放后，正大率先进入中国投资。早在1978 年正大即获得了深圳市"001 号"中外合资企业营业执照。随后的1982 年，又相继在珠海、汕头取得了"001 号"外商营业执照。1985 年正大在上海投资摩托车行业也是抢占了先机。20 世纪 90 年代初，正大投资海南石化工业，也是第一批外国投资者。作为最早在中国投资的外商，正大充分享受了先来者的礼遇，获得了中国大陆的土地优惠、信贷优惠和税收优惠。正像谢国民所说，"一切都很顺利，因为只有我们一家，政府全力配合，希望我们非成功不可"。这种抢先战略也使得正大成为中国某些行业的先行者，从而获得了相应的先发优势，取得了较高的投资回报。

5. 在国际市场的归核化战略

正大之所以能从 1997 年爆发的亚洲金融危机中恢复，很重要的一个原因是其及时实施了归核化战略。正大不仅大幅收缩其非主营业务领域，减少在工业制造、零售、通信等领域的业务比重，同时，还出售了一部分海外投资项目，包括在中国大陆的部分投资企业，如上海易初摩托车、洛阳北方易初摩托车、上海啤酒、易初通用机器、湛江德利电器等企业的股份。正大将上海易初摩托车 50% 的股份出售给中方合作公司，将上海啤酒厂的股份出售给其荷兰合作者 Heineken，还将中国大陆的卫星通信业务出售，关闭亚洲电信多家下属公司。正大为归核化战略而树立的新目标是要成为"全世界肉类、水产、蔬菜、水果市场的主要供应商"。

三 正大集团参与"一带一路"建设

正大集团资深董事长谢国民认为，"一带一路"倡议是"大开放""大创新""大智慧"，为华商事业发展提供了新机遇。他作为中国侨商投资企业协会会长、正大集团资深董事长，应邀出席 2017 年 5 月 14～15 日在北京举办的"一带一路"国际合作高峰论坛。在中国提出"一带一路"倡议后，正大集团身体力行，积极参与其中，支持"一带一路"在泰国落地。

（一）利用自身的影响力和区位优势为"一带一路"倡议做宣传

"一带一路"倡议提出后，得到华侨华人的热烈响应，他们不仅参与和推动"一带一路"建设，还积极为"一带一路"倡议做宣传。正大在泰国乃至东南亚地区对"一带一路"倡议的传递发挥了重要作用。谢国民认为，"一带一路"倡议不仅是对中国，而且对世界都有好处，各国要考虑和要做的是如何把这些好处变成现实。

正大的总部所在地泰国，位于中南半岛，东南经泰国湾出太平洋，西南临安达曼海入印度洋，以其优越的海洋地理位置，成为"21 世纪海上丝绸之路"的重要战略支点国家。中泰双边关系不断增强，泰国是中国在东盟投资的重要伙伴国。正大在泰国的影响力使其传递"一带一路"理念独具优势。

（二）从企业层面推动泰国"东部经济走廊"高效对接"一带一路"建设

当前，谢国民的重要工作之一，是思考在企业层面如何能使泰国提出的"东部经济走廊"更加高效地对接"一带一路"倡议，使前者成为中国—中南半岛经济走廊的重要组成部分。谢国民表示，作为华商企业，正大集团愿身体力行，协同各国企业，积极参与"东部经济走廊"的建设和发展，使之成为在"一带一路"上利国、惠民、多赢的典范。他正在着眼物流、产能、商品、金融等环节的配套建设。

泰国"东部经济走廊"是由泰国总理巴育提出、泰国政府力推的经济特区发展规划，是在泰国东部沿海的差春骚、春武里和罗勇三府通过大力发展基础设施及实行一系列投资优惠政策鼓励高附加值产业发展，涉及十大产业：新型汽车，智能电子，高端、医疗和养生旅游业，农业与生物技术，食品加工，工业机器人，物流与航空，生物燃料与生物化学，数字产业和医疗保健服务。在"一带一路"国际合作高峰论坛召开前夕，巴育总理在每周电视讲话中重点谈及"一带一路"倡议，他表示，泰国"东部经济走廊"同中国提出的"一带一路"倡议高度契合，这也是泰国加强同中国和其他国家基础设施互联互通的重要原因。①

（三）参与筹建高铁项目，助力"一带一路"在泰国落地

泰国提出兴建从首都曼谷到罗勇府的高铁，正大建言献策，认为应该对项目的运营做整体布局和规划，实施"一揽子"计划，建议泰国政府除了建设高铁，还应将铁路沿岸打造成4.0高科技工业园区，吸引全世界的技术和人才，在高铁沿线发展三大新城，吸引全球投资者和各行业高端人才前来安家置业。

---

① 《专访正大集团资深董事长谢国民："一带一路"是影响全世界的创新》，《中国经济周刊》2017年5月。

这条高铁全程 200 多公里，途经旅游胜地芭堤雅，泰国 70% 的经济集中在沿线。正大表示，将通过高铁把沿线的基础设施连接起来，与中国企业共同投资建设包括高铁、飞机场、码头、工业区、新城市等在内的一揽子项目，使其成为"一带一路"建设的组成部分，并希望可以起到示范带头作用，在其他国家和地区借鉴和推广。

（四）与中国企业展开广泛合作，充分利用正大集团在泰国的区域优势，积极协助中国企业走进东南亚市场

中国企业投资东南亚市场，由于不熟悉当地的政策法律和经商环境，往往会遇到一定的困难。而正大在泰国乃至东南亚地区耕耘多年。谢国民表示，"未来是共商、共建、共享的时代，大家把力量聚在一起，取长补短。所以我就找有前途、有能力的公司，跟他配套，他大股东、我小股东都可以"。

正大与三一重工集团在印度尼西亚开展工程机械设备合作。2014 年，双方在泰国曼谷签订市场合作协议，以共同完成在东南亚工程机械市场的战略合作布局。接着又就印度尼西亚市场合作达成共识，完成合作谅解备忘录的签署。根据协议，正大在印度尼西亚及部分周边国家全面代理三一重工的挖掘机械和路面机械产品等土石方机械设备。

2015 年 1 月，亚洲三巨头正大集团、中信股份和伊藤忠商事株式会社签订三方战略合作协议，正大集团、伊藤忠商事株式会社通过双方各持 50% 股权的合资公司——正大光明，以 800 亿港元购买中国中信股份有限公司 20% 股权。中信通过引入正大和伊藤忠商事株式会社来借鉴其国际化经营经验，更好地承担"一带一路"建设，带动国家金融、资源能源、制造业等行业在亚洲乃至全球的布局。同年 9 月，正大与立白集团签署合作框架协议，双方践行"一带一路"倡议，整合各自的资源优势，携手开拓泰国日化市场，将立白集团的优质产品带入泰国。

2016 年，正大集团与中国建筑工程总公司在北京正式签署战略合作框架协议。根据协议，未来三年，正大与中国建筑在基础设施投资与建设、房

地产开发与建设、装配式建筑研发与建设等领域进行深入合作。正大将在进一步深耕其国际优势市场的同时，重点在以俄罗斯为核心的东欧市场、以泰国为核心的东盟及周边国家，加大与中国建筑工程总公司开展战略合作，积极践行"一带一路"倡议。双方还合资成立了中建正大科技有限公司，正大投资开发的工业和房地产项目将优先考虑由中建正大科技有限公司负责建设。

（五）通过扩大在中国的投资与合作来参与"一带一路"建设

谢国民在 2017 年 4 月与汕头市委书记会面时曾表示，将进一步扩大在汕头的投资，将正大的现代农业、创投基金、食品产业等引进汕头，助推汕头打造"一带一路"重要门户，实现合作共赢。他同时建议汕头积极创造条件，吸引高端人才集聚，打造创新创业高地。

正大还致力于在"一带一路"框架下打造中老泰经济走廊和滇老泰合作试验区。2017 年 4 月，正大与云南省共商推动"一带一路"上中老泰经济走廊和滇老泰合作试验区建设，提出了关于滇老泰合作试验区建设的构想和工作进展情况。滇老泰三地人文相近，市场、资源和产业互补性强，深化多边合作有很大潜力。

B.19

金光集团的多元化发展和国际化布局

侯少丽 *

摘　要： 金光集团于 1960 年由印度尼西亚华人黄奕聪创建，进行多元
化发展和国际化布局，全球事业形成了两大事业支柱和六大
核心业务。以 GAR 和 APP 为两大事业支柱，即金光农业资
源有限公司和亚洲浆纸业有限公司。GAR 专注于可持续棕榈
油生产，APP 主导金光集团的制浆造纸业。在发展过程中，
金光集团形成了六大核心业务，即食用油产业、纸浆造纸业、
金融业、房地产业、电信业和环保再生能源产业。金光集团
起步于东南亚、致力于中国、走向世界。早在 20 世纪 90 年
代初，各事业部就陆续开始进驻中国。致力于在中国发展的
同时，金光集团也积极走向世界。

关键词： 金光集团　多元化　国际化

　　1960 年，印度尼西亚华人黄奕聪创建了金光公司（CV Sinar Mas）。根据从早期的经营中积累的经验，黄奕聪从事他所擅长的贸易业，出口椰干等自然资源，进口纺织品、烟草等消费品。目前，金光集团在全球拥有超过38 万名员工，利益相关者超过 50 万，投资范围遍布亚洲、北美洲、欧洲及大洋洲等地，年营收及资产总额均达数百亿美元。金光集团进行多元化发展和国际化布局，全球事业形成六大核心产业，即食品和粮油、制浆造纸、房

---

　　* 侯少丽，全球化智库（CCG）副总监、副研究员。

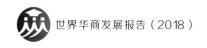

地产、金融、电信及环保再生能源的开发。[①]

金光集团的形成与发展，以及其多元化和国际化的战略，从一个侧面反映了印尼华人企业集团的形成、发展与演变过程，具有一定的典型意义和研究价值。

一　金光集团的两大事业支柱和六大核心业务

金光集团也是进行多元化发展的典范，在发展过程中形成了分别由GAR 和 APP 主导的农业资源产业链和纸浆造纸业两大事业支柱。同时，拥有食品和粮油、制浆造纸、房地产、金融、电信及环保再生能源的开发六大核心业务。

（一）以 GAR 和 APP 为两大事业支柱

GAR（金光农业资源有限公司，Golden Agri Resources Ltd.）于 1996 年成立，1999 年在新加坡证券交易所上市，专注于可持续棕榈油生产。GAR 拥有近 50 万公顷的全球面积最大的私营棕榈种植园，约相当于 8 个新加坡的国土面积。GAR 业务遍布印度尼西亚、中国、新加坡和马来西亚，其棕榈油产品销往世界 70 多个国家和地区。

APP（亚洲浆纸业有限公司，Asia Pulp & Paper Co.，Ltd.）于 1994 年 10 月在新加坡注册成立，主导金光集团的制浆造纸业，是金光集团的另一事业支柱。APP 现拥有 20 多家制浆、造纸公司及 100 多万公顷的速生林，分布于印度尼西亚、中国等地，总资产达 100 多亿美元，为世界纸业十强之一，亦为亚洲地区除日本以外规模最大的浆纸业集团公司。

GAR 引人瞩目的特点是实施信息化管理。为了从细节上全面监控种植产业，保证产能最大化，GAR 依托 Google 全球卫星定位系统及 SAP（全球领导型管理软件及解决方案供应商）系统，打造出一套实时监控集团旗下

---

① 金光集团网站，http：//www.sinarmas – agri.com.cn。

全部种植产业的高科技信息化管理系统。1998 年在金光总部正式启用 War Room（中心指挥室），作为这套系统的核心控制室。GAR 将旗下东西纵横 8500 公里、总计 433200 公顷的种植园，以每 30 公顷为单位划分为若干块，并逐块实施细节化管理。每块管理区的土地都按地质划分为 S1、S2、S3 三个等级，S1 为最优等，代表地势平缓、土壤肥沃，S2 与 S3 的土质则逐级递减。在 War Room 的巨型屏幕上，显示着金光农业的"生命档案"数据图表。系统通过综合种植年代、作物种苗分级、种植密度、水量、土壤矿物质含量等因素，生成每块管理区的"生命档案"，并最终计算出合理的年产量，同时通过四种颜色区分标记产量状态——蓝色为优等，绿色为正常，黄色为及格，红色则表示要进入"急诊室"对症下药。对于"急诊室"中的病患型管理区，系统将进一步分析，低产原因究竟属"可控"还是"不可控"。如果是除天灾、战乱等不可控因素外的由于人力不足或其他可控因素导致收成偏低，总部会及时输出解决方案并予以必要支援。通过 War Room 的监控，管理者得以对无论远近的各个种植园的最新动态实时掌握。①

APP 的成功经验是其林浆纸一体化的发展战略。APP 坚持林浆纸一体化的发展战略，努力把造纸业变成绿色循环产业，注重保护自然，用现代科学技术将传统的造纸业改造为新型的绿色环保产业。APP 致力于实施人工林培育项目，目前在中国已成功造林 400 万亩，在华已投产的十余家造纸企业全部通过 ISO14001 国际环境管理体系认证，其中宁波中华纸业成为中国第一家通过 ISO14001 国际环保认证的造纸企业。APP 通过将营林基地、制浆企业和造纸企业有机结合，形成了以纸养林、以林促纸、林纸结合、林浆纸协同发展的造纸工业新格局，改变了人们关于造纸业污染环境的看法，还实现了资源再造和废纸回收与循环利用，营造了造纸业与生态环境和谐共处的局面。

---

① 华商韬略网站，《华商名人堂》，http：//www.hsmrt.com/。

（二）逐步形成六大核心业务

1. 进军食用油产业

1968 年，黄奕聪和三林集团的林绍良共同投资建立了"比摩利油厂"（全名"印尼万雅老比东油厂"），生产销售以"比摩利"为商标的食用油。三林集团拥有 55% 的股份，金光集团拥有 45% 的股份。比摩利油厂迅速占领印尼全国食用油市场 60% 的份额。随着油厂生产规模的扩大，为保持稳定的原料来源，黄奕聪和林绍良、陈江和，以及苏特维卡特莫诺（Sudwikatmono）共同投资创建联营"金沙当种植园"（Perkebunan Sadang Mas）。种植园面积达 15 万公顷，主要种植棕榈、可可和橡胶。

由于金光集团和三林集团在经营管理方面的分歧无法弥合。1990 年，金光集团将其股份转让给林绍良，退出了金光强力精华有限公司及其经营的比摩利油厂，转而经营"菲尔玛"品牌食用油。早在 1985 年，黄奕聪就投资 300 亿印尼盾，在泗水市创建了"伊禾金贝尔卡沙有限公司"（PT Ivo Mas Perkasa），生产"菲尔玛"牌食用油。退出比摩利油厂后，黄奕聪全力扩展经营"菲尔玛"油。"菲尔玛"迅速抢占市场，成为"比摩利"的强力竞争对手。

1992 年，金光集团和澳大利亚美多利食品有限公司（PT Meadow Lea Food Australia）共同投资在雅加达创建印尼金光美多国际有限公司（PT Sinar Meadow International Indonesia）。此后，金光集团生产的食用油，控制印尼全国食用油市场 50% 以上的份额。黄奕聪获得"食用油大王"的美誉。

在经营食用油的基础上，金光集团向着更广泛的粮油和食品产业发展，于 1996 年成立金光农业资源有限公司（GAR），拥有世界上最大的私营棕榈种植园。金光集团从 20 世纪 90 年代初开始在食品领域投资中国市场。1994 年收购中国珠海华丰食品公司，并完成全资控股。2015 年在上海成立金光集团中国食品总部，进一步进军健康营养食品领域，推出"媛本"（Ellevita）优纤 Q 粒、纤姿营养棒和清润双纤乳三大系列产品。在食品领域，金光集团已经完成了在中国经济发达、人口密集区的工厂布局。

2. 开拓纸浆造纸业

金光集团在食用油产业的形成和发展过程中，还并行不悖地发展着造纸业。今天，造纸业务已成为金光集团中比食用油经营规模更大、利润更丰厚、重要性更突出的首位核心业务。

20世纪70年代中期，在食用油经营的同时，金光集团也开始进入造纸工业。1972年，黄奕聪在东爪哇的莫佐克托创建了"吉伟化学（厂）有限公司"（PT Tjiwi Kimia），主要生产可用于造纸工业用的化学原料氢氧化钠。1978年，黄奕聪将该厂扩展为生产纸浆及造纸的企业，并更名为"吉伟化学纸业有限公司"（PT Pabrik Kertas Tjiwi Kimia）。至1983年，该厂已有两条机器生产线，生产"莱因纸"（Paper Line）品牌的产品。并把年产量从800吨逐步增加至1.2万吨。1985年，金光集团收购了经营不善的永吉浆纸有限公司（PT Indah Kiat Plup & Paper Corporation），次年就使其转亏为盈（见表1）。

表1　金光集团早期的制浆造纸企业

企业名称	所在地	产品
巴拉旺浆纸厂（Perawang Pulp & Paper Mill）（隶属于永吉浆纸有限公司）	印尼苏门答腊岛南部廖内省（Riau）的巴拉旺地区（Perawang）	复印纸
西冷浆纸厂（Serang Pulp & Paper Mill）（隶属于永吉浆纸有限公司）	印尼西爪哇省的西冷地区	工业用纸板
唐格朗浆纸厂（Tangerang Pulp & Paper Mill）（隶属于永吉浆纸有限公司）	印尼西爪哇唐格朗（文登）地区	文化用纸
宾多日里浆纸公司（PT Pindo Deli Pulp & Paper Mill）	印尼西爪哇省加拉横地区（Kerawang）	各类文化用纸
伦塔尔·巴皮鲁斯浆纸工业有限公司（PT Lontar Papyrus Pulp & Paper Industry）	印尼南苏门答腊省的占碑市（Jambi）	纸浆
艾卡玛斯制箱纸板厂（PT Ekamas Fortuna）	印尼东爪哇省玛琅地区	瓦楞纸板
昆伟纸巾厂（PT The Uninvenus Co）	印尼雅加达市及西爪哇省的唐格朗及西冷地区	各种纸巾
普利努萨制箱厂（PT Purinusa Eka Persada）	印尼西爪哇省首府万隆市	纸板纸箱

资料来源：根据厦门大学南洋研究院蔡仁龙教授的《黄奕聪金光集团的发展与演变》整理。

1987 年，金光集团进一步扩大了纸业的生产经营。同时，力图打开国际市场。这一年，吉伟化学纸业有限公司派其市场销售经理到沙特阿拉伯等中东国家推销其产品并进行市场调查。到 1991 年，输出到沙特的纸张文具产品已经达到 500 个集装箱，是四年前的 100 倍，已占有沙特 92% 的市场供应。而此时，金光集团的纸张文具产品已行销中东各国，并占据整个中东市场 90% 的份额。同时，还在美国纽约、洛杉矶，英国伦敦，加拿大温哥华，澳大利亚悉尼、墨尔本，阿联酋迪拜，新加坡，中国台湾、香港等地建立了经销分公司或办事处。其产品已行销至世界 40 多个国家和地区，占全印尼文具纸张产品出口总额的 28%。

金光集团旗下的两家造纸企业吉伟化学纸业有限公司和永吉浆纸有限公司在生产经营方面有所分工。吉伟主要生产经销铜版纸及各种文具笔记本等，而永吉则主要生产经销书写纸及印刷（新闻书刊等）纸。复印纸则两厂都有生产经营，但市场有分工。吉伟生产的各类复印纸只供销印尼国内；而永吉生产的复印纸则主要出口到世界各国。

金光集团于 1994 年成立亚洲浆纸业有限公司（APP），旗下拥有众多制浆造纸公司，规模庞大，分布于中国、印尼等地。APP 在中国投资规模巨大，自 1992 年起，以长江三角洲、珠江三角洲为投资重点，建立具世界领先水平的大型浆纸业企业，并投入巨资建立大规模的现代化速生林区。目前在中国已经拥有 20 多家全资或控股浆纸企业并拥有近 20 家林业公司，总资产约 1203 亿元人民币。

3. 发展金融业

在食用油和造纸工业领域取得成功后，金光集团遂将目光投向了银行业。举办及经营一家银行既可为金光集团各个企业的融资、结算等提供便利，又可通过发展金融业来壮大金光集团的整体实力，使其向多元化集团企业进一步迈进。

1982 年，金光集团收购了印尼国际银行（Bank International Indonesia）。印尼国际银行创建于 1959 年 5 月，是一家小市场银行，1974 年进行了调整改组，一些华人企业家注入新资本，虽有所发展，但规模仍然很小。在收购以后，随着业务的发展及各地分支行的迅速增加，1988 年，印尼国际银行被印尼政府财政部批准升格为外汇银行。1989 年 10 月，该行股票正式在雅加达股票交易所挂牌上市。20 世纪 90 年代以来，该行资产，存、贷款、利润及股票市值都不断增加。在印尼私营银行中位居前列，同时进入世界 500 家上市大华商企业。

金光集团在金融业上开展了广泛的国际合作。一是与外国资本银行合资成立联营银行。如 1988 年，印尼国际银行与日本富士银行合资创办印尼国际富士银行（PT Fuji Bank International Indonesia）；和法国劳埃德信贷银行合资成立印尼里昂信贷银行（PT Bank Kredit Lyonnais Indonesia）。二是涉足保险业。1985 年，金光集团投资创办了两家保险公司。一个是印尼国际布尔纳玛拉保险有限公司（PT Asuransi Purnamala International Indonesia），这是一家人寿保险公司。另一家是金光迪布达保险有限公司（PT Asuransi Sinar Mas Dipta），经营各种工商贸易业及财产等保险业务。三是在中国香港等地创办金融企业。如香港印尼国际银行财务有限公司（Bank International Indonesia Finance Co Ltd Hong Kong）、香港联合银行（Hong Kong Union Bank）、香港麦迪逊证券有限公司（Madison Securitas Hong Kong）等。[①]

4. 进入房地产业

金光集团旗下的金光置地（Sinarmas Land）在新加坡交易所上市，总部位于新加坡，致力于房地产开发建设，项目遍布印尼、中国、马来西亚和新加坡。金光集团在印尼的两个主要运营的子公司 PT Bumi Serpong Damai Tbk 和 PT Duta Pertiwi Tbk 均在雅加达交易所上市，总市值超过 25 亿美元。

20 世纪 80 年代，金光集团开始在房地产业进行经营。1986 年黄奕聪和印尼原住民企业家普罗波苏德佐（Probosutedjo）联手共同投资建立了大地使者有限公司（PT Duta Pertiwi），主要开发经营芒加都亚地区的房地产。金光集团还与汉斯·蓝利（Hans Ramli）共同投资在雅加达旁托克英达地区（Pondok Indah）兴建绿景公寓（Green View Apartment）。1993 年，金光集

---

① 蔡仁龙：《黄奕聪金光集团的发展与演变》，汇感百科。

团在雅加达白芝姆巴卡地区（Kawasan Cempaka Putih）购置 15 公顷土地，兴建办公大厦、商贸中心及住宅等综合性建筑群。此外，金光集团还和另一房地产大王徐清华联合投资兴建布米塞尔旁达玛伊（Bumi Serpong Damai）地区的房地产建筑，拥有 40% 的股权。到 1996 年，金光集团经营房地产业的子公司共有 22 家，拥有房地产达 4500 公顷，在印尼房地产企业集团排名第三位，仅次于林绍良及徐清华两人的企业集团。

进入中国市场后，金光置地在中国上海、宁波、沈阳、成都等城市开发住宅和商业地产项目，尤其在上海，投资建设有金虹桥国际中心和金光外滩中心。2016 年，上海北外滩新地标浦西第一高楼——"金光中心"项目竣工。

除上述业务外，金光集团也进入电信和环保再生能源等新技术领域。2011 年，金光集团的电信公司 Smart 和 Mobile－8 合并，合并后的公司更名为 Smartfren Telecom，由金光集团控股。在环保再生能源方面，金光集团旗下的纸浆企业依靠技术创新，促进废、污水的处理和回收。例如，利用碱回收锅炉将制浆过程中排出的黑液浓缩后燃烧，产生的蒸气用于发电，不但有效处理了黑液，还产生了电能，通过系统内部的小循环，使原来大量排放的废弃物变成了再生资源。

二 金光集团起步于东南亚、致力于中国、走向世界

（一）金光集团致力于在中国的发展

金光集团特别关注在中国的布局和发展，早在 20 世纪 90 年代初，各事业部就陆续开始进驻中国。金光集团抓住中国改革开放和经济发展的机遇，大力投资中国，如今累计在华投资已超过百亿美元。

1994 年，金光集团收购珠海华丰食品公司并实现全资控股。所以，金光集团（中国食品）的前身是华丰食品公司。至 2008 年，金光集团（中国食品）在中国已建立了 6 个分公司，7 大生产基地，29 条生产线，拥有近

5000 名员工，集团旗下的各类产品已遍布中国大江南北。金光集团中国粮油以宁波为发展根基，2012 年又在天津滨海新区临港经济开发区投资金光集团天津临港粮油综合加工项目——金天源食品科技（天津）有限公司，占地面积约 30 万平方米，注册资本为 3300 万美元，总投资金额 9900 万美元。2015 年初，金光集团为其在华发展做出了重要战略决策，步入向营养与健康食品领域的战略转型，同期金光中国食品地区总部落户上海，并与全球食品配料与食品安全解决方案领导者——杜邦营养与健康事业部达成战略合作，自 4 月 22 日起隆重推出全新健康与营养食品品牌"媛本"（Ellevita）。到 2015 年，金光集团在中国的主要业务已聚焦高端的健康与营养食品、优质休闲零食及方便食品，在华设有 9 个生产基地和 6 大营销中心，全产品年销售量近 35 亿包。

1992 年，金光集团在中国设立金光纸业（中国）投资有限公司，利用中国丰富的制浆造纸资源和廉价的劳动力，以及庞大的市场，经营林浆纸一体化产业。同年，亚洲浆纸股份有限公司、香港中策造纸工业集团有限公司、中国纸张纸浆进出口公司及浙江宁波白纸板厂联合在浙江省宁波海曙区段塘镇组建了宁波中华纸业有限公司。接着，金光纸业（中国）投资有限公司于 1993 年在江苏镇江合资创建经营了两家纸业公司。第一家是和江苏省镇江市大东造纸厂合资组建的镇江大东纸业有限公司。同时，还与原镇江纸浆厂共同投资组建了镇江金河纸业有限公司。充分利用当地丰富的天然生长的芦苇为制造纸浆原料，芦苇在当地有很强的再生性，资源丰富，价格低廉，纸业公司因此获得了极大的优势。1995 年，在广西钦州成立第一家中外合资的速生丰产林公司。2005 年，与中国中信公司在海南省共同投资的海南金海纸浆造纸公司建成投产。金光纸业（APP）（中国）不断投入巨资，革新造纸科技，致力于人工林培育项目，以期实现造纸工业与自然、生态和社会的和谐发展。如今，APP 在中国已拥有 20 多家全资或控股浆纸企业并拥有近 20 家林业公司，总资产超过千亿元人民币。

除了食品和造纸两项支柱业务外，金光集团也在中国开展地产和金融业务。在地产方面，金光置地在上海、宁波、沈阳、成都等城市都有开发住宅和商业地产项目。在上海，集团投资建设有著名地标金虹桥国际中心、金光外滩中心和金光中心。金光置地在沈阳自有地块投资建设了"丽水金阳"项目，由其全资子公司金光置业（沈阳）有限公司负责开发。在成都的项目由金光置业（成都）有限公司负责开发。在金融方面，结合集团全球布局的资本优势，金光集团于1993年在中国宁波投资设立了宁波国际商业银行，并于1998年12月在上海成立宁波国际银行上海分行。①

（二）金光集团走向世界

致力于在中国发展的同时，金光集团也积极走向世界。金光集团通过旗下金光置地于2013年进入伦敦，目前在伦敦已经拥有至少4座大楼。2013年斥资8400万英镑买下New Brook Buildings大楼，位于伦敦Covent Garden；2014年斥资5700万英镑买下10 Great Pulteney Street永久产权大楼，位于伦敦Soho区；2015年买下Alphabeta building，位于伦敦金融城4–18 Finsbury Square；2017年6月，金光集团出资2.25亿英镑收购位于伦敦市中心的英国交通部大楼，该大楼位于伦敦最中心的地段，靠着大本钟和英国国会。

金光集团的产品更是面向全球市场，GAR的产品销往超过70个国家和地区，APP的产品销往各大洲，在中东市场占有率达60%。全球化的市场优势提升了其抗风险能力。在1997年的亚洲金融风暴过后，印度尼西亚卢比对美元贬值超过80%，但金光集团的种植业、造纸业两大支柱——GAR和APP的状况相对良好。分析其原因，主要的一点就是这两家公司高度全球化，产品面向全球市场。GAR和APP的销售收入多以汇率相对稳定的美元和日元结算，而它们在印度尼西亚国内的生产成本主要以卢比结算，金融危机反而降低了其生产成本。因此，尽管印度尼西亚在1997年金融风暴中受到重创，通胀加剧，GDP衰退，金光集团却屹立不倒。②

---

① 金光集团网站，http://www.sinarmas-agri.com.cn。
② "Asian Corporate Finance and Business Strategy: Asia Pulp and Paper Company, Ltd.", Robert Fallon, CHAZEN WEB JOURNAL OF INTERNATIONAL BUSINESS, 2013年春。

金光集团还主动拥抱"一带一路"。加入中国与印尼，乃至中国与整个东南亚、中东的经贸合作框架，成为金光集团新的阶段性战略。"一带一路"将进一步发挥金光集团作为跨国华商企业的竞争优势，为金光集团带来难得的发展机遇，也为"一带一路"沿线各国带来更多的发展红利。

B.20
后 记

世界范围的华人族群与华商企业蓬勃发展，已经成为全球经济中的重要现象。全球化智库（CCG）致力于对世界范围内广大华商的研究，成立了CCG世界华商研究所，研究解决华商发展过程中一些重大的理论和实际问题，包括研究世界华商在中国与全球经济发展中的地位与作用，世界华商的特点及发展趋势，研究如何发挥全球华侨华人整体的力量，开发利用好其巨大的关系网、信息网、合作网，使它成为中国发展、华裔富裕的强大动力和独特优势。同时，CCG与众多华商保持着紧密的交流和互动，在CCG的理事当中，就有很多成功的华商，他们的经验为我们的研究提供了第一手素材。

在以上资源和研究基础上我们编写了《世界华商发展报告（2018）》，力图帮助和推动华商的全球化发展以及与中国经济的互动。

在本书编写过程中，我们得到多方面支持、帮助和指导。在此，我们要对为本书作序的CCG联席主席、亚洲协会香港中心主席、香港恒隆集团董事长陈启宗先生表示感谢，对福耀玻璃工业集团股份有限公司董事长、河仁慈善基金会创办人曹德旺先生表示感谢。感谢北京东宇全球化人才发展基金会。

在本书编写过程中，华商研究领域的众多专家学者贡献了重要力量，他们是温州大学商学院院长、全球化智库世界华商研究所全球温商研究中心主任张一力，浙江大学管理学院教授、企业家学院院长陈凌，浙江大学管理学院企业家学院研究助理章迪禹，全球化智库世界华商研究所研究员、西班牙Sigfila集团董事长张甲林，哈尔滨工程大学人文社会科学学院社会学系副教授于涛，广东外语外贸大学粤商研究中心主任申明浩，广东外语外贸大学粤商研究中心副教授谢俊，广东外语外贸大学粤商研究中心博士吴亮，福州大学闽商研究院副教授杨宏云，西南大学经济管理学院教授王志章，武汉大学社会学系博士研究生刘天元，日本拓殖大学政经学部教授、日本中华总商会顾问朱炎，在此表示感谢。我们还要感谢怡海集团为我们提供怡海案例。

我们还要感谢社会科学文献出版社的谢寿光社长，皮书出版分社邓泳红社长、陈晴钰编辑对本书的顺利完成所提供的积极支持。

由于本书编写时间紧促，加之编写经验有限，书中难免出现纰漏。热烈欢迎社会各界批评指正，以在未来研究中改进。衷心希望本书能对公众、专家、学者以及广大华商提供帮助，对政府建言献策有所裨益。

王辉耀

2018 年 2 月

B.21
欢迎投稿

　　世界华商是一个广泛的研究领域，需要凝聚广大研究者的成果和智慧。我们期待华商研究专家、华人华侨、华商企业家能够参与我们研究。为此，希望大家向我们后续出版的《世界华商发展报告》投稿，以发表自己的观点，分享研究成果，以期共同促进世界华商的发展。

　　注：投稿文章应是作者尚未发表的原创文章。

　　投稿邮箱：kangrp@ sina. com　houshaoli@ ccg. org. cn。

图书在版编目（CIP）数据

世界华商发展报告.2018 / 王辉耀，康荣平主编
. −− 北京：社会科学文献出版社，2018.7
（全球化智库丛书）
ISBN 978 − 7 − 5201 − 3097 − 4

Ⅰ.①世… Ⅱ.①王… ②康… Ⅲ.①华人 − 企业家
− 商业经营 − 研究报告 − 世界 − 2018 Ⅳ.①F715

中国版本图书馆 CIP 数据核字（2018）第 151527 号

·全球化智库丛书·
世界华商发展报告（2018）

主　　编／王辉耀　康荣平

出 版 人／谢寿光
项目统筹／邓泳红　陈晴钰
责任编辑／陈晴钰

出　　版／社会科学文献出版社·皮书出版分社（010）59367127
　　　　　地址：北京市北三环中路甲 29 号院华龙大厦　邮编：100029
　　　　　网址：www.ssap.com.cn
发　　行／市场营销中心（010）59367081　59367018
印　　装／三河市龙林印务有限公司

规　　格／开 本：787mm × 1092mm　1/16
　　　　　印 张：21.25　字 数：320 千字
版　　次／2018 年 7 月第 1 版　2018 年 7 月第 1 次印刷
书　　号／ISBN 978 − 7 − 5201 − 3097 − 4
定　　价／98.00 元

本书如有印装质量问题，请与读者服务中心（010 − 59367028）联系